21世纪普通高等院校系列教材

劳动关系与劳动法

刘晓红　张彩娟　罗　霞　刘成高　主编

西南财经大学出版社
四川·成都

图书在版编目(CIP)数据

劳动关系与劳动法/刘晓红等主编．—成都：西南财经大学出版社，2020.4
(2022.1 重印)
ISBN 978-7-5504-4317-4

Ⅰ.①劳…　Ⅱ.①刘…　Ⅲ.①劳动关系—中国—高等学校—教材②劳动法—中国—高等学校—教材　Ⅳ.①F246②D922.5

中国版本图书馆 CIP 数据核字(2020)第 006031 号

劳动关系与劳动法

LAODONG GUANXI YU LAODONGFA

刘晓红　张彩娟　罗霞　刘成高　主编

责任编辑：金欣蕾　雷静
封面设计：杨红鹰　墨创文化
责任印制：朱曼丽

出版发行	西南财经大学出版社(四川省成都市光华村街 55 号)
网　　址	http://cbs.swufe.edu.cn
电子邮件	bookcj@swufe.edu.cn
邮政编码	610074
电　　话	028-87353785
照　　排	四川胜翔数码印务设计有限公司
印　　刷	四川五洲彩印有限责任公司
成品尺寸	185mm×260mm
印　　张	12.75
字　　数	296 千字
版　　次	2020 年 4 月第 1 版
印　　次	2022 年 1 月第 2 次印刷
印　　数	2001— 4000 册
书　　号	ISBN 978-7-5504-4317-4
定　　价	29.80 元

前言

劳动关系与劳动法是一门实践性强、适用范围广的课程。在人类劳动实践过程中，不同国家受其自然条件、政治制度和经济社会发展水平的影响，形成了劳动管理实践的客观差异性。因此，相应的，不同国家的劳动关系与劳动法律制度就有不同的基本特征。在经济全球化背景下，了解和学习国外劳动关系的发展历史与制度背景，对促进我国企业更好地适应国际竞争和实现跨国经营，持续改善国内企业劳动关系具有重要的现实意义。

1992 年，党的第十四次全国代表大会提出我国经济体制改革的目标是建立社会主义市场经济。劳动人事领域需要进行与社会主义市场经济体制相适应的改革，其标志性事件就是我国于 1994 年颁布了《中华人民共和国劳动法》（简称《劳动法》，下同）。此后，我国逐步建立和完善了劳动人事领域的法律法规。

随着我国持续深化企业和事业单位劳动人事制度改革，以及民办非企业单位和民间组织的快速发展，适用于《劳动法》的用人单位渐趋多样化和复杂化，与之相适应的劳动关系呈现出形式多样和纷繁复杂的特点。

我国经济体制改革从原有的计划经济向社会主义市场经济体制转变是一个漫长而复杂的过程，由此形成了我国经济体制改革的转轨时期。在此时期，我国劳动关系的宏观管理从过去以集体利益为基础、行政控制为手段的利益一体型的劳动关系，逐渐转变为以法律权利为基础、市场调节为手段的利益协调型的劳动关系；我国劳动关系的用工方式从过去的单一固定工和人员身份管理，逐渐转向“老人老办法、新人新办法”及以岗位动态管理为主的新方式。

在经济体制改革的转轨时期，我国要建立与之相对应的劳动关系。这种劳动关系具有鲜明的中国特色和时代特征，主要有主体利益复杂化、运行市场化、利益协调化、地位均衡化和调整法治化等发展趋势。

在经济体制改革的转轨时期，虽然我国在一定范围、程度上会出现劳动关系紧张的情况，但是我国事实上没有出现结构性、全局性和长期性的劳动关系冲突，这说明了我国政治制度的优势和劳动领域改革的价值取向的正确性。我国劳动关系有以下两个基本发展趋势：

一是劳动关系类型从单一化转向多元化和复杂化。改革开放以来，我国生产资料的所有制结构发生了显著变化。其中，个体经济、私营经济和外资经济获得了快速发展，计划经济体制下单一的公有制劳动关系发生了根本变化，我国劳动关系的类型从单一化逐步转向多元化。今后，我国劳动关系不仅面临越来越复杂的用人单位类型，而且在同一用人单位内部还可能存在全日制用工和非全日制用工、单位员工和劳务派遣员工。劳动者的价值追求与用人单位的目标既有一致性，也有明显的差异性。还有一些劳动者会选择独立就业或项目就业的方式。总之，劳动者与用人单位之间的劳动关系，以及政府劳动行政部门的劳动监察将面临更加多元化和复杂化的局面。这就要求树立适应社会主义市场经济体制要求的劳动关系理念，强调市场的基础性作用和更好发挥政府的调控作用。

二是劳动领域的冲突从隐性化转向显性化。《劳动法》作为我国企业（含参照实施的事业单位）劳动领域的基本法律，对构建适应我国社会主义市场经济体制要求的劳动法律框架发挥了重要作用。整体来讲，我国企业劳动关系市场化运行的制度基础已经建立，已制定《中华人民共和国劳动合同法》（简称《劳动合同法》，下同）《中华人民共和国劳动争议调解仲裁法》（简称《劳动争议调解仲裁法》，下同）等法律及配套制度。但是，劳动领域的细分子法和法律条文的可操作性仍然有待进一步健全和完善，法制体系建设滞后和社会契约基础的缺失，同社会主义法治的要求还有一定差距。由于行业差异和劳动者在劳动关系中事实上的弱势地位，一些就业相对困难的劳动者在短期内迫于就业压力而没有将被侵权行为公开化。

党的十八大实施全面依法治国以来，在劳动者维权意识进一步觉醒的情形下，过去劳动关系体制中的深层次矛盾、在企业和事业单位改革过程中产生的利益冲突和被侵权现象，以及因此所导致的我国劳动领域的冲突从隐性化状态快速转向显性化。因此，我国需要进一步建立和完善劳动关系的法律法规，提高劳动关系的法治化水平；用人单位和劳动者需要进一步加强劳动法律意识，提高守法的自觉性和维护劳动过程的合法权益。

劳动关系与劳动法课程对于培养管理人才而言，具有构建管理知识体系和提高适应未来职业需要的能力的双重作用。在全面依法治国的社会环境中，法律知识对大学生来讲是必不可少的，劳动法律法规知识则是管理类人才知识体系的重要组成部分。同时，大学生或研究生在校期间，比较系统地学习和掌握劳动关系与劳动法的基本内容，可以更好地做好职业规划，主动适应未来用人单位的规章制度。这对其获得更好的职业发展机会将会起到事半功倍的效果。

本书由西南民族大学刘晓红、张彩娟、罗霞、刘成高等教师编写完成。其中，第一章至第四章由刘晓红教授执笔完成，第五章和第六章由罗霞副教授执笔完成，第七章至第十章由张彩娟博士执笔完成，全书由刘晓红教授、刘成高教授统稿。本书获得西南民族大学出版资助，西南财经大学出版社冯卫东社长、李特军主任和金欣蕾编辑为此书出版付出了辛苦劳动，特致谢资助方和出版社。本书中引用和参考了国内外相关学者的观点和资料，在此一并表示谢意。限于作者水平原因，书中难免有不足之处，敬请读者批评指正。

刘晓红

2019 年 10 月于成都

▶▶ 目录

第一章 导论

■本章重点

1. 劳动关系的基本概念
2. 劳动关系的基本性质
3. 劳动合同与集体合同的概念
4. 劳动关系的法律性质
5. 事实劳动关系与劳务关系的区别

■学习要求

1. 了解劳动关系的现实意义。
2. 掌握劳动关系的基本概念、系统属性。
3. 深入理解劳动关系的法律性质。

引导案例 事实劳动关系①

2007年9月，方某入职合肥某商贸公司，双方没有签订正式的书面劳动合同。该商贸公司是国内某知名奶粉的代理商，同时也是合肥一家母婴用品商店的供应商。方某入职后即在母婴用品商店上班，工资由商贸公司的法定代表人李某通过银行转款的方式发放给方某。工作三年多，商贸公司迟迟未与方某签订书面劳动合同，也未为方某缴纳相应的社会保险，为此，方某曾向劳动监察大队投诉，之后，方某即被商贸公司口头辞退。

方某随后向劳动争议仲裁委员会提起申请，要求确认与商贸公司存在事实劳动关系。劳动争议仲裁委员会根据双方申诉、答辩及提交的证据，认定方某申诉的劳动用

① 佚名. 事实劳动关系案例解析［EB/OL］.（2019-11-27）［2019-12-1］. https://www.66law.cn/laws/110049.aspx.

工主体错误，驳回了方某的申诉请求。方某不服劳动争议仲裁委员会仲裁裁决，故向合肥市庐阳区人民法院提起诉讼，要求确认其与商贸公司存在事实劳动关系，方某为此向法院提交了商贸公司送货单、工牌、工服的收款收据、母婴用品商店采购部分录音资料、同事员工书面证明等证据，并申请法院调取了银行进账明细。

被告商贸公司辩称：方某与商贸公司不存在事实劳动关系，从方某提供的证据来看，仅说明方某与商贸公司之间存在买卖合同关系，而送货单和活动方案，只能说明原告、被告之间的身份关系是原告作为客户的身份与被告发生关系，故而原告的用人单位应当是母婴用品商店，请求法庭驳回原告的起诉。

法院经审理后认为，从调取的银行进账明细表可以看出，商贸公司的法定代表人李某有几个月份向原告账户转款，大部分转款金额为 1 200 元，同时该银行进账明细与方某提供的商贸公司送货单能够相互印证，因此该银行进账明细表具有高度的盖然性，证明转款人系商贸公司法定代表人。因此，法院认定方某与商贸公司自 2007 年 9 月 1 日至 2011 年 3 月 20 日期间存在劳动关系。商贸公司称送货单只能证明双方存在买卖合同关系，但该送货单的抬头为商贸公司送货单，收货单位为母婴用品商店。同时，商贸公司亦未能提供有关货物买卖的货款往来证据，因此对于商贸公司此项抗辩理由法院不予支持。法院一审判决确认方某与商贸公司存在事实劳动关系。

思考题：如何认定事实劳动关系？事实劳动关系对用人单位的主要影响有哪些？

第一节　劳动关系概述

劳动关系与劳动法不仅是管理类专业的主要专业知识，而且事关提升劳动者基本素质和保障其合法权益的需要。对此，在学习劳动关系与劳动法时，我们首先应了解劳动关系的现实意义，掌握劳动关系的基本概念和主要要求。本书的特点在于，不仅较系统地反映了市场经济国家形成的劳动关系理论、制度、模式、价值判断以及实践模式，又结合我国劳动关系的需要、立法和实践，为学习者提供了理论参考和务实的操作方案。

一、劳动关系的意义

在我国社会主义市场经济条件下，劳动关系是所有劳动者都不能回避的一种重要的社会关系。随着我国建立和不断完善社会主义市场经济体制，我国劳动力市场将日渐成熟，劳动关系问题也随之越来越重要。劳动者个体主动地适应我国劳动法律法规体系的要求，树立符合劳动关系基本规律要求的观念，自觉遵守法律，理解用人单位符合法律法规要求的规章制度，具有重要的现实意义。

我国是当今全世界人口和就业人数最多的国家。根据《中国人口和就业统计年鉴—2018》数据，2017 年全国人口总数量为 139 008 万人，其中就业人口数量为 77 640 万人，占总人口数量的比例为 55. 85%。我国从 2010 年至 2017 年的人口及就业人口数量如图 1-1 所示。从图 1-1 我们可以看出：一方面，我国整体的就业形势压力较大；另一方面，国家高度重视就业，且这一重要民生政策的实际执行成效显著。

劳动关系问题成为我国经济社会发展过程中不可回避的重大课题和社会敏感问题。

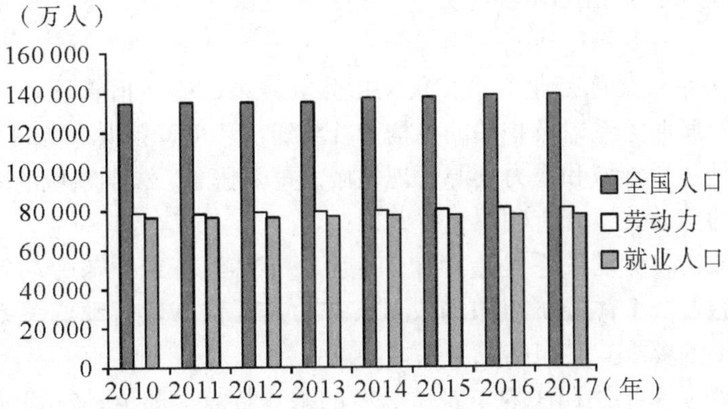

图 1-1 我国人口及就业情况

注：数据来自《中国人口和就业统计年鉴—2018》。

在我国经济社会发展转型时期，随着经济体制、产业结构、生产方式、企业管理模式和社会就业及价值观的变化，以此为基础所形成的劳动关系也发生了巨大变化，面临着巨大的挑战。用人单位和劳动者在处理市场经济中的劳动关系问题时，需不断探索和积累经验，建立和完善我国劳动关系制度也是一个曲折和漫长的过程。

如何从制度安排上建立劳动关系的协调机制，进一步提升劳动者的综合素质，以适应现代社会结构和工作环境的变革，是当今世界范围内劳动关系调整面临的共同难题。

为提供系统地学习和掌握劳动关系与劳动法课程理论和应用的需要，本书比较和梳理市场经济条件下不同国家的劳动关系理论，重点概括西方工业化国家所形成的劳动关系的基本理论、历史背景、制度模式、理论观点以及实践特点，并结合我国劳动法律体系重点分析相关法律知识及其应用。

二、劳动关系的概念

对于劳动关系的概念，既有不同国家的不同称谓，也有法学和人力资源管理不同学科专业领域的理解。

（一）词源解释

劳动关系是由英文“indtutrial relations”翻译而来。现在，一般将劳动关系直接翻译为“labour relations”，它是指雇员与雇主之间在劳动过程中形成的社会经济关系的统称。

劳动关系在不同国家不同时期有不同称谓：劳资关系（资本主义初期）、雇佣关系、劳工关系、劳使关系（日本）和产业关系（美国）等。

（1）劳资关系：是指劳动与资本之间的关系，劳方资方界限分明，关系中包含一致性与冲突性。

（2）劳工关系：强调劳动者、工会与雇主之间的互动过程。

（3）雇佣关系：又称劳雇关系，强调受雇者与雇主之间的关系，重点在于权利义务的结构。

（4）劳使关系：是指劳动者与劳动力使用者之间的关系，强调其技术性意义，源自日本。

（5）产业关系：又称工业关系，狭义指劳资关系，广义指管理者与受雇者之间的所有关系，包括雇佣关系以及相关的机构和社会经济环境，该概念源自美国。

劳动关系是法学领域和人力资源管理领域的重要概念，法学领域的劳动关系和人力资源管理领域的劳动关系既有联系又有区别：

从法学领域讲，劳动关系是指存在于企业、个体经济组织与劳动者之间，劳动者事实上已成为企业、个体经济组织的成员，并为其提供有偿劳动的关系，强调了劳动关系中的事实上的要求。其包括以下基本特点：

（1）严肃性：是指法律法规本身所具有的基本特点，即劳动法律法规的各项规定本身具有严肃性，不能随意变更或被人为曲解。

（2）违法必究：是法律法规约束力的直接表现，即违反劳动法律法规就应当受到相应的追责或处罚。

（3）刚性：是指在法律面前人人平等的一致要求，即谁违反劳动法律法规，谁就应当受到相应的追责或处罚。

（4）证据：是指法律保护或处罚的原则要求，即在违反劳动法律法规时，既要讲究证据本身的合法性，还要求证据来源的合法性。一般情况下，谁当原告应当由谁提供相应证据。当劳动者和用人单位双方都无法直接提供证据时，按照倾向于保护劳动者权益的要求，参照有利于劳动者的意思进行选择。

在人力资源管理领域，劳动关系是指企业法人及其所有者与员工及其组织之间基于有偿劳动所形成的权利义务关系。这里主要强调了责、权和利的对等性原则要求。其包括以下基本特点：

（1）不违法：是指不能违反劳动法律法规和国家其他法律法规的要求。这是人力资源管理领域中劳动关系的前提。

（2）有效性：是指在不违法的前提下，如何提高劳动者和用人单位之间生产（工作）效率，提高劳动的价值。这是人力资源管理中劳动关系的重点。

（3）灵活性：是指由于履行劳动合同过程中的情形会发生较大的变化，如何提高劳动合同的适应性。这是人力资源管理中劳动关系的弹性要求，也是人力资源管理的艺术表现。

（二）基本内涵

劳动关系是指劳动力所有者（劳动者）与劳动力使用者（用人单位）之间，为实现劳动过程而发生的一方有偿提供劳动力，由另一方将劳动力用于同其生产资料相结合的社会关系。具体来讲，劳动关系是指劳动者与用人单位（包括各类企业、个体工商户、事业单位等）在实现劳动过程中建立的社会经济关系。

简单讲，劳动关系就是指用人单位录用劳动者为其单位的成员，劳动者在用人单位的管理下提供有报酬的劳动而产生的权利义务关系。

从广义上讲，生活在城市和农村的任何劳动者与任何性质的用人单位之间因从事劳动而结成的社会关系都属于劳动关系的范畴。

从狭义上讲，现实经济生活中的劳动关系是指国家劳动法律法规所规范的劳动法律关系，即双方当事人是被一定的劳动法律法规所规定和确认的权利和义务联系在一起的，其权利和义务的实现，是由国家强制力来保障的。劳动法律关系的一方（劳动者）必须加入某一个用人单位，成为该单位的一员，并参加单位的生产劳动，遵守单位内部的劳动规则；而另一方（用人单位）则必须按照劳动者的劳动数量或质量给付其报酬，提供工作条件，并不断改进劳动者的物质文化生活。

劳动关系的本质是管理方与劳动者个人及团体之间产生的、由双方利益引起的表现为合作、冲突、力量和权力关系的总和，它会受到一定社会的经济、技术、政策、法律制度和社会文化背景的影响。劳动关系的双方以集体协议或劳动合同的形式，甚至是以一种心理契约的形式，规定彼此的权利义务、是非曲直。劳动关系的双方选择合作还是冲突，取决于双方的力量对比。力量分为劳动力市场的力量和双方对比关系的力量。劳动力市场的力量，反映了工作的相对稀缺程度，是由劳动者在劳动力市场供求中的稀缺性决定的。双方对比关系的力量，是指劳动者进入就业组织后所具有的能够影响资方的程度，其中尤以退出、罢工、岗位三种力量最为重要。劳动关系的本质是劳资双方合作、冲突、力量和权力的相互交织。

（三）主要特征

劳动关系的主要特征如下：

（1）劳动关系是在社会劳动过程中发生的关系。人类的社会关系，主要包括在日常生活中因婚姻、血缘或其他情感需要而形成的家庭（朋友）关系，以及在工作单位中因付出劳动与获得经济回报而形成的劳动关系。因此，劳动关系有别于其他社会关系的关键是付出劳动和获得经济回报。

（2）劳动关系主体双方，一方是劳动者，另一方是劳动使用者（或称用人单位）。按照我国劳动法律要求，劳动者和用人单位构成劳动关系的直接当事方。在世界范围内，劳动关系中的三方是指劳动者、用人单位和政府，而劳动关系的五方是指劳动者、工会、用人单位、雇主协会和政府。

（3）劳动关系主体双方在维护各自经济利益的过程中，双方的地位是平等的。按照我国劳动法律要求，劳动者和用人单位具有平等的法律地位。劳动者和用人单位经过双向互选原则确立劳动关系，任何一方都不能采取威胁或欺诈的手段签订或建立劳动关系。

（4）劳动关系主体双方存在管理和被管理关系，即劳动关系建立后，劳动者要依法服从经营者的管理，遵守规章、制度。这种双方之间的从属关系是劳动关系的特点。

（四）主要类型

根据不同的划分标准，劳动关系有不同的分类。具体如表 1-1 所示。

表 1-1　劳动关系的划分标准及类型

划分标准	划分的类型
劳资双方利益关系的性质和处理原则	利益冲突型劳动关系
	利益一体型劳动关系
	利益协调型劳动关系

表1-1(续)

划分标准	划分的类型
劳资双方的力量对比	均势型劳动关系
	倾斜型劳动关系
	政府援助型劳动关系
	政府主导型劳动关系
不同的经济体制	计划经济体制的劳动关系
	市场经济体制的劳动关系
所涉及的范围和主体	个别劳动关系
	集体劳动关系
	社会劳动关系

三、劳动关系的主体

劳动关系的主体有广义和狭义之分。其中，狭义的劳动关系就是指用人单位和劳动者之间的关系，而广义的劳动关系则包括了政府、用人单位、劳动者、雇主组织和工会五方之间的关系。雇主组织和工会分别为用人单位和劳动者的集体利益的代表。劳动关系的主体关系如图 1-2 所示。在图 1-2 中，实线指强作用关系，虚线指弱作用关系。

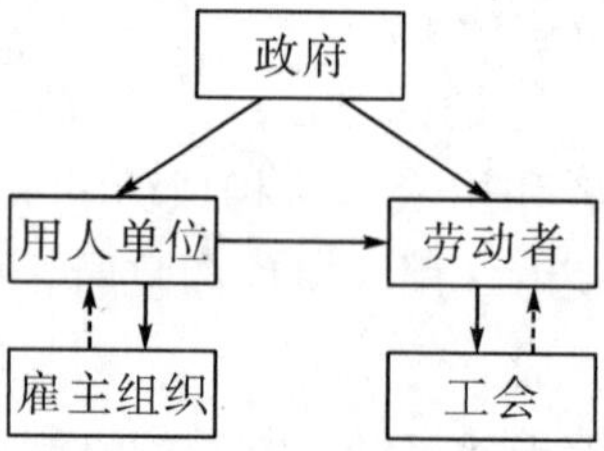

图 1-2　劳动关系的主体关系

按照丁胜如在《论劳动关系主体的角色与作为》中的观点[①]，政府、用人单位和劳动者的主要作用如下：

1. 政府

政府在劳动关系中扮演五种角色：①劳动者基本权利的保护者；②集体谈判与雇员参与的促进者；③劳动争议的调停者；④就业保障与人力资源的规划者；⑤公共部门的雇主。各国政府在劳动关系中的五种角色表现具有相似性，但是合国政府所强调的重点和对劳动关系的干预程度存在很大差别。即使是在同一个国家，政府的表现在不同阶段亦有所区别。一般来说，政府在劳动关系中的作用取决于三个主要因素：意识形态导向、政治导向和社会经济导向。此外，不同国家的历史背景和传统文化对政府在劳动关系中所扮演的角色也有相当大的影响。我国政府在劳动关系中的角色选择

① 丁胜如. 论劳动关系主体的角色与作为 [J]. 工运研究，2008 (2)：11-16.

必须做到理论和实际的结合。这是因为，在现代社会中，劳动关系的和谐依赖于政府、劳动者和用人单位三方相互关系的和谐统一。

2. 用人单位

企业组织、事业单位或政府部门，以及民办非企业单位和个体经济组织等组成劳动关系中的用人单位。其中，企业是社会经济的细胞，企业和谐稳定是社会和谐稳定的基础。企业在创造利润、对股东利益负责的同时，还要承担对员工、对消费者、对社区和环境的社会责任，包括遵守商业道德、安全生产、保证职业健康、保护劳动者的合法权益、保护环境、支持慈善事业、捐助社会公益、保护弱势群体等。因此，企业对于发展和谐劳动关系担负着首要的、直接的责任。用人单位在劳动关系中至少应当扮演三种角色：①劳动力的使用与管理者；②劳动者法定权益的承担者；③企业社会责任的担当者。用人单位必须依法建立劳动关系，遵守相关法律法规，切实保障劳动者享有法律规定的各项权利实现。

3. 劳动者

劳动者既是企业生产发展的主体，又是劳动关系双方中的弱者，在市场经济条件下其合法权益容易受到侵犯。建立和谐稳定的劳动关系，劳动者应做到以下三点：

（1）用表现来获得权益。劳动者对用人单位负有忠诚的义务，要遵守劳动纪律和职业道德，努力完成劳动生产任务，用自己的出色表现实现人生价值和获得合法权益。

（2）依法维权。当自己的合法权益受到侵犯时，劳动者要通过正当途径据理力争，必要时应拿起法律武器通过合法方式解决。

（3）积极加入工会。劳动者要增强工会意识，通过工会组织表达和维护自己的合法权益，变个人维权为组织、集体维权，以降低维权成本，增加胜诉概率。

四、劳动关系的属性

本书参照王君南和陈微微在《劳动关系与社会保险》中提出的观点①，认为劳动关系的基本属性如下：

（一）法律权利的平等性

劳动关系的平等性主要表现在法律对劳资双方权利义务的规定中。在市场经济条件下，劳动者作为自身劳动力的所有者，可以自由选择自己满意的雇主，而雇主在选择应聘者时，也可以不受干预地做出选择。当双方的选择达成一致，就可以在平等自愿的前提下签订劳动合同，缔结劳动关系。同样，双方在形成劳动关系后，在遵循一定法律规定的情况下，基于各自的意愿也可以解除劳动关系。从缔结与解除劳动关系的角度看，双方是平等的。此外，在劳资双方履行劳动合同的过程中，劳动者按雇主的要求提供劳动，雇主支付给劳动者相应的劳动报酬，这也体现了双方权利义务上的平等性。

劳动关系的平等性是相对的。从总体上看，劳动者和雇主的决策权是不平等的。雇主追求的是利润最大化，如果所有雇主为实现这一目标，在市场经济中达成某种默契，提供给劳动者苛刻的薪酬条件，则无论劳动者做出何种选择，其结果显然是不公平的。

① 王君南，陈微波. 劳动关系与社会保险［M］. 济南：山东人民出版社，2004.

因此，为保护劳动者的权利，国家以法律形式干预，确保劳动者选择就业的相对公平性。

（二）资源条件的不平等性

劳动关系的不平等性源于劳资双方经济力量上的悬殊差异。对于一般劳动者而言，劳动是谋生的主要手段；对于掌握生产资料的雇主而言，其主要问题不是谋生问题，而是获利与否的问题。因此，两者存在着地位上的天然不平等性。虽然劳资双方具有法律上的平等权利，但是在实践中，双方的实际权利不对等。在市场经济条件下，在有的领域或行业中，存在劳动力市场供大于求的现象，这对就业劳动力形成一定压力，使雇主在劳动力市场上占有更大的优势和主动地位。此外，雇主会利用就业压力迫使劳动者接受不公平的合同条款。

（三）劳动者从属于用人单位的性质

雇主对生产资料的占有，导致劳资双方地位上的不平等，这决定了劳动者依附于生产资料的所有者（雇主）。一旦劳动者与雇主建立了劳动关系，劳动者就要根据劳动合同要求，提供职业性劳动，将自身劳动力纳入雇主的生产要素中，并以劳动换取报酬，获得生活资料。这具体表现为：①劳动者在经济上从属于雇主。雇主占有生产资料，提供劳动条件，既是劳动力的支配者，也是劳动力的管理者。按生产操作规程进行劳动，在劳动过程中接受雇主的指挥和管理是劳动者的义务，而劳动者所获得的工资取决于他所提供劳动的数量和质量。②劳动者在人身自由上从属于雇主。劳动者与雇主缔结劳动关系后，要按雇主的要求付出劳动时间，这实际上是一种人身自由权利的让渡，通过一定限度内的让渡形成从属关系。

（四）经济利益或财产关系的性质

劳动者通过劳动关系，将劳动力作为商品出卖给雇主，同时从雇主那里获得用以生存的生活资料，这种伴随着劳动关系的产生而产生的交换关系，是劳动力财产与物质财产的交换关系。工资和福利是雇主与劳动者之间基本经济关系形成的纽带，如果缺乏这种经济利益上的关系，劳动关系就无法形成。因此，经济利益成为劳动关系中劳资双方合作与冲突的主要原因。

（五）社会关系的性质

劳动关系并不是一种纯粹的经济关系，它是比其他任何一种经济关系都更多地渗透有非经济的社会、文化、政治关系的经济关系。其中，社会关系性质表现得尤为明显。劳动者不仅有经济方面的需求，而且还是社会关系网络中的一员，在获取经济利益的同时，还要从工作中获得作为人所拥有的体面和尊严。由于工作场所是劳动者投入时间、精力最多的活动场所，因而劳动者自然希望从工作场所和雇主那里得到更多的满足。

第二节　劳动合同与集体合同概述

按照《中华人民共和国劳动法》《中华人民共和国劳动合同法》等相关法律的规

定，签订书面劳动合同是建立劳动关系的基本表现形式。

一、劳动合同

劳动合同，也称劳动契约、劳动协议，一般是指劳动者个体与用人单位之间签订的个体劳动合同。它是指劳动者同企业、事业、机关单位等用人单位为确立劳动关系，明确双方责任、权利和义务的协议。根据协议，劳动者加入某一用人单位，承担某一工作和任务，应遵守单位内部的劳动规则和其他规章制度。企业、事业、机关、团体等用人单位有义务按照劳动者的劳动数量和质量支付劳动报酬，并根据劳动法律、法规和双方的协议，提供各种劳动条件，保证劳动者享受本单位成员的各种权利和福利待遇。有关劳动合同的一些法律条款如下：

《劳动法》第十六条规定："劳动合同是劳动者与用人单位确立劳动关系，明确双方权利和义务的协议。建立劳动关系应当订立劳动合同。"

《劳动合同法》第十条规定："建立劳动关系，应当订立书面劳动合同。已建立劳动关系，未同时订立书面劳动合同的，应当自用工之日起一个月内订立书面劳动合同。用人单位与劳动者在用工前订立劳动合同的，劳动关系自用工之日起建立。"

《劳动合同法》第六十八条规定："非全日制用工，是指以小时计酬为主，劳动者在同一用人单位一般平均每日工作时间不超过四小时，每周工作时间累计不超过二十四小时的用工形式。"

《劳动合同法》第六十九条规定："非全日制用工双方当事人可以订立口头协议。从事非全日制用工的劳动者可以与一个或者一个以上用人单位订立劳动合同；但是，后订立的劳动合同不得影响先订立的劳动合同的履行。"

劳动合同作为合同的一种，具有合同的一般特征：

（1）合同是法律行为，是设立、变更或消灭某种具体的法律关系的行为，其目的在于表达设定、消灭或变更法律关系的愿望和意图。这种愿望和意图是当事人的意思表示。通过这种意思表示，当事人双方或多方产生一定的权利义务关系，但这种意思表示必须是合法的，否则，合同没有约束力，也不受法律的保护。

（2）合同以在当事人之间产生权利义务为目的。合同当事人的协商，总是为了建立某种具体的权利义务关系，而一旦合同依法成立，这种对当事人有约束力的权利义务关系就建立起来了。任何一方当事人都必须履行自己所应履行的义务，如果不履行合同规定的义务，就是违反合同，就要承担相应的法律责任。

（3）合同是当事人双方或多方相互的意思表示一致，是当事人之间的协议。其主要表现为：①合同的成立，必须有两方或两方以上的当事人；②当事人双方或多方必须互相意思表示；③当事人的意思表示必须一致。

劳动合同除具有合同的一般特征外，还具有自身的法律特征：

（1）劳动合同是建立劳动关系的一种法律形式，以合同形式确立了劳动者与用人单位的权利和义务。

（2）劳动合同双方当事人中，一方必须是具有劳动权利能力和劳动行为能力的自然人本人，另一方必须是企业、事业单位或政府部门中采用劳动合同管理的情形、民办非企业单位或个体经济组织等用人单位的主体，不能是企业的党团组织或工会组织。

（3）劳动合同的当事人之间存在着职业上的从属关系，即作为劳动合同一方当事人的劳动者，在订立劳动合同后，成为另一方当事人企业等用人单位的一员，用人单位有权指派劳动者完成劳动合同规定的属于劳动者劳动职能范围内的任何任务。这种职业上的从属关系，是劳动合同区别于其他合同的重要特点之一。

（4）劳动合同双方当事人的权利和义务是统一的，即双方当事人既是劳动权利主体，又是劳动义务主体。根据签订的劳动合同，劳动者有义务完成工作任务，遵守本单位内部的劳动规则；用人单位有义务按照劳动者所提供的劳动数量和质量支付劳动报酬。劳动者有权享受法律、法规及劳动合同规定的劳动保险和生活福利待遇，用人单位有义务提供劳动法律、法规及劳动合同规定的劳动保护条件。

（5）劳动合同的订立、变更、终止和解除，按照国家劳动法律、法规的规定。

劳动合同的法定内容应包括：①劳动合同期限；②工作内容；③劳动报酬；④工作时段；⑤劳动安全卫生情况；⑥职业培训；⑦福利；⑧劳动者对用人单位应承担的义务。试用期和竞业限制不属于劳动合同的法定内容。它是劳动者与用人单位之间有条件的约定内容。

二、集体合同

（一）基本概念

集体合同是企业、事业单位和工会组织（或职工代表）代表职工订立的，就企业、事业单位有关内部劳动关系问题达成的协议，是具体贯彻《劳动法》调整劳动关系的一种法律制度。

集体合同的内容主要包括劳动报酬、工作时间、休息休假、劳动安全卫生、职业培训、保险福利等事项。

（二）主要特征

集体合同除具有一般协议的主体平等性、意思表示一致性、合法性和法律约束性等共性，还具有一些自身特征：

（1）集体合同是一种劳动协议，不是工会组织（或职工代表）与企业之间达成的民事协议，它以劳动关系为存在的基础，本质是提升劳动条件，是规定全体职工与企业之间整体性的劳动权利和劳动义务的一种协议。

（2）集体合同是特定当事人之间订立的协议。特定的当事人，一方是劳动力使用者，即企业和事业单位；另一方是劳动力所有者，即全体劳动者。

（3）集体合同必须是书面合同，其生效要经过特定程序。法律规定，集体合同双方当事人必须就有关内容形成集体合同文本，并将文本提交劳动行政主管部门审核通过。审核通过的集体合同才具有法律效力。

（三）签订当事人

《劳动法》第三十三条规定：“集体合同由工会代表职工与企业签订；没有建立工会的企业，由职工推举的代表与企业签订。”签订集体合同的当事人，在已建立工会组织的企业中，一方是代表全体职工的工会，另一方则是企业；在尚未建立工会组织的企业，一方是全体职工代表，另一方是企业。

《劳动合同法》第五十一条规定："集体合同由工会代表企业职工一方与用人单位订立；尚未建立工会的用人单位，由上级工会指导劳动者推举的代表与用人单位订立。"集体协商双方的代表人数应当对等，每方至少三人，并各确定一名首席代表。职工一方的首席代表由本单位工会主席担任。职工民主推举的代表，须得到半数以上职工的同意。工会主席可以书面委托其他协商代表代理首席代表。工会主席空缺的，首席代表由工会主要负责人担任。未建立工会的，职工一方的首席代表从协商代表中民主推举产生。首席代表不得由非本单位人员代理。用人单位一方的协商代表，由用人单位法定代表人指派，首席代表由单位法定代表人担任或由其书面委托的其他管理人员担任。

（四）签订程序

集体合同的签订程序包括：①集体协商、制订草案；②职工讨论、通过草案；③签字上报、审查备案；④即行生效、公布履行。

职工代表大会或者全体职工讨论集体合同草案或专项集体合同草案，应当有三分之二以上职工代表或者职工出席，且须经全体职工代表半数以上或者全体职工半数以上同意，集体合同草案或专项集体合同草案方获通过。

集体合同草案或专项集体合同草案经职工代表大会或者职工大会通过后，由集体协商双方首席代表签字。

集体合同或专项集体合同签订或变更后，应当自双方首席代表签字之日起 10 日内，由用人单位一方将文本一式三份报送劳动保障行政部门审查。

劳动保障行政部门对集体合同或专项集体合同有异议的，应当自收到文本之日起 15 日内将审查意见书送达双方协商代表。劳动保障行政部门自收到文本之日起 15 日内未提出异议的，集体合同或专项集体合同即行生效。

集体合同或专项集体合同期限一般为 1 至 3 年，期满或双方约定的终止条件出现，即行终止。集体合同或专项集体合同期满前 3 个月内，任何一方均可向对方提出重新签订或续订的要求。

（五）集体合同与劳动合同的区别

集体合同与劳动合同的区别包括以下几点：

1. 当事人不同

劳动合同是单个的劳动者和用人单位之间的合同；集体合同是劳动者集体与用人单位之间的合同，故又称为团体协约或团体合同。

2. 内容不同

单个的劳动合同规定的是单个劳动者和用人单位之间的权利义务关系，一般包括劳动关系的各个方面；集体合同规定的是劳动者全体和用人单位的权利义务关系，主要内容是全体职工普遍关心的劳动条件、劳动标准和劳动待遇等。

3. 效力不同

《劳动法》第三十五条规定："依法签订的集体合同对企业和企业全体职工具有约束力。职工个人与企业订立的劳动合同中劳动条件和劳动报酬等标准不得低于集体合同的规定。"

4. 签订合同的目的不同

签订劳动合同的目的建立劳动关系；签订集体合同的目的是在劳动关系已经建立的基础上改善劳动条件，提高劳动标准和劳动待遇。

5. 合同的形式不同

按照要求，劳动合同应当采用书面形式，同时，对没有形成书面劳动合同的事实劳动关系也加以保护；而集体合同必须是书面形式，否则不具有任何法律效力。

6. 合同的生效方式不同

劳动者与用人单位就劳动合同的主要条款协商一致，签字盖章后，劳动合同即成立；而依照我国有关法规的规定，集体合同须报劳动行政部门审查后才能生效。

第三节　事实劳动关系

我国劳动用工既有历史发展性，又有现实复杂性。从目前我国劳动用工的实际情况讲，有两种劳动用工情况需要关注：一是不符合劳动法律规范要求的事实劳动关系，二是不适用于劳动法律体系的劳务关系。

一、事实劳动关系的概念

从 1978 年的改革开放至 1995 年 1 月 1 日《劳动法》正式实施，我国探索了劳动用工制度改革，从之前的固定用工和临时用工到试行劳动合同制用工。然而，因为国家没有建立单独的劳动法律，所以在一定程度上导致事实劳动关系产生。

（一）基本内涵

事实劳动关系是指劳动者与用人单位之间形成从属性劳动、但不符合劳动合同成立的法定要件的劳动力使用和被使用的关系。

（二）主要内容

事实劳动关系主要包括以下内容：

（1）没有书面合同形式，以口头协议代替书面劳动合同而形成的劳动关系；

（2）用人单位招用劳动者后不按规定订立劳动合同而形成的劳动关系；

（3）用人单位与劳动者以前签订过劳动合同，但是劳动合同到期后用人单位同意劳动者继续在本单位工作却没有与其及时续订劳动合同而形成的事实延续的劳动关系；

（4）以其他合同形式代替劳动合同，即在其他合同中规定了劳动者的权力、义务条款，比如在承包合同、租赁合同、兼并合同中规定了职工的使用、安置和待遇等问题，这就有了作为事实劳动关系存在的依据；

（5）劳动合同构成要件或者相关条款缺乏或者违法，事实上成为无效合同，但是双方依照这一合同规定已经建立的劳动关系。

二、事实劳动关系的形成原因

（一）无书面劳动合同而形成的事实劳动关系

就劳动合同订立的形式而言，1995 年 1 月 1 日起实施的《劳动法》只认可了书面形式的劳动合同，而 2008 年 1 月 1 日起实施的《劳动合同法》认可了非全日制用工的口头劳动合同。从实践中看，无书面劳动合同而形成的事实劳动关系一般可分为两种：一种是自始未订立书面劳动合同；另一种是原劳动合同期满，用人单位和劳动者未以书面形式续订劳动合同，但劳动者仍在原单位工作。无书面形式的劳动合同是引起事实劳动关系发生的最主要的原因。在《劳动合同法》实施前的审理劳动合同的纠纷中，相当一部分仲裁机构或法院对于无书面劳动合同的劳动争议案，或者不受理，或者认定为无效，因此导致许多劳动者的权益得不到保护。

如何判断没有书面形式的劳动合同的效力？在这里我们不能简单地进行无书面形式则无效的推理。无书面形式的劳动合同可以形成事实劳动关系，而对于事实劳动关系，国家相关的法律法规并没有否定其效力，如 1995 年，劳动部印发的《关于贯彻执行〈中华人民共和国劳动法〉若干问题的意见》中规定："中国境内的企业、个体经济组织与劳动者之间，只要形成劳动关系，即劳动者事实上已成为企业、个体经济组织的成员，并为其提供有偿劳动，适用劳动法。"

1995 年，劳动部颁布的《违反〈劳动法〉有关劳动合同规定的赔偿办法》规定，用人单位故意拖延不订立劳动合同，即招用后故意不按规定订立劳动合同以及劳动合同到期后故意不及时续订劳动合同的，对劳动者造成损害的应赔偿劳动者的损失。

从上述规定的内容看，无书面形式的劳动合同而形成的事实劳动关系也是一种受法律保护的劳动关系，不能简单将其视为无效，而是应当适用劳动法支付经济补偿金。

如何判断是否已经形成了事实劳动关系？如果劳动者发现用人单位没有与自己签订劳动合同的，就要注意收集以下证据，以备不时之需：

（1）工资支付凭证或记录（职工工资发放花名册）、缴纳各项社会保险费的记录；

（2）用人单位向劳动者发放的"工作证""服务证"等能够证明身份的证件；

（3）劳动者填写的用人单位招工招聘"登记表""报名表"等招用记录；

（4）考勤记录；

（5）其他劳动者的证言等。

（二）无效劳动合同而形成的事实劳动关系

关于无效劳动合同，我国《劳动法》第十八条规定了两种情形：①违反法律、行政法规的劳动合同；②采取欺诈、威胁等手段订立的劳动合同。

无效的劳动合同，从订立的时候起，就没有法律约束力。对于无效劳动合同的法律后果是什么，《劳动法》未做出明确规定。从《劳动法》的规定看，无效劳动合同一般是主体不合格，合同的内容不符合法律规定，订立合同采取欺诈、威胁手段等原因所致。

按照《劳动法》的规定，无效的劳动合同，从订立的时候起，就没有法律约束力，即劳动合同是自始无效的。这时，如果劳动者已提供了劳动，则自始无效的劳动合同不能成为劳动者与用人单位双方相互提出请求权的基础。按合同法的原理，因合同无效而取得的财产，应当予以返还。显然，劳动合同不能适用合同法的该原理，因这劳动力一旦付出，就无法恢复到合同订约前的状态。对因劳动合同无效而发生的劳动关系，同样应当视为一种事实劳动关系。在这种情况下，劳动者的利益应受法律保护，劳动者应当依照法律规定对其劳动提出报酬请求权。

对于这种事实劳动关系的处理，按现行立法和有关司法解释的规定，有两种处理办法：一是用人单位对劳动者付出的劳动，可参照本单位同期、同工种、同岗位的工资标准支付劳动报酬；二是如果订立无效劳动合同是用人单位所致，且给劳动者造成损失的，则劳动者可以获得赔偿。

关于无效劳动合同，我国《劳动合同法》第二十六条规定了三种情形：①以欺诈、胁迫的手段或者乘人之危，使对方在违背真实意思的情况下订立或者变更劳动合同的；②用人单位免除自己的法定责任、排除劳动者权利的；③违反法律、行政法规强制性规定的。

《劳动合同法》对劳动合同被确认无效、劳动者已付出劳动的情况在第二十八条中做出了规定："劳动合同被确认无效，劳动者已付出劳动的，用人单位应当向劳动者支付劳动报酬。劳动报酬的数额，参照本单位相同或者相近岗位劳动者的劳动报酬确定。"

（三）双重劳动关系而形成的事实劳动关系

双重劳动关系是指劳动者与两个或两个以上的用人单位建立的劳动关系。双重劳动关系在现实生活中大量存在，如下岗或停薪留职到另一单位工作或同时从事几份兼职工作等。在双重劳动关系下，一般都有一个正式挂靠单位，哪怕并不提供劳动，但可以领取最低工资、享受社会保险待遇。而对于双重劳动关系来说，如果第二个劳动关系发生纠纷诉至法院，一般会被认定为劳务关系而不作为劳动关系来处理，也就是说，劳动者只能要求劳动报酬的给付而不能要求其他依照劳动法所能享有的权益。

通常来说，不承认双重劳动关系的理由主要基于以下几点：

一是根据传统劳动法理论，一般认为每个职工只能与一个单位建立劳动法律关系，而不能同时建立多个劳动法律关系；

二是依据《劳动法》第九十九条关于"用人单位招用尚未解除劳动合同的劳动者，对原用人单位造成经济损失的，该用人单位应当依法承担连带赔偿责任"的规定，推导出法律不提倡劳动者与多个用人单位建立劳动关系；

三是认为如果承认双重劳动关系，必然导致社会保险关系的混乱，从而引起不利的后果。

双重劳动关系是一个劳动者具有双重身份和参与两个劳动关系，它既可表现为两个法定的劳动关系同时存在，也可表现为一个法定的劳动关系与一个事实劳动关系并存。这种劳动关系不仅不利于劳动管理，而且还潜伏着大量的劳动争议。《劳动合同法》第三十九条规定，劳动者同时与其他用人单位建立劳动关系，对完成本单位的工作任务造成严重影响，或者经用人单位提出，拒不改正的，用人单位可以解除劳动合同。

即便是由劳动者造成的双重劳动关系，用人单位若想与其解除劳动合同，也需满足法律前提，即“对完成本单位的工作任务造成严重影响”或者“经用人单位提出，拒不改正”。实际上，劳动者在按法律法规的规定和劳动合同约定完成工作任务后，如果还有时间和精力，可以依法与其他用人单位建立劳动关系，但是不得对完成用人单位工作任务造成严重影响；如果用人单位要求劳动者不得与其他用人单位建立劳动关系，劳动者则应终止与其他单位的劳动关系，否则用人单位可以与其解除劳动合同。

第四节　劳务关系概述

劳务关系是由两个或两个以上的平等主体，通过劳务合同建立的一种民事权利义务关系，其适用的法律主要是《中华人民共和国合同法》（以下简称《合同法》），不适用于《劳动法》《劳动合同法》等劳动法律体系。

一、劳务关系的概念

劳务关系（service relations），是指提供劳务的一方为需要的一方以劳动形式提供劳动活动，而需要方支付约定的报酬的社会关系。

劳务关系由《中华人民共和国民法通则》和《中华人民共和国合同法》进行规范和调整。建立和存在劳务关系的当事人之间是否签订书面劳务合同，由当事人双方协商确定。该合同可以是书面形式，也可以是口头形式和其他形式。劳务关系、劳务合同是一种顾名思义的通俗称呼，在《合同法》中是没有这类名词的。属于承包劳务情形的劳务合同，似可归属法定的“承揽合同”；属于劳务人员输出情形的劳务合同，似可归属法定的“租赁合同”。劳务合同与劳动合同不同，没有固定的格式和必备的条款。其内容可依照《合同法》第十二条规定，由当事人根据具体情况自主随机选择条款，具体约定。

归纳起来讲，劳务关系具有以下基本特征：

（1）双方当事人的地位平等，在人身上不具有隶属关系；

（2）工作风险一般由提供劳务者自行承担，但由雇工方提供工作环境和工作条件的和法律另有规定的除外；

（3）基于民事法律规范成立，并受民事法律规范的调整和保护；

（4）主体具有不特定性，提供劳务方和用工方都可以是自然人、法人或是其他组织。

二、劳动关系与劳务关系的区别

（一）劳动关系主体与劳务关系主体的区别

劳动关系中的一方应是符合法定条件的用人单位，另一方只能是自然人，而且必须是符合劳动年龄条件，且具有与履行劳动合同义务相适应的能力的自然人；劳务关系的主体类型较多，如可以是两个用人单位，也可以是两个自然人。法律法规对劳务关系主体的要求，不如对劳动关系主体要求的那么严格。

（二）当事人之间在隶属关系方面的区别

处于劳动关系中的用人单位与当事人之间存在着隶属关系是劳动关系的主要特征。隶属关系的含义是指劳动者成为用人单位中的一员，即当事人成为该用人单位的职工或员工（以下统称职工）。因为用人单位的职工与用人单位之间存在劳动关系这是不争的事实。而劳务关系中，不存在一方当事人是另一方当事人的职工这种隶属关系。如某一居民使用一名按小时计酬的家政服务员，家政服务员不可能是该户居民家的职工，与该居民也不可能存在劳动关系。

（三）当事人之间在承担义务方面的区别

劳动关系中的用人单位必须按照法律法规和地方规章等为职工承担社会保险义务，且用人单位承担其职工的社会保险义务是法律的确定性规范；而劳务关系中的一方当事人不存在必须承担另一方当事人社会保险的义务。如居民不必为其雇用的家政服务员承担缴纳社会保险的义务。

（四）用人单位对当事人在管理方面的区别

用人单位具有对劳动者违章违纪进行处理的管理权，如对职工严重违反用人单位劳动纪律和规章制度、严重失职、营私舞弊等行为进行处理，有权依据其依法制定的规章制度解除当事人的劳动合同，或者对当事人给予警告、记过、记过失单、降职等处分；劳务关系中的一方对另一方的处理虽然也有不再使用的权利，或者要求当事人承担一定的经济责任，但不含当事人一方取消当事人另一方本单位职工“身份”这一形式，即不包括对其解除劳动合同或给予其他纪律处分形式。

劳动关系中的用人单位对劳动者具有行使工资、奖金等方面的分配权利。分配关系通常表现为劳动报酬范畴的工资和奖金，以及由此派生的社会保险关系等。用人单位向劳动者支付的工资应遵循按劳分配、同工同酬的原则，必须遵守当地有关最低工资标准的规定；而在劳务关系中的一方当事人向另一方支付的报酬由完全由双方协商确定，当事人得到的是根据权利义务平等、公平等原则事先约定的报酬。

1995 年，劳动部印发的《关于贯彻执行〈中华人民共和国劳动法〉若干问题的意见》指出：派出到合资、参股单位的职工如果与原单位仍保持着劳动关系，应当与原单位签订劳动合同，原单位可就劳动合同的有关内容在与合资、参股单位订立劳务合同时，明确职工的工资、保险、福利和休假等有关待遇。

课堂讨论

1. 结合自身经历或所了解的社会现象，讨论劳动关系的基本特征。
2. 讨论劳动关系（包括类型、争议等）的复杂性。

课后复习

1. 简述劳动关系的内涵。
2. 简述劳动关系的分类。
3. 简述劳动合同和集体合同的概念。
4. 简述事实劳动关系的成因及预防措施。
5. 简述劳务合同的主要特点。

第二章 劳动关系的实质与环境

■**本章重点**

1. 劳动关系的合作的概念及产生根源
2. 劳动关系的冲突的概念及产生根源
3. 劳动关系的合作的表现
4. 劳动关系的冲突的表现
5. 劳动关系的环境

■**学习要求**

1. 了解劳动关系合作与冲突的主要背景。
2. 掌握劳动关系合作与冲突产生的根源。
3. 理解影响劳动关系的环境因素。

引导案例　全国平均工资排名 你拖后腿了吗?

我国各个城市的平均工资大不相同。根据2018年人才需要最旺盛的50个城市平均月薪（见表2-1），我们可以看到明显的差距。每逢公布平均工资数据的时候，很多人感觉自己拿到手的工资没这么多，感叹“拖了平均工资的后腿”。

对于许多人感觉自己“被平均”的问题，国家统计局人口和就业统计司负责人指出，由于工资分布是典型的偏态分布，即少数人工资水平较高，多数人工资水平较低，所以多数人的工资水平会低于平均工资。从个人角度来看，工资水平及增长速度均会因所属单位的行业、地区、性质，以及个人所在岗位的不同而不同。

北京师范大学收入分配改革研究院执行院长李实指出，在收入差距较大的情况下，平均工资并不能反映差距的问题，中位数可能比平均工资更能反映实际情况。众多网友吐槽自己“拖后腿”，恰恰从一定程度反映出当前收入差距较大的情况。

“这也凸显出需要进一步深化收入分配制度改革，缩小过高的不合理差距，防止平均数掩盖大多数。”李实建议，要在经济增长上多下功夫，保证就业和工资合理稳定增长的同时，进一步完善工资制度，建立工资正常增长机制，把“提低、扩中、限高”落实好，精准发力，着力提高中、低收入者的收入。

表 2-1　2018 年人才需要最旺盛的 50 个城市平均月薪

名次	城市	月薪(元)	名次	城市	月薪(元)	名次	城市	月薪(元)
1	北京	10 712	18	金华	6 904	35	天津	6 339
2	上海	10 128	19	佛山	6 849	36	郑州	6 323
3	深圳	9 738	20	青岛	6 710	37	哈尔滨	6 306
4	杭州	9 547	21	中山	6 707	38	西安	6 253
5	广州	7 862	22	重庆	6 692	39	济南	6 232
6	珠海	7 854	23	昆明	6 676	40	泉州	6 170
7	南京	7 790	24	贵阳	6 675	41	常州	6 168
8	东莞	7 227	25	洛阳	6 664	42	烟台	6 112
9	苏州	7 213	26	兰州	6 653	43	南昌	6 018
10	宁波	7 175	27	无锡	6 653	44	长春	5 989
11	武汉	7 104	28	南通	6 633	45	保定	5 940
12	成都	7 086	29	乌鲁木齐	6 585	46	沈阳	5 797
13	嘉兴	7 065	30	惠州	6 521	47	潍坊	5 788
14	福州	7 032	31	长沙	6 507	48	太原	5 783
15	厦门	7 013	32	南宁	6 481	49	徐州	5 755
16	海口	6 999	33	合肥	6 471	50	石家庄	5 690
17	温州	6 907	34	大连	6 446			

注：数据来自 boss 直聘研究院。

思考题：逐步扩大的地区或行业工资收入差距是否会破坏劳动关系的合作，并进而形成劳动关系的冲突？

第一节　劳动关系的合作

劳动关系是一种在劳动过程中的社会关系，因此既具有一般社会关系的合作与冲突的实质特征，又具有在劳动过程中创造社会财富时所表现出来的特殊性。

一、合作的概念及产生根源

劳动者和用人单位遵守“平等、自愿和协商一致”的原则，基于互相认同和信任而建立劳动合同关系，这实际上就体现了劳动关系的合作的概念。

（一）合作的概念

按照劳动经济学的观点，用人单位对劳动力的需求是一种引致需求或派生需求，即主要源于其所生产的产品或服务能够被市场接受，通过向市场提供产品或服务而获得经济效益或社会效益，由此导致了用人单位对劳动力的需要。

基于上述理论观点，在劳动关系中，管理方与员工要生产产品和服务，因此需要共同遵守一套既定的制度和规则，我们把这种行为称为“合作”。

（二）合作产生的根源

劳动关系的合作根源主要包括两个方面，即“被迫”和“获得满足”。

（1）“被迫”：是指劳动者（在用人单位内部又称之为员工）迫于生活压力或工作压力，而不得不与雇主或管理方开展合作关系。员工为了生存需要，就得与雇主建立劳动关系，以此获得劳动报酬；员工为了安全需要，就得服从管理方，以此获得工作安全等。

（2）“获得满足”：指员工通过工作获得心理上的满足体验。通常，员工从以下三个方面获得满足：

①工作本身。人是社会关系的总和，大多数工作对增加人的社会关系具有积极的一面，这是劳动者从工作中获得满足的最重要的原因。从我国劳动关系的现实情况来讲，增加工作本身的“获得满足”感，是改善劳动关系的重点和难点，是提升生产效率和员工满意度的着力点，也是体现用人单位人力资源管理水平的重要标志。

②对雇主的信任。雇主提供工作机会和劳动报酬，这会增加劳动者对雇主的信任。尤其是在外部经济发展不景气或劳动者面临个体经济困难的情况下，劳动者将容易建立对雇主的信任基础。而从长期来讲，劳动者对雇主的信任，主要来自对立法公正的理解和对当前管理权力的限制措施。

③对管理方的认可。管理方是雇主的代表，其组织工作的目标主要是实现雇主要求。为了实现组织工作目标，管理方既要自身努力工作，以此获得劳动者的认可，又要通过提高劳动者的工作满意度，以此获得劳动者的配合。

二、合作的主要表现

在劳动关系存续期间，劳动者和用人单位作为直接当事人，愿意就合同本身的履行和变更及工作内容等进行沟通、协调和谈判等活动，活动就是合作的主要表现。

1. 沟通

沟通是指主体间的信息交换过程。沟通双方的目标是期待达到理解和消除错误观念。在劳动关系中，沟通是履行和变更劳动合同的前提，也是提高工作效率和促进员工发展的重要管理活动。由于签订劳动合同和履行劳动合同的环境条件会发生变化，劳动者的工作成熟度也会受到多方面的影响，因此，劳动者和用人单位都需要采取积极有效的沟通方式。

2. 共同协商

共同协商是指用人单位（或雇主）为协调与劳动者的关系，而在制定有关决策之前，先征求劳动者或工会代表的意见的过程。其中有的事项按照要求需要征得工会同意，但是不需要征得员工个人同意。按照我国相关法律规定，用人单位在做出涉及劳动者切身利益的决策时，如各类用人单位的经济性裁员和国有单位的调整工资等，这些都需要征求获得工会的肯定性意见。

3. 集体谈判

集体谈判是指雇主和工会之间针对工作报酬、工作时间及其他事项，在适当时间以坦诚的态度所进行的协商和交涉，但不得强迫对方同意或终止协议。按照我国《劳动法》《劳动合同法》的相关规定，签订和变更集体劳动合同必须经过用人单位（或雇主）与工会或职工代表的集体谈判，达到一致后方能正式签订或变更，并且要报劳动行政部门备案，备案无异议后才能生效。

第二节　劳动关系的冲突

社会矛盾具有普遍性。在劳动关系领域，发生冲突是一种普遍和正常的社会现象，关键在于正确认识和有效处理劳动关系的冲突现象，并且要把其负面影响控制在劳动者、用人单位和政府都可接受的范围之内。

一、冲突产生的根源

冲突是指劳资双方在利益、目标和期望等方面不可能总是保持一致，相反经常会出现分歧，甚至背道而驰的现象。冲突产生的根源可以分为“根本属性”和“背景属性”。前者是指由于劳动关系的本质属性造成的冲突，后者是指由那些可变的、取决于组织、产业、地域、国家等因素的属性所造成的冲突。

（一）根本属性

1. 异化的合法化

异化的合法化是指不符合劳动者自身选择的行为，被法律赋予雇主或用人单位所要求的合法权益。劳动者不具有生产资料的所有权，导致其劳动过程、结果和收益在法律上不属于劳动者所有，而归雇主或用人单位所有。这导致劳动者缺乏为自身全部利益而努力工作的内在动力，同时劳动者又不得不完成雇主或用人单位所要求的工作任务。

2. 客观的利益差异

在市场经济条件下，雇主（用人单位）与雇员（劳动者）之间的利益目标有直接差异性。雇主（用人单位）追求利润最大化目标，而提高劳动生产效率和创新并非其唯一提高利润的途径。当在效益总量不变和缺乏外部市场监督的条件下，雇主（用人单位）为实现利润最大化目标，可选择给付雇员（劳动者）报酬最小化；同理，雇员（劳动者）的利益在于工资福利最大化，以及在保住工作的前提下尽量减少工作。这些导致双方产生冲突。

3. 雇佣关系的性质

按照劳动法律要求，劳动领域的雇佣关系是基于“自愿”“协调一致”而订立的关系，劳资双方从法律地位上讲具有“平等性”。事实上，雇员（劳动者）的地位相对弱势，导致其难以真正行使参与管理的权利。基于此，雇员（劳动者）对管理权的作用在一定程度上是负面的，其深层次的原因是：一方面，雇员（劳动者）不愿意处于从属地位；另一方面，管理权力的分布不是雇员（劳动者）的利益所在，而是资本所有者的利益所在。

劳资双方的目标有差异性和一致性之分，具体如表 2-2 所示。潜在冲突的目标会导致对抗性的劳资关系，一致性目标是产生劳资合作的前提。

表 2-2　企业与工会的目标

企业（资方）目标	工会（劳方）目标
生存和保持竞争力	在企业生存和保持竞争力同时，维持工会的生存与安全
发展和繁荣	企业与工会都能发展和繁荣
从投资中获得有利的回报	企业从投资中获得有利的回报，并向雇员支付“公平”的工资和福利
有效地使用人力资源	企业在合同规定和政策允许范围内有效地使用人力资源，并为工会成员提供安全和雇佣机会
吸引、保持和激励员工	企业在合同规定和政策允许范围内吸引、留住和激励雇员
保护管理方制定决策和保持灵活性的权利	通过谈判签订集体协议保护工会和雇员的权利
从工会得到承诺，在集体协议期限内不得罢工	从管理方获得承诺，在集体协议期限内不得闭厂

（二）背景属性

1. 广泛的社会不平等

基尼系数是意大利经济学家基尼于 1922 年提出的定量测定收入分配差异程度的指标，它反映了社会分配的差距。一般认为，基尼系数在 0.3～0.4，为正常状态，大于 0.4 且小于 0.6，为警戒状态。在现实中，日本是全球基尼系数最低的国家之一，一般在 0.25 左右，德国在 0.3 左右，而美国的基尼系数已经超过 0.4 的警戒线。发展中国家基尼系数一般比较高，在 0.4 上下①。

2. 劳动力市场状况

2019 年《瀚纳仕全球技能指数》的报告表明②，相比世界其他 33 个经济体，中国的雇主更容易找到合适的人才。同时，这也意味着在全球经济面临不断加剧的不确定性和增长缓慢的情况下，中国的劳动力市场仍然是较为稳健的。整体来讲，工会和社会保障政策为雇员提供基本安全保障；失业率上升给劳动者寻找工作带来更大难度。

3. 工作场所的不公平

工作场所虽然不是劳动合同的法定内容，但它是履行劳动合同规定的工作内容的必要条件。《中华人民共和国职业病防治法》和国家安全生产监督管理总局 2012 年颁

---

① 王跃生，马相东.“占领华尔街”与基尼系数［Z/OL］（2011-12-05）［2019-08-03］. http：//finance. people. com. cn /GB/16489760. html.

② 佚名. 研究发现：中国大陆劳动力市场在全球 34 个经济体中压力最低［Z/OL］.（2019-11-20）［2019-11-25］. http：//www. chinanews. com /cj/2019/11-20/9013075. shtml.

布的《工作场所职业卫生监督管理规定》对工作场所的职业安全卫生等做出了最低限度的规定。工作性质的差异和管理方所进行的成本控制，导致不同地区、企业和性别在工作场所的条件保障方面的差异较明显。

4. 工作属性发生变化

随着劳动分工更加精细化和信息技术的广泛快速应用，新兴工作和传统的工作都发生了很大变化。一方面，新兴工作更加精细化的要求给劳动者造成工作紧张并使其超负荷；另一方面，传统工作已经开始大幅度转型，对劳动力的需求进一步减少，造成劳动者的工作机会减少和就业转型压力增大的困难。

二、冲突的表现形式

冲突按其表现方式，可以分为明显的冲突和潜在的冲突。明显的冲突形式的产生是复杂的。冲突具体表现为以下形式：

1. 罢工

罢工是冲突最为明显的表现形式。罢工同样也呈现出一些规律，当雇主破坏了明确的规则和心理契约时，就可能引发工人罢工。罢工从经济学角度而言虽然成本高，但是一种劳动者维护自身权益的手段。罢工是最为明显的冲突形式，并不总是可行的方法，罢工行为要符合国家各项法律规定。

2. 其他形式

最为明显的是各种“不服从”行为，如：工作懈怠、低效率工作、怠工、旷工等。此外，还有“退出”行为，或称辞职。

3. 权利义务的协商

劳动关系正是通过这种“付出—获得”的方式形成了早期的心理契约。从这个角度而言，心理契约也属于“协商后的秩序”，这种秩序反映了劳动关系存续期间员工与管理方之间的“付出—给予”关系。

第三节　劳动关系的环境

劳动关系的环境，主要是指能够对劳动关系系统产生影响的各种因素。从微观上讲，劳动关系贯穿于企业生产、经营、分配的各个环节；从宏观上看，劳动关系是现代社会中最主要的一种社会经济关系。

一、劳动关系影响模型

按照系统论的观点，社会关系是一个由相互联系、相互影响的各个子系统所组成的、要达到一定目标的开放系统。这个系统不仅要不断地与外部环境进行交流，还要不断地调整内部各个子系统之间的关系，以维持整个系统的稳定和正常运转。

劳动关系是构成社会关系系统的一个子系统，因此，它同样会受到社会关系外部因素的影响。此外，作为一个子系统，它还要与社会关系其他的子系统发生关系，受到社会关系内部因素的影响。因此，从系统的观点出发，我们可以将劳动关系的环境划分为外部环境和内部环境。劳动关系的影响模型如图 2-1 所示。

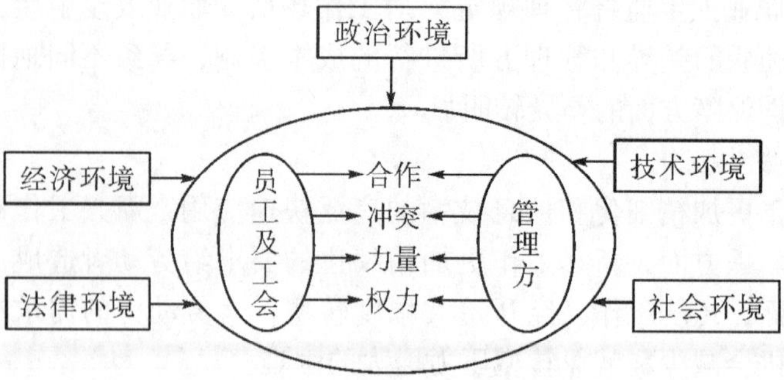

图 2-1　劳动关系的影响模型

影响劳动关系的外部环境因素主要包括一个国家的经济体制、政治体制、法律制度、经济发展状况、技术发展水平、社会文化及价值观等因素。影响劳动关系的内部环境因素主要包括组织的发展战略、组织结构、人员状况、管理方式、规章制度、工会、非正式组织、组织文化及组织变革等。

二、影响劳动关系的外部环境

影响劳动关系的因素除了就业组织内部的因素之外，还有很多环境因素，这些因素被称为劳动关系的外部环境。外部环境因素可归纳为五个方面：政策（politics）、经济（economic）、社会（society）、技术（technology）和法律（legal）环境，外部环境因素分析模型方法简称为 PESTL 分析方法。PESTL 分析法是外部环境分析的基本工具。它通过对五个方面的因素分析从总体上把握宏观环境，评价这些因素对完成目标的影响。

（一）政策环境

政策环境指政府的各种政策方针，包括货币政策和财政政策、关于就业的政策、教育和培训的政策及其他政策；还包括政策对劳动关系的直接干预行动。

就业政策对于劳动力市场以及就业组织中的劳动关系的影响最直接，货币政策和财政政策通过宏观经济环境来影响各组织的劳动关系，教育和培训政策对劳动关系具有更加长期的影响。

（二）经济环境

经济环境一般包括宏观经济状况，如经济增长速度和失业率；还包括更多的微观经济状况，如在某一特定产品市场上雇主所要面对的市场竞争。

经济环境能够改变劳动关系主体双方的力量对比：一方面，经济环境可能来自劳动力市场的变化，直接影响双方的劳动力市场力量的消长；另一方面，经济环境也可能来自厂商所要面对的要素市场。经济环境，首先影响劳动者的工资福利水平、就业、工作转换及工人运动和工会的发展，其次影响产品生产、工作岗位设计、工作程序等，最后可能间接影响劳动关系的整体状况。

（三）社会环境

社会环境由各国、各地区甚至各工种的主流传统习惯、价值观、信仰等组成。它通过社会舆论和媒介对劳动者的择业观念、工作态度、劳动效益和处理劳动争议的方式方法等产生内在的影响。

（四）技术环境

技术环境包括产品生产的工序和方式，以及采用这些工序和方式所必需的资本密度（人均资本投资量）、产品和工序是否容易受到新技术的影响、工作是否复杂和是否需要高水平的知识和技能。

（五）法律环境

法律环境是指规范劳动关系双方行为的法律机制。法律是调整劳动关系的最基本形式。

总之，我们只有通过在特定的外部环境中研究劳动关系，才能够获得有实际意义的研究结果。五种外部环境相互联系、影响，如技术环境会影响到经济甚至社会环境，后者又会影响法律和政策环境。因此，在应用 PESTL 分析模型时，我们还需要深入分析五种因素之间的相互作用关系。

三、冲突与合作的影响因素

一般地，我们可把影响劳动关系的合作与冲突的因素分为文化因素和非文化因素两种类型。

（一）文化因素

文化因素包括劳动者找到工作时的价值观和信仰，以及在工作期间对工作的态度和道德观的变化。

冲突是否出现，很大程度上取决于对自身所处地位的感受及对自身可以接受的行为的理解。

（二）非文化因素

非文化因素包括以下内容：

（1）客观的工作环境。工作性质和条件对劳动关系的冲突与合作产生很大影响。

（2）管理政策和实践。若其是进步的，劳动者工作满意度会提高。

（3）宏观经济环境和政府政策，如失业率和失业保险制度，对劳动关系的冲突与合作产生很重要的影响。

（三）冲突和合作的根源与影响因素之间的关系

任何文化的和非文化的因素都只能影响冲突和合作的程度与表现形式，而无法从根本上改变劳动关系的本质属性——冲突和合作的存在。其主要原因在于：

第一，人力资源策略的局限性。管理者采取了进步的人力资源管理策略，但其本身并不能消除冲突的根源。

第二，工会和集体谈判制度既是问题的一部分，又是解决问题的方法的一部分。

课堂讨论

1. 结合自身经历或所了解的社会现象，讨论劳动关系的基本特征。
2. 讨论劳动关系（包括类型、争议、法制等）的复杂性。

课后复习

1. 简述劳动关系的合作内涵。
2. 简述劳动关系的冲突与合作。
3. 简述劳动关系的冲突与合作的表现及影响因素。
4. 从社会系统的观点理解劳动关系的主要环境影响因素。
5. 结合具体企业，应用 PESTL 分析法分析企业劳动关系的宏观环境特点。

第三章 我国劳动关系的发展概况

■本章重点

1. 我国劳动就业压力
2. 我国劳动关系的历史发展情况
3. 我国劳动争议的基本情况
4. 我国劳动关系的影响因素
5. 我国劳动关系的发展要求

■学习要求

1. 了解我国劳动就业的现状。
2. 掌握我国劳动关系的演变过程。
3. 理解我国和谐劳动关系的要求。

引导案例　充分运用“法院+工会”，多元化解劳动纠纷[①]

1. 基本案情

李某在广州某工程公司承包的公路路段工作，被他人驾驶的货车撞倒后死亡，被认定为工伤。该工程公司未为李某购买工伤保险，也未向李某家属支付任何赔偿或者补偿。李某家属向广州市越秀区人民法院起诉主张该工程公司支付一次性工亡补助金、丧葬费等款项。

2. 处理结果

广州市越秀区人民法院判决工程公司向李某家属支付一次性工亡补助金、丧葬费等，但工程公司不同意支付相应款项，并向广州中级人民法院提起上诉。二审期间，

---

① 广东省高级人民法院. 广东高院发布构建和谐劳动关系十大典型案例［EB/OL］.（2019-04-25）［2019-11-10］. http://210.76.68.2/index.php? v:show&cid=170&id=53407.

广州市中级人民法院组织工会参与调解。2018年4月12日，工程公司与李某家属终于达成调解协议，由工程公司分三期向李某家属支付55万元。

3. 典型意义

广东省高级人民法院与广东省总工会创新工作机制，共同建立了“法院+工会”化解劳动纠纷机制，仅广州市便成立了12家劳动争议诉调对接工作室。本案是广州市中级人民法院“法院+工会”劳动争议诉调对接工作室挂牌以来，首例成功调解的二审案件，双方当事人在工作室仅用半个小时即成功达成调解，实现了“快调快结”。“法院+工会”化解劳动纠纷机制不仅可以更好地维护劳动者合法权益，节约司法资源，并且以多方共赢的模式促进社会和谐稳定。

思考题：在构建我国和谐劳动关系进程中，如何推广“法院+工会”的模式？

第一节　我国就业问题

从整体上了解和学习我国就业情况，有助于我们更好地理解和适应我国劳动人事制度改革，也可以更好地提升劳动素质和做好自身的职业规划。

一、长期就业压力

就业是民生之本，这足以说明就业的重要性。根据《中国劳动统计年鉴—2017》的数据，2005—2016年全国城镇登记失业人数与失业率见表3-1。

表3-1　2005—2016年全国城镇登记失业人数与失业率

年度	失业人数（万人）	失业率（%）
2005	722.4	3.62
2006	729.4	3.71
2007	714.3	3.57
2008	737.5	3.60
2009	753.3	3.70
2010	741.9	3.59
2011	752.9	3.43
2012	750.8	3.30
2013	756.4	3.29
2014	778.8	3.26
2015	789.6	3.24
2016	802.5	3.23

2011年以来，虽然我国城镇登记失业人口数量呈持续上升状态，但是登记失业率有所下降，这说明保证就业的民生改善政策持续发挥了有效作用。整体来讲，我国面临城镇和农村两个失业人群的长期就业压力。其中，农村失业具有一定的隐蔽性，且

在失业人口识别登记时存在难以鉴别的情形。所以我国劳动人事制度改革的价值取向主要有两个方面：一是要提高劳动生产效率，二是要进一步提高就业率。

二、区域就业差异

我国区域经济社会发展明显不均衡和不充分，结构性就业压力矛盾也非常突出，2016 年我国部分区域的登记失业人数如表 3-2 所示。

表 3-2　2016 年我国部分区域的登记失业人数　　单位：万人

地区	上年末结转登记失业人员	本年新登记的失业人员			本年失业人员就业人数		本年末登记失业人数		
		总数	女性	就业转失业人数	总数	女性	总数	女性	长期失业者
北京	7.8	16.9	6.9	12.8	15.9	6.5	8	3.2	5.7
天津	25.1	9.7	4.2	7	9	4.3	25.8	13.1	9
河北	39.4	41	15.9	10.4	40.7	18.2	39.7	18.8	4.8
山西	25.6	19	6.5	2.4	18.5	6.6	26.1	12.9	2
内蒙古	25.9	24.6	11.5	7	23.5	10.8	26.7	11.5	3.2
辽宁	46.2	93.5	41.3	62.9	81.3	37.2	47.3	22.6	25.4
吉林	23.9	35.2	16.4	12.4	33.4	16.2	25.7	11.1	3.5
黑龙江	45	61.9	27.1	38.7	61	25.1	39.6	15.3	1.9
上海	24.8	39	15.4	22.8	37.1	17.5	24.3	8.2	10.7
江苏	36	113	53.3	77.2	112.5	53.8	35.2	15.4	7.2
浙江	29.8	42.5	20.7	22.4	39.5	19.6	33.9	14.6	6.7
安徽	30.9	26.4	13.2	8.6	26.3	12	30.4	14.4	1.7
福建	15.4	28.3	13.4	10.6	23.8	11.4	16.3	7.5	3.3
江西	29.9	28.8	13.4	5.6	27.4	12.5	31.3	11.9	1.4
山东	43.7	69.4	32.4	35.1	65.4	29.4	45.8	20.4	11.8
河南	42.5	46.7	19.8	11.4	44.2	17.7	43.6	21.3	8.8
湖北	33.4	52.6	24.6	14.2	47.3	22.5	32.9	15.2	3.9
湖南	45.1	37.9	16.3	10.6	38	17.2	44.9	15.8	2.8
广东	37	61	31.5	22.5	56.2	28.8	38	17.7	5.6
广西	18.1	12.2	6.1	4.4	11.2	5.4	18.1	8.9	2.5
海南	4.8	2.9	1.2	1	2.6	1	5.1	2.5	0.4
重庆	14.2	32.5	18.3	11	29.3	16.7	15.7	8.1	0.9
四川	54.6	47.9	23.6	25.1	43.8	21.7	56.3	28.1	21.2
贵州	14.5	13.4	5.6	3.2	13.1	5.4	14.8	6.6	2
云南	19.5	36.9	15.4	9.4	35.1	14.7	20.1	8.5	2.9

表3-2(续)

地区	上年末结转登记失业人员	本年新登记的失业人员			本年失业人员就业人数		本年末登记失业人数		
		总数	女性	就业转失业人数	总数	女性	总数	女性	长期失业者
西藏	1.5	1.5	0.6	0.2	1.1	0.4	1.8	0.9	0.1
陕西	22.3	20.8	9.8	2.4	20.3	9.8	22.7	7.2	1.7
甘肃	9.5	30.8	13.1	5.4	30.4	13.5	9.8	4.1	0.9
青海	4.4	6.7	2.9	1.6	6.5	3.1	4.6	1.7	0.6
宁夏	4.9	10.7	5.4	6.2	10.6	5.5	5.1	2.1	0.1
新疆	10.4	39.4	20.7	8.9	39.8	20.6	9.7	4.5	0.2
新疆生产建设兵团	3.3	9.5	5.5	4.3	10.1	6	3.2	1.7	0.1

注：《中国劳动统计年鉴—2017》

2016 年年末，不同区域登记失业人数没有反映出明显的性别差异。其中，四川省、辽宁省和山东省三省的登记失业人数排名为前三位，分别为 56.3 万人、47.3 万人和 45.8 万人。

第二节　我国劳动关系的演进

一、计划经济时代

从 1949 年 10 月 1 日中华人民共和国成立以来，到 1978 年改革开放前期，我国一直处于计划经济时代。计划经济的最基本特点就是依赖行政命令分配社会经济资源，我国劳动关系也呈现出了与之相适应的基本特点，简言之就是“统包分配”，是一种固定使用劳动力，并且一旦劳动关系形成，就成为终身制的劳动关系。

1956 年，我国施行中华人民共和国成立以来的一次工资改革——货币工资制（薪金制），取代了之前的实物工资制（供给制）。1956 年的工资制度改革，初步建立了职务等级工资制度，同时也奠定了我国工资制度的基础。我国工资制度的主要特点：一是取消了供给制，直接以货币规定工资标准；二是改进了工人工资等级制度，根据不同产业工人技术特点，建立了不同的工资等级（1~8 级）；三是改进了机关、事业单位工作人员的职务等级工资制度，按照职务的高低划分工资标准。

中华人民共和国成立以后，我国建立了计划经济体制，具有两个基本特征：一是经济基础以生产资料公有制为主体，实行按劳分配；二是企业根据国家计划指令来组织生产活动。在劳动用工方面，我国实行“统包统配”的用工制度和终身就业制，劳动部门按计划统一招工，再统一将工人分配到用人单位，分配到用人单位的职工成为固定工 ，几乎不再流动。这形成了计划经济时期一种特殊的“国家行政调节型”劳动关系。

在计划经济体制下，我国企业劳动关系的运转主要体现在战略层面、功能层面和工作场所层面。

在战略层面，劳动关系三方的战略特征表现为三方利益一体化。政府颁布了一系列包括救济失业工人、处理劳资关系、开展职工业余教育等内容的劳动法令和法规，其各项劳动政策的基本出发点是保护劳动者。当时，我国的企业主要以公有制企业为主，企业利润全部上缴，已不是以营利为目标的经济组织，企业与劳动者之间不存在利益主体之间明显的冲突，呈现出典型的利益一体化特征。

在功能层面，集体谈判制度处于“实际缺位”状态。中华人民共和国成立之后，作为协调劳动关系的一种模式，集体谈判制度曾经在形式上存在过，但实际上并没有起到应有的作用。关于劳动标准、劳动工时、工资和福利等劳动关系的各个方面都是由政府通过行政指令统一计划、集中部署，企业和劳动者几乎没有协商的空间和余地。

在工作场所层面，员工参与管理经历了从建立到中断的过程。中华人民共和国成立之初，我国国营企业普遍都建立了工厂职工代表会议制度，员工参与管理的制度得到初步的发展。1956 年，党委领导下的职工代表大会制度被确立为企业民主参与的主要形式，员工参与管理得到了迅速的发展。但 1958 年之后，由于“工会消亡”风的盛行，多数企业的职工代表大会制度被废止，员工参与管理被中断。

计划经济体制下形成的“国家行政调节型”劳动关系，主要具有以下三个特点：

（1）因为全国只有公有制经济，因此只存在公有制经济的劳动关系；

（2）虽然职工与用人单位建立了劳动关系，劳动关系的主体从形式上看是职工与用人单位，但由于用人单位的主要任务是完成国家下达的生产计划，因此，用人单位并不是实质上的劳动关系主体，实质上的主体应该是掌握着生产计划控制权的国家；

（3）作为劳动关系的三方，劳动者、用人单位和国家之间的利益是一致的，劳动者和用人单位之间也不存在各自独立的利益。

二、改革开放初期

1978 年党的十一届三中全会以后，我国劳动关系的外部环境发生了巨大变化，劳动关系模式由“国家行政调节型”转向“多元并存”型。

1978 年党的十一届三中全会召开后，我国提出了经济体制的改革思路，确立了国营企业改革的方向是逐步发展成为相对独立的经济实体。而且，我国的非国营经济实现了突破性发展，非国营企业基本上已经成为独立的市场主体，具有了典型的市场特征。同时，我国的劳动力市场政策开始发生重大变化，打破了“统包统配”的就业制度。首先，我国针对国营企业实行劳动合同制度，提高了国营企业的用工灵活性；其次，国家“准许农民进城务工经商”的政策也进一步提高了劳动力市场用工的灵活性。

政府提出了向国营企业“放权让利”的改革思路，开始逐步从直接的企业管理中退出，企业开始享有越来越多的经营管理自主权，并逐步市场化，以追求利润最大化为目标。而工会则在提出“工会的四项基本职能是维护、参与、建设和教育”的基础上强调了要突出“维护”的职能。

改革开放后，虽然工资制度也进行了相应的改革，确立了按劳分配的原则，并开始恢复计件工资和奖金制度。但是，集体谈判制度并没有取得实质性的进展，因为在这一阶段主要还是由国家来统一部署和确定企业的工资水平和工资增长幅度。在工作场所层面，员工参与管理开始恢复并得到了初步的发展。1981 年《国营工业企业职工代表大会暂行条例》颁布后，职工代表大会制度成为我国企业员工参与管理的基本形式，获得了快速发展。此外，许多企业还建立了合理化建议、民主对话、职工代表巡视、厂情发布会等多种形式的员工参与管理方式。

改革开放初期，我国国营企业、私营企业和外商投资企业的劳动关系呈现出各自不同的特点，整体的劳动关系调整模式具有“多元并存”的特征。这种多元性具体表现为：

（1）国营企业的劳动关系还是以“国家行政调节”为主导。国营企业虽然有了一些自主权，但这些自主权仍受到了各种约束和限制。总的来说，政府并未放松对国营企业，尤其是大中型国营企业劳动关系的控制。

（2）私营企业的劳动关系调整模式是具有“家族式”特征的“个别调整模式”。当时的私营企业主要在农村发展较快，私营企业中的乡镇企业居多。在乡镇企业，人们借助于亲缘、血缘和地缘等关系建立劳动关系，凭借着情感、情面、道德和良心等维持和发展劳动关系，是一种比较独特的“家族式”劳动关系调整模式。

（3）外商投资企业的劳动关系调整模式是具有“自由契约式”特征的“个别调整模式”。外商投资企业一般是在借鉴市场经济国家管理经验的基础上发展起来的，因此，一般都参照投资方所在国的模式，属于典型的“自由契约式”调整模式。

三、市场经济初期

1992 年，随着党的十四大提出要建立社会主义市场经济体制，我国的劳动关系调整模式进一步发展为市场经济初期的“个别调整”模式。

1992 年党的十四大召开，确定了建立现代企业制度是我国国有企业改革的方向。在现代企业制度下，国有企业要依法自主经营，自负盈亏，成为独立的经济实体。同时，在劳动力市场推行的“全员劳动合同”制也极大地提高了劳动力市场的灵活性。国家为了保护劳动者的合法权益，颁布实施了《劳动法》。

对于企业劳动关系的运转，政府希望主要通过劳动关系双方自由协商来调节劳动关系矛盾。工会的战略取向是抓住《劳动法》颁布的机遇，进一步突出其维护职能，而这一时期的企业战略则普遍强调管理方在劳动关系中的主导权，强调管理者对劳动者的控制。随着《劳动法》《中华人民共和国工会法》（以下简称《工会法》）等法律法规对集体协商的规范，集体协商制度经历了从非国有企业试行到所有企业全面铺开的过程，获得了初步发展。但是在实际运行中，集体协商普遍存在“形式化”问题，实际效果比较差。

在工作场所层面，员工参与管理没有得到进一步发展，处于相对停滞的阶段。伴随着非国有企业的迅速发展，企业管理层在企业内部普遍享有绝对的管理权威，大多数非国有企业并没有很好地重视和落实员工应当享有的参与管理的权利。

这个时期的“个别调整”模式具有两个基本特征：①劳动者被“原子化”。在实践中，随着劳动合同制的推进，劳动关系双方主要通过个人劳动合同调解劳动关系，弱化了工人的集体地位。②劳动合同的短期化。随着工人自主选择工作、雇主自主选择工人被制度化并得到迅速发展，雇主可以根据需要和意愿随意解雇工人的自由度上升，大部分劳动合同都是短期劳动合同，工人的职业稳定性随之下降。

四、新的改革探索

随着我国进一步深化改革开放、经济全球化趋势加强与大国经济贸易摩擦的加剧，我国劳动关系所处的外部环境等发生了很大变化。因此，为适应国内国际大环境的变化，我国劳动关系调整模式也开启了从“个别调整”向“集体调整”的转变。

在我国深化改革和加快经济发展的过程中，劳动关系发生了许多新变化，出现了一些新情况，如：劳动争议数量急剧增长，局部地区劳动关系矛盾凸显，停工、怠工事件频繁发生。因此，对改革开放初期劳动关系“个别调整”模式的调整和重构就成为一个迫切问题。在劳动关系领域面临挑战的同时，我国经济、公共政策等外部环境的变化为劳动关系由“个别调整”向“集体调整”过渡创造了有利条件。首先，我国经济获得了快速发展，企业利润空间迅速上升，具备了通过集体协商达到企业和劳动者双赢的经济条件；其次，《劳动合同法》等相关法律的颁布实施，为劳动者通过与企业集体协商以维护自身权益提供了坚实的法律保障；最后，全球经济一体化的趋势也要求国内企业必须遵循国际市场的竞争规则，通过集体协商来协调劳动关系也成为我国企业参与国际竞争的必然选择。

我国政府明确了大力推动企业建立工资集体协商制度的态度，期望用集体协商制度来化解企业劳动关系双方之间日益尖锐的矛盾。企业工会从保护工人利益的角度出发，也积极努力在企业内部构建集体协商制度。但是，企业管理方普遍追求的还是劳动成本的最小化，对工会以及与工会进行的集体协商总体还是持消极规避的态度。我国的集体协商制虽然在覆盖面上获得了迅速发展，但是，集体协商制的实际推行效果并不理想，如集体协商的内容过于单一。主要聚焦于工资问题，对于职工工资提升的作用并不明显。从数量上看，集体协商发展非常迅速，但从质量上看，集体协商的推行效果不尽人意，形式化严重。在工作场所层面，非公有制企业普遍对员工参与管理不够重视，员工参与管理的方式很少，而且实效不大。国有企业员工参与管理的方式比较单一，主要集中在职工代表大会制度，缺乏其他参与管理方式，而一些单位的职工代表大会制度还流于形式。总体来看，不同类型企业，尤其是非公有制企业，员工参与管理的实际效果不太理想。

当前我国的劳动关系调整模式仍处于由“个别调整”向“集体调整”转变的起始和萌芽阶段。这个过渡时期的调整模式具有以下两个方面的典型特点：

1. “集体调整”发展迅速但实际运行效果欠佳

虽然包括功能层面的集体协商和工作场所层面的员工参与管理这两个“集体调整”模式的主要方式在覆盖面和数量方面获得了引人注目的快速发展，但是其推行的实际效果并不理想。

（1）集体协商的实际推行效果非常不理想，远远低于人们的预期。在集体协商中，对工资增幅和工资调整频率的协商是核心和关键，有关调查显示，不论是否开展集体协商，企业职工的平均工资增幅几乎一致，企业调整工资的时间和周期也没有显著变化。这说明，集体协商并没有对职工的工资增长有实质性的促进作用。

（2）员工参与管理面临重重困难。员工参与管理分为以职工代表大会制度为基本形式的间接参与形式和以员工持股计划、工作再设计、民主对话等为主要形式的直接参与形式。在所有这些员工参与管理形式中，职工代表大会制度是我国发展历史最悠久、发挥作用最大的一种最基本和最主要的员工参与管理形式。虽然我国大部分国有企业实行了职工代表大会制度，而且这种职工代表大会制度在员工参与管理方面也发挥了非常重要的作用，但是，职工代表大会制度主要还是在国有企业中普遍实行，在非公企业的覆盖率比较低。

2. “个别调整”与“集体调整”的兼顾成为必然选择

虽然经济、公共政策等外部环境的变化为“集体调整”模式的发展创造了诸多有利条件，政府也在自上而下积极推动“集体调整”模式的进一步发展，但是，鉴于“集体调整”模式推行中面临的各种法律、制度、意识等限制，我国还不可能在短期内解决“集体调整”模式实际推行效果较差的现实问题。当前我国的调整模式还应以“个别调整”为主，创造条件逐步向“集体调整”过渡，但在“集体调整”还不成熟和完善的阶段，“个别调整”与“集体调整”的兼顾已成为一个必然选择。

（1）当前的劳动关系调整模式还是以“个别调整”为主。劳动关系双方应该在《劳动合同法》的基础上通过自由协商来建立劳动关系和调节他们之间发生的劳动关系矛盾。在目前“资强劳弱”的劳动力市场背景下，如何切实保护劳动者权益，如何保证《劳动合同法》的执行到位，是“个别调整”模式运行中的重点和关键。

（2）针对当前“集体调整”模式运行中存在的各种问题，我国应该积极努力为“集体调整”模式的发展和完善创造条件：一方面，要继续全面推进集体协商制度，在企业集体协商的基础上积极探索区域和行业集体协商模式，避免集体协商的形式化，切实提高集体协商的实效性；另一方面，要努力发展非公企业员工参与管理的方式，丰富非公企业员工参与管理的内容，积极引导企业管理者和职工重视员工参与管理，真正落实员工的民主管理权。

第三节　我国劳动争议概况

一、劳动争议总体情况

根据《中国劳动统计年鉴—2017》的数据，我们总结了 1996—2016 年我国劳动人事争议仲裁情况（见表 3-3）。

表 3-3　1996—2016 年我国劳动人事争议仲裁情况

项目	1996 年	2001 年	2006 年	2011 年	2016 年
上期未结案件数（件）	2 634	8 739	22 165	42 308	37 939
当期案件受理数（件）	48 121	154 621	317 162	589 244	828 410
集体劳动争议案件数（件）	3 150	9 847	13 977	6 592	9 745
劳动者申诉案件数（件）	41 697	146 781	301 233	568 768	801 190
劳动者当事人数（人）	189 120	467 150	679 312	779 490	1 112 408
集体劳动争议劳动者当事人数（人）	92 203	286 680	348 714	174 785	289 924

表3-3(续)

项目	1996 年	2001 年	2006 年	2011 年	2016 年
劳动报酬有关案件数（件）	—	45 172	103 887	200 550	345 685
社会保险有关案件数（件）	—	31 158	100 342	149 944	145 671
变更劳动合同案件数（件）	—	4 254	3 456		
解除、终止劳动合同案件数（件）	—	29 038	67 868	118 684	188 642
结案数（件）	46 543	150 279	310 780	592 823	827 717
仲裁调解案件数（件）	24 223	42 933	104 435	278 873	389 109
仲裁裁决案件数（件）	12 789	77 250	141 465	244 942	366 742
其他方式解决（件）	9 531	35 096	64 880	69 008	71 866
用人单位胜诉案件数（件）	9 452	31 544	39 251	74 189	92 405
劳动者胜诉案件数（件）	23 696	71 739	146 028	195 680	285 824
双方部分胜诉及其他情况案件数（件）	13 395	46 996	125 501	322 954	369 429
案外调解案件数（件）	—	63 939	130 321	194 338	240 101

注：2011 年起，我们对解除和终止劳动合同的类型进行合并统计。

表 3-3 中，上期末结案件数从 1996 年的 2 634 件增加至 2016 年的 37 939 起，增长速度为 1 340%；当期案件受理数量从 1996 年的 48 121 件增加至 2016 年的 828 410 件，增长速度为 1 622%；争议的首要原因长期为劳动报酬。劳动争议处理方式，从 1996 年的仲裁调解为主（占比为 52%）和仲裁裁决为辅（占比为 27.5%），转变为 2015 年的仲裁裁决（占比为 47.0%）和仲裁调解（占比 44.3%）并重。劳动者胜诉率一直都高于用人单位胜诉率。

二、劳动争议区域情况

根据《中国劳动统计年鉴—2017》，我们总结了 2016 年我国部分区域劳动争议处理的汇总情况（见表 3-4）。

表 3-4　2016 年我国部分区域劳动争议处理情况

地区	上期末结案件数（件）	当期案件受理数（件）			劳动者当事人数（人）
		总计	集体劳动争议案件数	劳动者申诉案件数	
全国	37 939	828 714	9 743	801 482	1 112 375
北京	3 732	81 291	786	80 241	81 291
天津	1 427	21 771	241	20 581	26 153
河北	985	18 119	193	17 594	23 249
山西	242	8 305	45	8 262	11 877
内蒙古	342	12 020	119	11 757	15 117

表3-4(续)

地区	上期末结案件数（件）	当期案件受理数（件）			劳动者当事人数（人）
		总计	集体劳动争议案件数	劳动者申诉案件数	
辽宁	1 270	39 142	270	34 785	44 431
吉林	207	6 050	65	5 285	9 840
黑龙江	419	10 661	56	10 496	12 690
上海	5 421	66 589	135	64 059	71 191
江苏	1 549	64 016	805	63 609	88 125
浙江	3 217	50 385	797	49 530	79 501
安徽	569	22 620	161	22 209	28 765
福建	1 388	26 596	746	26 041	48 470
江西	421	9 721	106	9 288	14 638
山东	1 976	50 417	258	50 192	63 274
河南	712	24 273	168	23 732	29 706
湖北	1 990	28 996	96	26 118	31 753
湖南	618	17 901	318	16 392	26 802
广东	7 003	107 217	3 114	105 103	214 376
广西	540	17 872	21	17 764	19 218
海南	108	4 885	62	4 501	5 542
重庆	1 150	34 402	115	34 210	35 643
四川	1 201	43 081	574	42 108	55 936
贵州	373	13 257	56	12 705	14 497
云南	6	14 379	125	14 032	14 379
西藏	24	305	4	300	516
陕西	211	10 258	23	9 191	12 056
甘肃	73	3 756	90	3 723	6 002
青海	48	1 453	13	1 397	2 242
宁夏	526	5 908	92	5 624	8 556
新疆	206	11 839	90	9 456	15 592
新疆生产建设兵团	23	925	1	905	980

由表3-4可知，2016年，广东省是劳动争议上期未结案和本期案件受理数最多的地方，分别为7 003件和107 217件，占全国的比例为18.5%和12.9%。广东省是我国国内生产总值（GDP）第一大省，这在一定程度上反映出经济发展与劳动争议之间存在较大的关联性。

三、劳动法律建设的发展历程

劳动关系作为一种生产中的特殊关系，需要有法律法规来保障其有效运行。在计划经济时代，由于行政性指令的强制要求和严格限制，尽管没有完善的劳动关系的法律，但劳动关系依然运作得比较稳妥有序。随着我国社会主义市场经济体制改革的确立和深入推进，我国劳动关系更加多样，之前的管理模式已经无法继续进行，因此迫切需要劳动关系立法。事实证明，《劳动法》及其配置的法律法规，对我国稳定劳动关系发挥了重要作用。

1992 年 4 月 3 日，第七届全国人民代表大会第五次会议通过《中华人民共和国工会法》；2001 年 10 月 27 日，第九届全国人民代表大会常务委员会第二十四次会议通过《关于修改〈中华人民共和国工会法〉的决定》，对其进行第一次修正；2009 年 8 月 27 日，第十一届全国人民代表大会常务委员会第十次会议通过了《关于修改部分法律的决定》，对其进行了第二次修正。

1994 年 7 月 5 日，第八届全国人民代表大会常务委员会第八次会议通过《中华人民共和国劳动法》；2009 年 8 月 27 日，第十一届全国人民代表大会常务委员会第十次会议通过了《关于修改部分法律的决定》，对其进行了第一次修正；2018 年 12 月 29 日，第十三届全国人民代表大会常务委员会第七次会议通过了《关于修改〈中华人民共和国劳动法〉等七部法律的决定》，对其进行第二次修正。

2004 年 10 月 26 日，国务院第 68 次常务会议通过《劳动保障监察条例》。该条例自 2004 年 12 月 1 日起施行。

2007 年 8 月 30 日，第十届全国人民代表大会常务委员会第二十九次会议通过《中华人民共和国就业促进法》；2015 年 4 月 24 日，第十二届全国人民代表大会第十四次会议通过了《关于修改〈中华人民共和国电力法〉等六部法律的决定》，对其进行修正。

2007 年 6 月 29 日，第十届全国人民代表大会常务委员会通过《中华人民共和国劳动合同法》；2012 年 12 月 28 日，第十一届全国人民代表大会常务委员会第三十次会议通过了《关于修改〈中华人民共和国劳动合同法〉的决定》，对其进行了修正。

2008 年 9 月 3 日，国务院第二十五次常务会议通过了《中华人民共和国劳动合同法实施条例》。该条例自 2008 年 9 月 18 日起施行。

2007 年 12 月 29 日，第十届全国人民代表大会常务委员会第三十一次会议通过《中华人民共和国劳动争议调解仲裁法》。该法自 2008 年 5 月 1 日起施行。

2008 年 12 月 17 日，《劳动人事争议仲裁办案规则》经人力资源和社会保障部第十五次部务会议通过；2017 年 4 月 24 日，人力资源和社会保障部修订了《劳动人事争议仲裁办案规则》。

2010 年 10 月 28 日，第十一届全国人民代表大会常务委员会第十七次会议通过《中华人民共和国社会保险法》；2018 年 12 月 29 日，第十三届全国人民代表大会常务委员会第七次会议通过了《关于修改〈中华人民共和国社会保险法〉的决定》，对其进行了修正。

总体来讲，我国的劳动关系法律建设正向着体系化的方向发展。

四、我国劳动关系转轨时期的概要评价

我国企业劳动关系较长时期内将处于转轨时期。学者们对我国劳动关系的特征和发展趋势进行了研究，有学者将其概括为市场化、契约化、多元化、利益化、法制化；还有学者认为当代中国劳动关系具有源起的强接续性、性质的准契约性、主体的类公民性、运行的显自协性、规范的弱制度性、走向的趋功能性特征。袁凌等①的研究表明，我国企业劳动关系除了契约化、市场化、法制化等市场经济条件下劳动关系的一般特征外，还有如下五个方面的特征：

（一）经济利益仍然是劳动关系的核心

转轨时期经济利益仍然是劳动关系的核心问题，是劳动关系形成和调节的杠杆，工资报酬又是企业劳动关系中经济利益的最直接体现。企业员工工资问题主要表现在三个方面：一是工资总体水平偏低。相对于近年来物价的上涨，工资水平提高的效果并不明显。二是不同地区、不同行业及企业内部薪酬水平差距逐渐加大，有些收入差距没有合理的依据，引起广大员工不满。三是工资分配公平失衡。不少企业工资收入分配制度缺乏先进理念指导，缺乏长远战略眼光，违背了分配的公平原则。从转轨时期劳资冲突的性质来看，绝大多数是因为劳动者的基本劳动经济权益被侵害，且长期得不到解决。事实证明，经济利益是引发劳动争议的首要问题，是转轨时期中国企业劳动关系的焦点和核心问题。

（二）劳动关系主体双方力量失衡

转轨时期资本居于社会经济关系中的主导地位，而劳动者居于从属的被动地位。企业劳资冲突产生的主要原因是劳动关系主体双方力量失衡，劳动者的利益被侵害或其合理要求没有达到。从转轨时期中国劳动力市场的供求现状来看，劳动力买方市场导致劳动者缺少谈判能力，资方在劳动力市场占有相对优势地位。在转轨时期，中国劳动力市场人口禀赋的特殊性导致劳动力供给长期大于需求，特别是在那些劳动密集型产业，资方有绝对的谈判优势。在劳动密集型企业，缺乏一技之长、文化素质较低的那部分劳动者在与资本结合的过程中总体上处于弱势地位，缺乏与资本抗衡的力量。此外，严峻的就业形势也降低了就业者的期望，也增加了用人方的砝码，即使面对用人方的无理要求，劳动者往往只能被动接受。

（三）劳动关系存在一些制度障碍

转轨时期中国企业劳动关系存在多方面的制度障碍。这既有外部环境因素，也有内部管理问题；既有历史遗留的老问题，也有改革中产生的新问题。转轨时期中国企业劳动关系存在的制度障碍主要有：一是劳动力市场不完善。我国劳动力市场建设起步较晚，无论是在机制上还是在形式上都很不完善。二是相关法律政策不健全。在社会保险制度方面，虽然我国社会保险各险种的覆盖面逐渐扩大，但是总体而言覆盖率还偏低且保障水平差异化明显。三是制度现实性不够。当前，在工业化、城市化加速

---

① 袁凌，魏佳琪. 企业劳动关系的时代特征及发展趋势［N］. 光明日报，2010-08-17（1）.

发展时期，农民工已成为产业工人的主体，农村劳动力不仅要向城镇大量转移，而且还会在不同城镇之间频繁选择工作和居住地点，而现行社会保障制度对流动和迁移人口缺乏有效保护，存在诸多现实难题。

（四）劳动关系协调机制有效性不够

转轨时期，政府行政权力从传统劳动关系中退出后对劳动关系的引导和监管弱化，而现代市场经济应有的制衡劳动关系的工会组织和雇主组织尚未形成对等的谈判实力，因此导致转轨时期中国企业劳动关系三方协调机制在实施过程中的有效性不够。劳动关系协调机制有效性不够表现在以下三个方面：一是三方协调机制缺少法律保障。虽然目前已形成三方机制立法的基本框架，但三方机制的法律地位仍不明确，迫切需要通过立法予以确认和实现。此外，面对日益复杂的劳动关系矛盾和法治建设要求，能够用于具体运行和实际操作的规则也很匮乏。二是协调机制的三方主体地位不明确。中国企业联合会的法律地位在我国并不明确，这直接影响中国企业联合会在三方协调机制中作用的发挥。三是三方协调机制宣传力度不够。协调劳动关系需要全社会的理解和支持，虽然目前正在广泛宣传和推广三方协调机制，但落实效果还有待提高。

（五）劳动争议案件急剧增长

转轨时期中国企业劳动关系不同程度地出现了背离和谐劳动关系的现象，劳动争议案件急剧增长，特别是资本追逐利润和劳动者要求提高劳动报酬的矛盾非常突出。除了企业劳动冲突形式发生显著变化，企业劳动冲突案件数量也逐年递增。转轨时期中国企业劳动争议案件总量持续较快增长，涉及人数较多的集体劳动争议案件数也呈快速上升势头。同时，在劳动争议仲裁委员会处理的案件中，调解结案的比例逐渐下降，裁决结案的比例不断上升，转轨时期中国企业劳动争议处理的难度日益加大。

第四节　我国劳动关系的发展要求

我国从 1978 年实施改革开放政策以来，政治、经济、社会发展和人才培养等各方面都取得了巨大的成就。我国已明确劳动关系领域的改革方向和发展目标——建立和谐劳动关系。然后，随着改革进入攻坚克难的关键时期，我们面临着结构和体制的双层转型，现实发展中存在的新老诸多问题交叉影响，与此同时，全球经济增长水平呈现显著差异化，大国经济贸易摩擦不断。由于劳动关系是整个社会关系中的一个重要纽带，正所谓牵一发而动全身，劳动关系处理的结果直接影响着社会关系的稳定与发展，这使得我国劳动关系面临一个前所未有的错综复杂的局面。

随着我国全面决胜小康社会和“两个一百年”奋斗目标的实施，我国将进一步推进全面深化改革的任务。在这一过程中，既有企业和事业单位改革，也有社会转型等多方面的要求，包括社会保险、劳动保障和工资待遇等方面的一些原有问题会在一定时期内继续存在，甚至局部矛盾会有所激化，但最终的结果是向着好的方向发展。总之，劳动关系领域还将会进行重大改革和调整。在这个过渡的期间，劳动关系领域的矛盾和问题会变得更加复杂，可以预见的是，我国劳动关系工作的调整会面临很大的挑战，特别是关于劳动关系和劳资关系协调这一方面的问题，更是繁重而艰巨，同时这一项工作也成为最为紧要的工作。

一、和谐劳动关系的目标要求

2011年，第十一届全国人民代表大会第四次会议审查批准了《中华人民共和国国民经济和社会发展第十二个五年规划》，首次正式提出了“和谐劳动关系”概念，明确“规范有序、公正合理、互利共赢、和谐稳定”为其主要内涵。党的十九大报告再次强调要“构建和谐劳动关系”和“坚持以人民为中心的发展思想”。

我国提出的以人为本、科学发展、和谐社会建设等重大要求与劳动关系有紧密联系。这不仅是经济增长模式和经济生产生活的变革，更是整个经济发展与劳动关系发展的联合变革，体现了党和国家对发展劳动关系高度重视，这也是我国未来劳动关系发展的重要前提。党的十八大以来，党中央坚持和发展了以人民为中心的发展思想，这种发展思想对指导和谐劳动关系建设有重意义。只有坚持以人民为中心，才能使得劳动关系的改革和发展更加平稳有序，只有做到以人为本，才能保证和谐的实现，二者相辅相成，缺一不可。总之，在未来我国劳动关系发展中，要坚持和谐劳动关系的指导思想和目标要求，促进劳动关系更好发展。

二、稳中求进的发展改革方式

事实上，劳动关系的改革和发展不仅是用人单位和劳动者之间的关系调整，还涉及生产与发展方式。因为劳动关系的发展是伴随着生产发展的变化而变化的，经济增长方式、生产发展模式和方法都会对劳动关系产生重要影响。

节能减排和生产技术的更新换代，难以避免地会影响部分行业和企业的就业问题。技术进步势必促使劳动者个人创造价值的增加。如果劳动者所创造价值没有相应增加的话，企业就不再需要之前数量的劳动者，这势必引起失业的连锁反应。因此，我们需要尽可能降低就业的损失，降低技术进步对劳动关系的不利影响。同样，企业内部改造升级的过程也要遵循循序渐进的原则，避免不必要的劳动关系矛盾激化，在工作中不能急于求成，要尽可能充分考虑广大劳动者的感受，避免“一刀切”甚至是“简单粗暴”的工作方式。

就业是最重要的民生。对于劳动关系而言，更是要注意协调多方因素，做好劳动者的思想工作，尽可能在保证稳定就业和劳动者满意的前提下促进劳动关系的发展与改革。随着社会分化情况日益加剧，新的劳资冲突和矛盾不断出现，而且没有经验和惯例可循；解决企业下岗人员、部分农村劳动人口转移和城市新生就业人口就业等压力依然较大。

三、加快推进劳动立法与执法

为适应我国社会主义市场经济体制改革，我国分别于1992年和1994年颁布《中华人民共和国工会法》和《中华人民共和国劳动法》，先后出台《劳动保障监察条例》（2004年）、《中华人民共和国劳动合同法》（2007年）、《中华人民共和国劳动合同法实施条例》（2008年）、《中华人民共和国劳动争议调解仲裁法》（2007年）、《中华人民共和国社会保险法》（2011年）等多部直接或间接涉及劳动领域发展与改革的法律法规，为我国劳动关系奠定了法律基础，为维护劳动关系的正常秩序做出了重要贡献。

随着中国特色社会主义进入新时代，我国社会的主要矛盾已经转化为人民日益增长的美好生活需要和不平衡不充分的发展之间的矛盾。随着“一带一路”倡议的深入推进，与国际劳工管理制度的接轨的任务也更加紧迫。因此，我国亟须进一步提升立法质量，改进执法工作。

四、学习借鉴有用的国际经验

在劳动关系领域，以欧美为代表的西方国家，从第一次工业革命开始就进入重视企业劳动关系的历史阶段，所以积累了较多的历史经验。从理论研究讲，包括马克思和恩格斯在内的学者，对西方劳动关系理论进行了深入系统的研究，建立了西方劳动关系的主要理论体系。

西方国家劳动关系的历史经验和理论体系，对促进我国劳动关系发展与改革，有学习和借鉴之处。虽然我国经济发展迅速，仅用几十年的时间就完成了西方工业化国家几百年走完的工业化道路。但事实证明，经济的发展速度并不能掩盖经济基础薄弱，以及与之相适应的劳动关系体系不完善的问题。对此，我国应从基本国情出发，学习借鉴国外劳动关系的历史经验和基本理论，形成有中国特色的劳动关系法律体系和管理制度。

课堂讨论

1. 讨论大学生的主要就业方式及基本要求。
2. 讨论我国劳动关系演变的复杂性。

课后复习

1. 从国家、社会和个体角度分别思考改善企业劳动关系的主要途径。
2. 在大学期间，我们应该为未来的职业做哪些方面的准备？
3. 简述实现我国和谐劳动关系目标的主要工作要求。

第四章 劳动关系的基本理论与国外模式

■本章重点

1. 劳动关系理论的渊源
2. 劳动关系的主要学派
3. 三种劳动关系理论
4. 国外劳动关系调整模式
5. 我国劳动关系的调整探索

■学习要求

1. 了解国外劳动关系理论的产生过程。
2. 掌握劳动关系理论的主要学派及其观点。
3. 理解国内外劳动关系的调整模式。

引导案例 美国劳动关系三方协调法律机制的形成历程①

美国工人运动历史进程的更替直接促使美国劳动关系三方协调机制的发展和形成。现如今，美国劳动关系三方协调法律机制已形成一个主体平等、功能制衡、层级广泛、内容全面、均衡共同利益的比较稳定和成熟的劳动关系管理体系，对美国劳动关系的稳定及和谐发展做出了巨大贡献。

1. 工人运动的“初始化”促进了“三方协调法律机制”的萌芽

18世纪中期到19世纪60年代，以蒸汽机发明为标志的第一次工业革命引发了资本主义工人运动。1778—1826年，零散分布在各个工厂的工人，开始通过引发冲突和斗争等方式，来争取工资和工作条件的有利改变。如1778年，纽约印刷工人组织集体

---

① 朱海龙，宁丹行，萍彭鑫. 美国劳动关系三方协调法律机制的形成与思考——以工人运动为视角 [J]. 国外社会科学，2016 (3)：110-120.

行动，要求增加工资；1786 年，费城印刷工人爆发了美国历史上单一行业最早的正式罢工；1791 年，建筑行业举行第一次历史性的工人罢工。1827—1860 年，工人运动由简单罢工逐渐转向政治活动，工会联合明显增多，劳工组织在选举方面有一定影响力，且在内容上提出了“立法规定工时”等重要主张。

2. 工人运动的“阶级化”促进了“三方协调法律机制”的不断调整变化

19 世纪 60 年代至 20 世纪中期，美国正处于内战和工业化革命时期，经济上、政治上、军事上的冲突不断，贫富差距加大，社会矛盾日益尖锐。第一次世界大战期间，随着工人维权意识的提高，工人组织反对资本主义的阶级运动声势浩荡，罢工活动越演越烈。如 1863 年美国工人发动了八小时工作日运动；1886 年 5 月 1 日美国工人大罢工，五一国际劳动节也因此而得名；1906 年国际排字工人工会为争取八小时工作日，在书刊印刷企业里举行罢工。

3. 工人运动的“常态化”促进了“三方协调法律机制”的形成

第二次世界大战到 20 世纪末，工人运动趋于常态化，以集体行动、罢工及协商谈判等多种方式来寻求解决劳资矛盾。1941—1963 年，工人运动趋于平缓，罢工活动明显减少。由于第三次技术革命的发展，社会经济水平也逐渐提高，同时在此之前形成的三方协调法律机制从法律上和制度上都为缓解各种劳资矛盾提供了方法，缓和了各方面矛盾。

4. 工人运动的“全球化”促进了“三方协调法律机制”的扩张

21 世纪以来，随着经济发展、社会进步及全球一体化，在大规模罢工运动急剧减少的同时，也还存在一些对企业制度或工资等条件不满的冲突，而此时的三方机制对劳动关系的稳定起到了很大的促进作用。在全球经济一体化和资本联合的国际趋势下，美国政府主要从国家法律政策方面进行宏观调控，劳资双方在劳动契约的基础上自由发展、各自履行劳动关系的权利和义务。通过历史的沉淀，美国如今已形成了一整套规范化、制度化的法律体系和调整机制，但是国际工会维权组织和跨国工会的长期可持续发展仍然有待探索和寻求出路。这也是发达国家和发展中国家共同面临的具有挑战性的新问题。

第一节　劳动关系理论的渊源

17 世纪初开始，英国的“重商主义”改变了家庭手工业模式，促进了资本主义雇佣关系的萌芽。资本家为了获取更多利润，不惜采用野蛮的暴力手段，通过“圈地运动”剥夺农民的土地，实现生产者与生产资料相分离，出现了雇佣劳动关系，从而使生产资料和财富迅速集中在资本家手中。

一、早期工业社会的雇佣关系

（一）形成重商主义

重商主义最初由亚当·斯密在《国民财富的性质和原因的研究》一书中提出。重商主义者认为一国积累的金银越多，就越富强，因此，主张国家干预经济生活，禁止金银输出，增加金银输入。重商主义者认为，要得到财富，最好是由政府管制农业、商业和制造业，发展对外贸易垄断；通过高关税率及其他贸易限制来保护国内市场，利用殖民地为母国的制造业提供原料和市场。1776 年，亚当 · 斯密在他的著作中抨击了重商主义，他提倡自由贸易和开明的经济政策。但是，直到 19 世纪中叶，英国才废弃以重商主义哲学为基础的经济政策。

（二）圈地运动

圈地运动是指在 14 和 15 世纪，在农奴制解体过程中，英国新兴的资产阶级和新贵族通过暴力把农民从土地上赶走，剥夺农民的土地使用权和所有权，限制或取消原有的共同耕地权和畜牧权，把强占的土地圈占起来，变成私有的大牧场、大农场。这就是英国历史上的圈地运动。

15 世纪末到 16 世纪初，欧洲直通印度新航线的开通和美洲大陆的发现，以及环球航行的成功，使英国的对外贸易迅速增长，进一步刺激了英国羊毛出口业和毛织业的发展。羊毛价格不断上涨。养羊业成为获利丰厚的事业。英国圈地运动最早从工商业较发达的东南部农村开始。地主贵族最初圈占公有地，后来圈占小佃农的租地和公簿持有农的份地。在宗教改革中，国王把没收的教会领地赐给亲信宠臣，或卖给乡绅、土地投机家、市民、商人和工场主。这些人变成新贵族后，开始大规模圈占农民土地。大批农民被迫出卖土地，或远走他乡，或到处流浪，陷于极端悲惨的境地。圈地运动的结果是：农民、牧民与土地分离，受雇于资本家和大地主，导致带有极大剥削性质的雇佣关系产生。

（三）雇佣劳动关系

工业革命为雇佣劳动关系的出现奠定了技术基础。瓦特发明蒸汽机，使机器代替人力、大规模生产成为可能，实现了农业向工业的转变。工业需要大量的产业工人。雇佣劳动关系随之产生。

何谓工业革命？工业革命，又称产业革命，发源于英格兰中部地区，是指资本主义工业化的早期历程，即资本主义生产完成了从工场手工业向机器大工业过渡的阶段。工业革命是以机器取代人力，以大规模工厂化生产取代个体工场手工生产的一场生产与科技革命。由于机器的发明及运用成为这个时代的标志，因此历史学家称这个时代为“机器时代”。18 世纪中叶，英国人瓦特改良蒸汽机之后，由一系列技术革命引起了从手工劳动向动力机器生产转变的重大飞跃。随后，这场革命英国乃至整个欧洲大陆传播，19 世纪传至北美地区。

工业革命是由资本主义经济发展的客观要求决定的：①资产阶级革命废除了封建制度，消除了不利于资本主义发展的种种束缚，为工业革命创造了重要的政治前提；②消除农业中的封建制度和小农经济，为资本主义大工业的发展提供了充足的劳动力和一定的国内市场；③资本主义原始积累过程，提供了资本主义大工业所必需的大批自由劳动力和巨额的货币资本；④资本主义工场手工业的长期发展，为大机器生产的出现准备了技术条件。

工业革命对生产方式产生如下影响：①大大提高了劳动效率，使产品价值与劳动价值的比大幅提高；②大大提高了劳动强度和劳动时间，并使劳动日益单一化；③引起了手工工场工业向工厂工业的转变；④开创了制造大机器的时代。

工业革命对世界格局的影响：①极大地提高了生产力，巩固了资本主义各国的统治基础；②加强了世界各地之间的联系，改变了世界的面貌，确立了资产阶级对世界的统治；③客观上传播了先进的生产技术和生产方式，猛烈冲击着殖民地的旧制度、旧思想；④西方殖民掠夺加强，殖民地人民更加贫困，艰难，使东方从属于西方；⑤英国成为“世界工厂”，成为世界经济霸主；⑥世界市场初步形成。

二、古典经济学流派的劳工理论

古典经济学是指 1750—1875 年这一政治经济学创立时期内的除马克思主义政治经济学之外的所有的政治经济学。

资产阶级古典经济学是维护新兴资产阶级利益的经济理论体系，产生于英、法两国。该学派主要代表为英国的配第、亚当·斯密，以及法国的魁奈等。它反对封建制度，提倡自由放任，对资本主义经济制度做了初步科学分析，奠定了劳动价值论的基础，揭示了资本主义社会的阶级结构和阶级间利益对立，但把资本主义看作永恒的生产方式，没有认识其历史的局限性。

古典经济学的杰出代表和理论体系的创立者是亚当·斯密。他把资本主义经济学发展成一个完整的体系，批判了重商主义把对外贸易作为财富唯一源泉的片面观点。他把经济研究从流通领域拓展到生产领域。同时，亚当·斯密批判了重农学派认为只有农业才创造财富的片面观点，认为一切物质生产部门都创造财富。

古典经济学派分析了自由竞争的市场机制，将其看作一只“看不见的手”支配着社会经济活动；反对国家干预经济生活，提出自由放任原则；分析了国民财富增长的条件、促进或阻碍国民财富增长的原因。

凯恩斯理论出现以前的经济思想主流学派，由亚当·斯密在 1776 年开创。其主要追随者包括大卫·李嘉图、托马斯·马尔萨斯和约翰·穆勒。一般说来，该学派相信经济规律决定着价格和要素报酬，并且相信价格体系是最好的资源配置办法。

亚当·斯密的继承者之一是托马斯·马尔萨斯，他以一部被后人称为《人口论》的著作而闻名。而在亚当·斯密之后，推动古典经济学发展的是大卫·李嘉图，他在继承亚当·斯密的理论的同时，也批判了亚当·斯密的一些观点，从而形成了一种似乎不同于亚当·斯密的体系，甚至有人将此称为“李嘉图革命”。大卫·李嘉图的成功曾吸引了一批跟随者，其中著名的有詹姆斯·穆勒。

古典经济学派着重对经济总量研究，这涉及经济增长、国际贸易、货币经济和财政问题等方面。这与 1870 年以后盛行的研究个人利益最大化的经济学是有所不同的。古典经济学派关心的是国家经济问题，虽然那时候的学者也非常强调必须尊重个人利益，但他们更强调的是如何使个人利益与社会利益保持协调。亚当·斯密在讲到这一点时，总是开导人们，国家大事比个人更重要。

古典经济学派的理论核心是经济增长产生于资本积累和劳动分工相互作用，即资本积累进一步推动了生产专业化和劳动分工的发展，而劳动分工反过来通过提高总产出使得社会可积累更多的资本，让资本流向最有效率的生产领域。因此，古典经济学派似乎是想告诉人们，顺从市场对资源的配置，保持资本积累的良性循环，以更好地促进经济增长。但他们又看到劳动分工是受条件约束的，资本的积累会使现有的劳动分工以更大的规模出现，并表现出工资的随之上涨，而劳动分工的发展不易实现，这将使资本积累受到劳动分工发展跟不上的影响。古典经济学派的分析产生了自身的矛盾。李嘉图特别强调过这种矛盾，不过他的解释也不能消除这种矛盾。

古典经济学派的成就是确立了劳动价值论，为资本主义雇佣关系打下了理论基础。

三、马克思的阶级斗争理论

资本主义的劳动雇佣，使被雇佣者过着悲惨的生活。资本主义的劳动关系催生了阶级斗争和社会革命。世界出现了资产阶级和无产阶级的对立，阶级斗争因此而产生。

《资本论》是马克思用毕生的心血写成的一部科学巨著，这部巨著第一次深刻地分析了资本主义的全部发展过程，并证明社会发展的方向必然是社会主义革命和无产阶级专政的确立。《资本论》武装了无产阶级，成为无产阶级进行革命斗争的强有力的理论武器。它凝聚着马克思的全部心血和智慧，是他献给全世界无产阶级的一部最重要的科学巨著。它在世界各国广泛流传，成为工人阶级反对资产阶级的强大思想武器。

《资本论》对资本主义进行了彻底的批判，资本主义却从《资本论》中汲取营养，客观上促进了资本主义在自身范围内的进一步发展。马克思认识到了经济过程的动态性，并预见到了经济周期的存在，而且发展了关于经济活动的封闭理论。他同时还是第一个将经济和历史联系在一起的经济学家，而《资本论》就是他这种创举的体现。《资本论》没有简单地把精神生活、政治生活和社会生活的一般过程归结为它们的共同基础——物质生产过程，而是从物质生活的生产和再生产中引出了全部社会生活和精神生活的内容和形式。《资本论》的最大特色，就是把逻辑、辩证法和认识论有机地结合起来，融为一体。马克思使用从抽象上升到具体的方法、逻辑与历史一致的方法，对资本主义社会矛盾运动的辩证分析，丰富和发展了马克思主义辩证法。马克思在《资本论》第一卷中，系统全面地阐述了资本主义基本矛盾的产生、发展和克服的过程，从而透彻详尽地阐明了唯物辩证法关于对立面的统一和斗争的学说，阐明了唯物辩证法的实质。

正如达尔文的《进化论》曾发现有机自然界的进化规律一样，马克思的《资本论》也发现了人类社会的进化规律。《资本论》是马克思用毕生精力著述的伟大的科学巨著，是人类历史上经验和智慧的结晶，是对国际工人运动斗争经验的总结。它的出版，为无产阶级革命指明了正确的方向，因此具有划时代的重要意义。

四、韦伯夫妇的产业民主理论

继马克思之后，对劳工运动开展研究并取得重要理论成果的是英国人韦伯夫妇。韦伯夫妇生活在19世纪末20世纪初的英国，他们是费边社的创始人，社会民主主义的信仰者，也是西方劳工运动理论的先驱。他们的主要著作是《工会运动史》（1894）和《产业民主》（1897）。

韦伯夫妇最先提出了产业民主思想，他们的理论被称为产业民主理论。该理论的中心主张是：劳工运动既要有政治方向，又要有经济方向。在政治上，他们希望劳工运动把政治范围内的代议制民主原则扩大到产业范围中去；在经济上，他们希望劳工运动的活动将“使工人摆脱竞争”，从而消除由于自由劳动市场和个体工人交涉权利的不足而使产业工人所处的那种服从状态。

按照韦伯夫妇的观点，劳工运动的真实原因在于工人阶级方面要求提高自己在工业社会中的经济和社会地位；只要这种社会还存在，劳工运动的存在就必不可少。他们也是工会主义的信徒，支持以工会运动和团体协商来解决劳工问题的模式。他们认为传统的雇佣关系是违反民主概念的，因为工人的声音被遮蔽，无法参与关于工资和其他劳动条件的决定过程，工人也无法参与管理者在解雇、惩戒或其他关于工人权益事项上可能采取的歧视性决定。韦伯夫妇认为工会是能够将民主带进产业内的主要机制。他们认为，民主国家要想达到最充分、最完美的发展水平，关键在于有关人员的需要成为决定就业条件的主要依据。韦伯夫妇一方面赞同产业的社会主义化，另一方面也相信私人企业和国有企业可以共存。

韦伯夫妇的劳工运动理论在大多数西方市场经济国家中产生了巨大的理论效应。他们关于集体协商活动的理论以及私营和国有企业共存的理论，对于西方国家集体谈判和混合经济的形成有着不可磨灭的影响。如今，由产业民主思想而演进成的社会改良和社会整合思潮成为欧洲劳工运动的主流。

韦伯夫妇的理论成就是促进了工会的产生。工会是维护劳动者合法利益的代表机构，有一定的力量与资本家及雇佣方斗争、抗衡。

五、古典管理理论和工业主义理论

科学管理之父——泰罗是美国古典管理学家、科学管理理论的主要倡导者。泰罗全名弗雷德里克·温斯洛·泰罗（Frederick Winslow Taylor），其名又译作弗雷德里克·温斯洛·泰勒。他出生在美国费城，18 岁进费城的一家工厂学习制作模具，4 年之后到费城钢铁厂工作。由于他工作刻苦，表现突出，他从一个普通的车间杂工开始干起，先后被提拔为车间主任、技师、工长、维修组长、设计室主任和总工程师。

1881 年，泰罗开始进行工人劳动时间和工作方法的研究。1898—1901 年，他受雇于宾夕法尼亚某钢铁厂进行咨询工作，主要完成了著名的搬运生铁试验和铁铲试验，这为科学管理理论的创立提供了坚实的实践基础。1901 年，他开始无偿地从事咨询和演讲活动，宣传他的科学管理理论。

《科学管理原理》（1911 年出版）是他的代表作，较为全面地阐述了科学管理理论的内容。科学管理首创于美国，其内容相当丰富，它是以工商业的生产管理和车间管理为起点，将理论、原则和操作性技术方法相结合，兼具思想性和实用性的一整套管理学说。其主要内容涉及生产管理的技术与方法、管理职能、管理人员、组织原理、管理哲学五大方面。正是从科学管理开始，管理学沿着伽利略、牛顿创立的实验科学道路，告别了单纯的经验总结和智慧技巧，由“治术”发展为一门科学，迄今仍不失其光彩。许多论著谈及科学管理，往往把注意力集中在技术层面，实际上，科学管理所包含的思想层面内容，远比其技术手段重要得多。

科学管理理论主要包括以下几方面内容：①科学管理的中心是提高劳动生产率；②工时研究与工作定额；③科学地培训与挑选第一流的工人；④标准化；⑤实行差别计件工资制；⑥有彻底的革命精神；⑦计划职能同执行职能相分离；⑧职能工长制；⑨实行例外原则。

泰罗的科学管理坚持四原则：①对工人工作的每一个要素开发出一种科学方法，用以代替老的经验方法；②科学地挑选工人，并对他们进行培训、教育和使之成长；

③衷心地与工人们合作，以保证一切工作都按已形成的科学原则去办；④管理当局与工人在工作和职责的划分上几乎是相等的，把自己比工人更胜任的各种工作都承揽下来，通过管理试图解决劳资纠纷。

对于泰罗的科学管理思想，革命导师列宁曾给予了科学的评价。他说泰罗制是“资本主义的最新发明，同资本主义的其他一切进步的东西一样，有两方面，一方面是资产阶级剥削的最巧妙的残酷手段，另一方面是一系列最丰富的科学成就”。

第二节　劳动关系理论的主要学派

西方工业化国家在劳动关系理论发展过程中，形成了五种代表性的理论学派。

一、新保守派

在奉行新保守派思想的国家中，以美国最为典型。新保守派遵从“意思自治、契约自由”的理念，它又被称为新自由派或新古典学派，由保守主义经济学家组成。

1. 思想渊源

其思想渊源为西方经济学鼻祖亚当·斯密的《国民财富的性质和原因研究》。

2. 主要观点

新保守派认为：员工是经济理性，与管理方有不同的利益目标；市场化是解决效率与公平两大问题的最佳途径。新保守派主要关注经济效率的最大化；主要研究、分析市场力量的作用，认为市场力量不仅能让企业追求效率最大化，而且也能确保雇员得到公平合理的待遇；双方的力量差异不重要，因为有市场力量救济；资方追求获得高利润，雇员追求获得高工资、福利和工作保障；劳资双方的冲突显得微不足道；工会的作用不大，工会对经济和社会产生负面影响，因而应减少工会和政府对市场的干预。

3. 结论

在政府劳动关系政策上，新保守派主张减少政府的收支规模，强调要减少税收，尤其是经营税收及针对管理者和技术工人的税收。新保守派还主张将市场“规律”引入工资和福利的决定过程，采用额外支付计划，使雇员的收入和绩效联系得更紧密。

二、管理主义学派

日本劳动关系模式是管理主义学派的代表模式。近年来，英国劳动关系的改革也在向该学派方向发展。

1. 成员

管理主义学派多由组织行为学者和人力资源管理专家组成。

2. 主要观点

管理主义学派认为，员工利益同管理方的利益是基本一致的并提出了一种高绩效的管理模式。

该学派更关注就业关系中员工的动机，以及员工对企业的高度认同、忠诚度问题；主要研究企业对员工的管理政策、策略和实践；认为雇员与企业的利益基本是一致的；

若企业采取进步的管理策略，冲突就可以避免；主张采用新的、更加弹性化的工作组织形式，强调员工与管理方之间的相互信任和合作。该学派对工会的态度是模糊的，认为应尽量避免建立工会，或同工会领导人建立合作关系。该学派还认为：冲突的原因在于雇员认识到自身始终处于从属地位，服从与被服从的关系是员工不满的根源；如果管理方能够采用高绩效模式下的“进步的”或“高认同感的”管理策略，冲突就可以避免，并且会使双方保持和谐的关系。

三、正统多元论学派

德国是实施正统多元论学派政策最典型的国家。

1. 成员

正统多元论学派多由主张制度主义方法的经济学家和劳动关系学家组成。

2. 主要观点

该学派关注经济体系中对效率的需求与雇佣关系中对公平的需求之间的平衡；主要研究劳动法律、工会和集体谈判制度；雇员对公平和公正待遇的关心，同管理方对经济效率和组织效率的关心是相互冲突的；相对于雇主，雇员个人往往要面对劳动力市场的“机会稀缺”——能够选择的工作种类少，如果辞职，很难再有选择机会，所以，在劳动力市场上雇员大多处于相对不利的地位，而工会和集体谈判制度则有助于弥补这种不平衡；冲突的主要原因为组织中的效率和公平目标之间存在矛盾。

该学派认为，通过劳动法和集体谈判确保公平与效率的和谐发展是建立最有效的劳动关系的途径。该学派还强调弱势群体的工会化，强调更为集中的、在产业层次上的集体谈判，反对因任何偏见替代罢工工人。

四、自由改革主义学派

瑞典是自由改革主义学派观点最具代表性的实例，也是世界上最著名的社会福利国家之一。

1. 思想渊源

其思想渊源为马克斯·韦伯的工业资本主义劳动关系理论。

2. 主要观点

该学派的主要观点包括：关注如何减少或消灭工人受到的不平等和不公正待遇；劳动关系是一种不均衡关系，为确保工人获得公正、平等的待遇，必须加大政府对经济的干预；核心部门能够为雇员提供更优厚的劳动条件，采用更进步的管理方式，而周边部门的工作岗位相对“不稳定”，易受到裁员政策影响；工会的存在和集体谈判的开展是非常必要的，主张强势工会，认为工会应该比以往更加关心更为广泛的社会问题和事务。主张增强政府干预，进行劳动法改革。

自由改革议学派的最大特点是提出结构不公平理论。

该学派认为工会的存在和集体谈判的开展是非常必要的，同时，又经常严厉地批判当前的劳动关系体系，甚至对工会也表示不满。

五、激进派

1. 成员

激进派主要由西方马克思主义者组成。

2. 主要观点

激进派认为应减少体系内的力量不均衡；更关注劳动关系中双方的冲突以及对冲突过程的控制；双方力量差异非常重要，体现了劳动和资本之间的力量不均衡；“和谐的劳动关系”只是一种假象，冲突是基础性的；工会效率具有内在的局限性；主要倾向是建立雇员集体所有制。

该学派认为，只要资本主义经济体系不发生变化，工会的作用就非常有限。冲突不仅表现为双方在工作场所的工资收入、工作保障等具体问题的分歧，而且还扩展到“劳动”和“资本”之间在宏观经济中的冲突。该学派还认为，在实践模式上，激进派面临的主要问题是用何种社会制度来代替资本主义制度，以及如何完善这种新制度的问题。

六、五种学派的综合比较

我们对劳动关系理论学派的观点进行了梳理，具体见表 4-1。

表 4-1　劳动关系理论学派的观点

理论学派	主要观点	代表国家
新保守派	政府减少税收，强调发挥市场规律对工人收入的调节作用	美国
管理主义学派	政府间接干预经济，重视人力资源培训开发，用管理手段实现高度认同	日本、英国
正统多元论学派	政府负担更多培训责任，主张工人委员会制度等	德国
自由改革主义学派	主张工人代表制度、工会、劳工运动	瑞典
激进派	工会参与社会活动，主张雇员所有制、企业的雇员控制制度	西班牙

第三节　三种劳动关系理论

主要劳动关系理论包括马克思的劳动关系理论、埃米尔·迪尔凯姆的工业主义理论和马克斯·韦伯的工业资本主义理论。

一、马克思的劳动关系理论

（一）《资本论》简介

《资本论》是马克思用毕生精力创作出来的一部伟大的科学巨著。全书共 4 卷，

370 万字。

1.《资本论》产生的历史背景

（1）思想渊源：空想社会主义。

（2）时代的产物：自由竞争资本主义时代。

（3）斗争的结果：批判古典政治经济学和小资产阶级政治经济学。

（4）实践经验的总结：工人运动失败经验、经济斗争（英国经济发展中的问题暴露）等。

2.《资本论》的研究对象和方法

《资本论》的研究对象是资本主义生产方式以及和它相适应的生产关系和交换关系。《资本论》创作的最终目的是揭示现代社会的经济运动规律。

《资本论》所使用的基本方法是唯物辩证法。它所使用的研究方法是从现象到本质、从具体到抽象、从复杂到简单。它所使用的叙述方法是从本质到现象、从抽象到具体、从简单到复杂。

3.《资本论》的结构

第 1 卷：资本的生产过程，其中心是分析剩余价值的生产过程，共 7 篇 25 章。

第 2 卷：资本的流通过程，其中心是分析剩余价值的实现过程，共 3 篇 21 章。

第 3 卷：资本生产总过程，其中心是分析剩余价值的分割，共 7 篇 52 章。

第 4 卷：剩余价值理论，其中心是分析剩余价值的理论史，共 3 册。

（二）马克思的价值理论

马克思的价值理论是关于“社会劳动关系”的学说，是对人类理想的追求和对资本主义现实的批判性认识，是由马克思的价值理论导出的对资本主义经济运行过程的内在趋势和演化方向的解释和说明。马克思的价值理论认为：社会必要劳动是在现有的社会正常的生产条件下，在社会平均的劳动熟练程度和劳动强度下制造某种使用价值所需要的劳动时间；劳动转移的过程和条件是市场竞争；竞争的条件包括一定数量的竞争者、竞争的规则、重复性、学习过程、信息传递。

（三）马克思的资本主义劳动关系理论

马克思的资本主义劳动关系理论将社会经济的性质和发展归因于资本的内在性质、工作组织的私人所有制特征。

马克思从分析资本主义最基础组成部分——商品和货币，分析了资本主义体系内在矛盾，指出其必然被社会主义代替的规律。

1. 阶级和阶级斗争

阶级和阶级斗争是马克思资本主义理论核心思想。资本主义社会由工人阶级和资产阶级组成，两者在利益上存在根本的、不可调和的矛盾。

2. 剥削

工人得不到其劳动的价值，而仅是维持其生活的工资，是剥削产生的原因。榨取“剩余价值”是资本主义存在的必要条件之一，资本家通过获取剩余价值的转化形式——利润，来实现再生产。

3. 异化

劳动者出卖自身劳动力，劳动者自身的创造能力就被异化了。“形式上的隶属”是指形式上服从资本家的权威。资本家还通过“提高劳动生产强度”加强工人“实际上的隶属”程度。失去自我、无意义、无奈和孤独是异化的重要心理表现，并随着资本主义发展而蔓延。

4. 工会、国家和意识形态

工人自身提高工作生活条件的能力在资本主义社会受到非常严格的限制。政府是资产阶级的工具，是为了保护和加强资本主义产权而服务的。

5. 两极分化

大企业更具经济实力和规模效应，有能力将小竞争者驱逐出市场。机器大工业使工人的阶级同一性更加明显。资本家通过密集机器和加强劳动强度提高生产率，实现利润最大化。生活水平的上升与资本家从工人身上剥削的剩余价值相比，微乎其微。

6. 资本主义经济危机

经济力量集中于少数资本家精英手中，资本家越来越难找到增加利润的途径，从而引发资本主义经济危机。

二、埃米尔·迪尔凯姆的工业主义理论

（一）工业主义理论概述

工业主义理论有时被称为结构功能主义理论，认为社会是由社会各成员的功能整合而获得发展的，秩序和进步是社会和经济自然发展的主流，停滞和冲突仅是局部问题。随着工业化推进，个人日益相互依赖，产生人与人之间合作的需要，组织系统可以分成不同组成部分，每一部分发挥特殊作用，形成社会秩序的新形式；有机整体代替无机整体是事物发展的规律。“有机整体”时期，职业群体和职业协会产生和发展，为个人提供了社会认同的来源和道德准则的基础，它们被称为将个人与集体及社会联系起来的纽带。

工业主义理论和后工业主义理论的主要区别是对未来的乐观程度不同。工业主义理论认为在劳动关系中存在着合理的利益冲突，工会和集体谈判制度是工业社会的重要组成部分。后工业主义理论认为，利益冲突会随着工业化的实现而终结，因而工会作用有限，仅限于提供支持合作和为工人提供服务，将资本主义发展归因于工业化进程，认为与资本本身发展过程无关。

工业主义理论认为，传统的工人与资本家的阶级分类已经过时；20 世纪形成了由白领工人、管理人员、专业技术工人组成的中产阶级，并向精英社会转变；公民权利从根本上得到发展，社会的职业化、社会化不断深化。它还提出，多元化利益群体有发展空间；面对冲突，互相依赖的利益群体，不再进行阶级斗争，而是寻找建设性的、双赢的解决方案；企业所有者与管理者相分离，所有者日益分散；大多数股份持有者只有非常少的公司股份；管理专家，追求运营效率最大化，并同时满足工人、消费者、投资者、供应商及持股利益相关者的要求；工会与集体谈判制度更加成熟，引入了工业民主制，保持了工业的稳定，能有效防止大规模政治运动。

总之，广泛的阶级斗争的基础已经消失，企业不再严格追求所有者的利益，控制

冲突并使之有序解决的机制已经建立。

（二）埃米尔·迪尔凯姆简介

埃米尔·迪尔凯姆，又译为迪尔凯姆、杜尔凯姆、涂尔干、杜尔干等，法国犹太裔社会学家、人类学家，法国首位社会学教授，《社会学年鉴》创刊人。与卡尔·马克思及马克斯·韦伯并列为社会学的三大奠基人，主要著作有《社会分工论》《自杀论》和《宗教生活的基本形式》等。这些著作都紧密围绕着秩序和整合的主题，分别回答社会团结和整合靠什么达到、社会整合与个人是什么关系、团体意识对社会和个人起什么作用三个问题。

（三）埃米尔·迪尔凯姆的主要观点

迪尔凯姆认为，传统力量统治的社会靠“机械的团结”来维系。特别是在文明程度较低的社会中，由于分工程度较低，同一团体的成员们采取同样的谋生手段，保持同样的习俗，信奉同一图腾，这种共同性使他们意识到大家同属一个集体，而不会离心。这种团体基本上是由“相似性”生成的社会，即所谓的同质社会。该团体的首要任务是使成员们尊重团体的信仰和各种传统，即维护共同意识、维持一致性。

在近代社会中，由于社会分工的发展，人们在意识、信仰上的差异也日益增大。但是社会没有瓦解，人们也没有分离，这是因为古代维系团体的共同意识逐渐被分工制取代，社会分工使每个人在消费上依赖于其他人。分工使社会像有机体一样，每个成员都为社会整体服务，同时又不能脱离社会整体。

迪尔凯姆认为，民族越进化，其成员间的差异越大。这种趋势甚至反映在体质上。从大脑容量上看，同一种动物的脑量相互差别小，而人与人的脑量差别大。文明人在其他方面（如服装、思想）的内部差异也很显著。因此，近代社会是差异的社会，又是有机团结的社会。

迪尔凯姆否认社会分工的产生是为了创造更多财富的观点。他强调，一个事物的功能，并不是产生出这一事物的原因，原因在功能之前。分工可以提高效率，增加财富，但这要在分工出现后与分工前的对比中才能显示出来。他认为造成分工制的原因是人口密度过大。人口的增加最初迫使一些人迁徙到其他地方，当无路可退时，他们被迫改换行业，分工制也就随之出现。他重视研究社会事实的功能，是功能理论的先驱之一。同时在方法论上，他强调区分功能与原因，这对功能理论的完善具有重要意义。

迪尔凯姆在其早期著作《社会分工论》中还批判了传统社会中的共同意识，认为这种共同的信念接近于宗教，带有强制性，并渗入一切社会生活中。他预言，共同意识和宗教维系社会的功能将逐渐被分工制取代。成熟期的迪尔凯姆在继续研究人类社会的整合问题时，放弃了《社会分工论》中贬低共同意识的思想，转向强调共同意识和宗教的社会作用。

（四）后工业主义理论

后工业主义理论又称为伍德沃德-布劳纳理论，其主要观点如下：

（1）随着技术进步，自动化和资本密集程度提高，工人异化等问题会迎刃而解；

（2）机器及机器人减少了工作任务的枯燥单一，技术复杂化和人均资本装备量上升，对劳动成本等重视程度降低；

（3）工资和工作条件更令人满意，同事关系转变为合作的团队式关系，冲突不断减少；

（4）后工业主义理论与管理学派的观点相契合，更加乐观；

（5）工作轮换制度、工人参与的团队制度、利润分享制度等，是后工业主义理论的核心内容。

三、马克斯·韦伯和工业资本主义理论

（一）工业资本主义概述

资本主义工业化开始于18世纪60年代英国的产业革命，至19世纪后期，美国、法国、德国、日本等主要资本主义国家先后完成了工业化。由于各国自然、历史条件不同，各国资本主义工业化都有自己的特点，但剥削、掠夺本国人民和殖民地及附属国人民是实现资本主义工业化所需资本的共同来源。

资本主义工业化的实现，使社会生产力显著提高，在各个主要资本主义国家出现了许多工业中心和大城市。资本主义工业化的过程，绝不只是生产技术方面的变革，而且也是社会经济制度方面的变革。资本主义工业化的实现，为资本主义制度提供了强大的物质技术基础。与此同时，资本家加强了对本国工人和农民的残酷剥削和掠夺，资本主义列强也加强了对经济落后国家特别是对广大殖民地、半殖民地的经济剥削和掠夺，从而加剧了资本主义各种矛盾的发展。

按历史发展过程，工业化大致被区分为前工业和后工业两大阶段，每个阶段又可细化。后工业是指以知识经济为特色的高科技工业。世界上的发达国家都已越过前工业阶段进入后工业发展时期。

（二）马克斯·韦伯简介

马克斯·韦伯，德国著名社会学家、政治学家、经济学家、哲学家，是现代最具影响力的思想家。韦伯曾于海德堡大学求学，在柏林大学开始教职生涯，并陆续于维也纳大学、慕尼黑大学等大学任教。他对当时德国的政界影响极大，曾前往凡尔赛会议代表德国进行谈判。他和泰罗及法约尔处于同一历史时期，并且对西方古典管理理论的确立做出杰出贡献，是公认的古典社会学理论和公共行政学最重要的创始人之一，被称为“组织理论之父”。

在《新教伦理与资本主义精神》中，韦伯提出了一个知名的论点：“新教徒的生活伦理思想影响了资本主义的发展。一般宗教的传统往往排斥世俗的事务，尤其是经济成就上的追求，但为什么这种观念没有在新教里发生呢?”韦伯在这篇论文里解释了这个悖论。

（三）主要观点

工业资本主义理论的主要观点如下：

1. 精于计算的理性和官僚制的传播

现代资本主义是以理性计算的、不断增长并成为主要的经济社会行为的支配力量

为特征的。官僚制的特征：工作方式高度专业化、明确的等级权威、完善的规则与过程制定方法、选举和晋升有资格的候选人、价值和资历的决定。

官僚制度的组织管理者是专业管理人员；权威以理性计算精神为基础，以理性的法律体系为支撑。

2. 劳动力市场和雇佣关系

资本主义企业存在的前提是拥有自由的劳动力市场。

3. 阶级和阶级斗争

工人和资本家的利益相互冲突。随着官僚制的推广，冲突会受到控制。冲突并非阶级之间的冲突，而是管理方与工人的冲突。

社会分为多个具有不同社会地位、不同阶层的群体。

4. 矛盾的结局

社会具有高水平的效率、相当的经济和社会能力，最终提高了人们的生活水平。工业资本主义的利益伴随着大量的社会文化的腐化而堕落，主要表现为：①大规模的官僚组织盛行，使权力不断集中到少数精英手中；②民主力量削弱；③工作本身失去意义；④精密计算的理性的增长，反映在精神方面是文化衰退，失去个性、生活意义和道德目标。

5. 内涵

产业冲突以劳动者与管理方之间的冲突为表现形式，并按一种已被细致规划好的规则和过程来进行；劳动者受到大型官僚组织的雇主、工会和政府机构的统治，无法从工作中找到生活的意义和目标。官僚制最主要的缺点是对人的主动性的忽视。

第四节　劳动关系的国外模式

西方工业化发达国家经过第一次工业革命后，在不断调整和改善劳动关系的过程中，逐渐形成了各具特色的劳动关系调整模式，这对于我国分析和研究劳动关系调整问题具有学习借鉴作用①。

一、德国模式

德国是欧洲大陆国家的劳动关系调整模式代表。其劳动关系的主要特点有：劳动者得到较高程度的劳动保护，劳动法严格且规范，由行业（地区）对工资率进行调控，由法律规定的最低工资标准相对较高，劳动报酬分化较小。

劳资协议自治是德国劳动关系领域的基本制度。其中心内容就是资方团体和工会组织均能独立地存在，并通过集体谈判自行确定雇员的最低劳动报酬和工作条件。

集体谈判和集体合同是处理劳动关系的基本形式。劳动者以劳工的身份参与经营，实现从参与决定到共同经营的工业民主化制度，特别是广泛实行劳资共决制，使得工人参与决策的权利得到保证，使劳动者和雇主利益协调和合作得以顺利进行。这种类型的劳动关系，不仅劳资双方的关系比较和谐稳定，而且使社会经济得以稳定发展。

① 何燕珍，林永基. 劳动关系调整模式的比较及启示［J］. 当代经济管理，2005（4）：131-135.

在处理劳动关系的过程中，联邦政府不参加具体操作，仅履行制定规则、监督执法和发挥宏观调控的职责。在企业管理系统中，德国实行劳资平等共决制度，通过企业监事会、董事会和职工委员会三层组织，实现相互制约和相互监督，使企业职工能够通过不同组织形式参加企业管理，行使应有的权利。

二、日本模式

日本是融合东西方文化的劳动关系调整模式代表。其劳动关系是将资本主义的生存竞争与东方传统的家族式关系结合在一起。其劳动关系的基本精神是劳资利益一体论。日本劳动关系调节机制融入了不少具有东方传统文化色彩的手段，如强调和谐的人际关系，宣传以和为贵的传统价值观，倡导集体主义的合作精神和感情投资。因此，日本劳动关系的和谐得到社会各方的重视，劳资矛盾和争议多以企业为单位予以解决。企业精神、企业利益成为维系劳资双方关系的基石。日本人有一个形象的比喻：企业如同一个大家庭，资本家是父亲，工会是母亲，工人则是孩子。在企业这个利益共同体中，劳资双方要同舟共济，共度难关，生死与共。

在日本企业中，企业家族观念和企业团队精神为其企业文化的基本内容。日本劳动关系有三大支柱：终身雇佣制、年功序列工资制和企业工会。其中，前两项实际上是与日本家族式的企业经营方式密切联系在一起的。企业经营的这两项制度，为日本职工的就业保障和逐级晋升提供了保证，同时培养了职工对企业的归属感和效忠思想，提高了职工的企业意识和劳动干劲，培养和加强了企业与工人的经济和感情联系，从而保持了劳动关系的长期稳定。

三、美国模式

美国是盎格鲁-撒克逊劳动关系调整模式（又称“自由市场经济”或“放任的资本主义”）的代表。其劳动关系的主要特点有：劳动法与民法较为相似，雇主可以随时聘用和解雇员工，集体合同主要由企业而不是由行业或地区进行，劳动力的流动性高，劳动报酬分化大。美国对最低工资采用受到法律规定的限制。

当今世界，国际竞争很大程度上是经济体制和市场模式的竞争。在发达的市场经济中，由于市场机制和政府调控机制结合的程度不同，因而形成了不同的经济模式。美国和欧洲两种社会经济模式，代表了发达资本主义国家不同的发展方向，以及在体制、结构、思维和行为方式等方面的一些带有根本性的特点。人们常常用“盎格鲁-撒克逊模式”或者“自由市场经济”“放任的资本主义”等来表示美国模式，而用“莱茵模式”“社会市场经济”“福利资本主义”等来表示欧洲模式。

美国的劳动关系调整与大部分欧洲国家有很大不同之处。首先，以近代劳动立法中的契约精神为依据，美国劳动关系模式是具有浓厚的自由化、分散化色彩的多元化调整模式，劳动者欠缺团结性。其次，美国的工会具有短期功利性倾向，呈现多元化格局，企业工会、行业工会、产业工会并存，结构非常分散。最后，美国的集体谈判不像德国、北欧国家那样集中，而是分散于基层单位，如企业和行业等。众多低层次的集体谈判分散了劳方的力量，工人权益的获得与待遇的改善程度的高低完全取决于所在地或企业劳资力量对比的强弱。因此，美国劳动关系调整模式的平衡与稳定程度不如德国和日本。

四、集体谈判制度

（一）德国的集体谈判制度

德国劳资双方的组织都具有集中程度高、实力强大的特点。拥有 16 个产业工会的德国工会联合会（简称工联），是德国最高层次的工会组织；同时，德国 80% 以上的雇主都加入了相应的雇主协会联合会（简称雇联）。德国的工会和雇主协会通过协商对话结成社会合作伙伴关系，进行最高层次的对话，然后依次是行业协会和企业协会之间的对话。德国雇联和工联之间达成的劳动和工资协议是各行业雇主协会和工会必须遵守的总原则。在这个总原则之下，各行业通过谈判拟定本行业劳动工资协议，劳资协议一经签订即具法律效力。集体合同当事人承担着一项最重要的义务，那就是相对的和平义务。

（二）日本的集体谈判制度

日本的集体谈判主要是在企业一级进行。大企业参加谈判的工会干部都是本企业职工，部分中小企业由上级工会委派干部参加。在谈判的基础上，各企业工会与企业经营者签订集体合同，合同签订后，对劳资双方都具有法律约束效力。“春斗”（为解决工资增长幅度问题，劳方与资方进行的公开的、统一的、共同的谈判活动）是日本劳资双方进行谈判的高潮期，也是日本工会调整劳动关系的一种主要手段。但是，日本的企业集体协议并不普遍存在，仅在一些大企业存在。

（三）美国的集体谈判制度

美国的管理阶层在谈判时扮演相当积极的角色，甚至处于一个完全主导的地位。在劳动关系体系的所有参与者中，雇主一般是最强有力的角色，就业条件基本上由雇主来决定。雇主只受劳动力市场力量和保护劳工的法规的影响和限制。冗余的工人可以被雇主解雇，甚至没有原因的解雇也是可以的。和其他国家相比，雇主组织在美国相对来说并不重要，美国也没有从事所有范围劳动关系活动的全国性雇主联盟。在一些大规模的行业中，个别的厂商和全国性工会进行谈判，工厂一级的谈判和全公司的谈判结合进行。它们通常就非工资形式福利进行谈判（在欧洲则主要是通过政府的福利计划提供），订立长期合同（通常为三年期）。

课堂讨论

1. 讨论国外劳动关系理论的基本要求。
2. 讨论建立我国劳动关系调整模式的复杂性。

课后复习

1. 简述现代西方劳动关系的主要学派及其观点。
2. 简述新保守派的主要观点。

3. 简述管理主义学派的主要思想。
4. 简述正统多元论学派的主要观点。
5. 比较自由改革主义学派与激进派的异同。
6. 比较国外劳动关系调整模式的差异性。

课后阅读材料

管理是实践，而非科学①

20世纪30年代以后，所有发达国家都已经成为一个由各种机构组成的社会。如今，所有重要的社会任务，不管是经济活动还是医疗保健，不管是教书育人还是环境保护，不管是探索新知还是保家卫国，都是交由相应的组织来完成的。这些组织都不是临时性的，而是有自己的管理当局。现代社会的绩效，甚至社会成员的生存，都越来越取决于这些机构的绩效。而这些机构的绩效和生存，又取决于管理当局的绩效。

管理者和管理的绩效直接关系到每一个人。90%的大学生毕业后会成为组织的雇员，他们的成效和绩效、满足感、成就和成长，取决于所在组织的管理当局的绩效。这些知识工作者又有很多会成为管理者，因此他们开展工作和做出成绩的能力，将取决于他们对管理的了解以及对实际管理技能的掌握。

由此，我们可以把管理当成“科学”。但是，如果我们认为管理可以成为一门纯粹的科学，那么只会有害无益。

毫无疑问，管理者的工作是可以系统地进行分析和分类的。换句话说，管理有一些独特的专业特征和科学的一面。管理不只是经验、直觉或者本能。它的构成要素和要求是可以进行系统分析和组织的，是任何一个智力正常的人都可以学会的。我认为，“直觉型”管理者的日子已经屈指可数。管理者通过系统地研究管理原理、掌握管理知识体系及持续不断地分析在各个工作领域的绩效，可以提高各个管理领域和各个管理层级的绩效——从管理培训生直到巨型跨国公司的首席执行官（CEO），概莫能外。对于提高管理者的技能、效能和绩效而言，没有什么事情的作用能超过上述这些活动。这个主题的基础则是我们确信：管理者对现代社会和公民的影响之大，已经要求管理者进行自我约束，并且达到很高的专业服务水准。

不过，管理的最终检验标准是绩效。管理的目标，必定是成绩而非知识。管理是一种实践，而不是一门科学或者一种职业，尽管它兼有后面二者的一些要素。如果试图只让那些持有专业学位的人从事管理，那么只会给社会和经济造成危害，最终的结果只会是用官僚主义者代替管理者，并且扼杀创新、创业精神和创造力。

无论如何，我们对管理还知之甚少，不能把它称作一门严密的“科学”，也不能把管理变成一种需要持证上岗的垄断性职业，因为对管理的研究与管理本身一样年轻，也就是说它才刚刚起步。

当然，我们已经知道很多东西，尽管我们尚不了解，因此需要加以探索的领域，多过我们已经拥有的真正经过检验的知识和有正确答案的领域。

---

① 德鲁克. 管理的实践［M］. 齐若兰，译. 北京：机械工业出版社，2009：序.

我们知道许多看似非常有道理的东西，在管理实践中其实是不管用的。我们还知道管理并不是局限于某个国家或者某种文化。事实上，一个多世纪以前，第一批得到管理的机构，例如美国铁路公司诞生时，管理作为一种实践和一个学科是有许多不同国家的人在探究的。在第二次世界大战后的数年间，一些观察家认为管理是美国人的发明。其实，这是不正确的，西欧和日本的快速复原也很快就证实了这一点。管理这项职能、管理工作、管理的任务和维度是普适的，并不存在国家差异。但是，管理方式受各个国家的特点、传统和历史的影响极大，有时甚至取决于这些因素，例如企业与政府之间的关系、人员管理的宜忌高层管理的结构等。

管理是一项社会职能，同时体现在传统价值观、习俗、信仰及政府和政治体系中。管理会受到也应该受到文化的影响；反过来，管理和管理者也会影响文化和社会。因此，管理虽然是一个知识体系，但它不管在哪里也都是一种文化。它不是一种不受价值观影响的科学。

最重要的是，我们知道管理者是施行管理的。他们不是搞经济学，不是搞量化，也不是搞行为科学。这些都只是管理者的工具。经济学之于管理者，一如验血之于内科医生；行为科学之于管理者，一如显微镜之于生物学家；量化之于管理者，一如判例之于律师。管理者施行的是管理。

因此，管理有一些不属于其他任何学科的特殊技能。组织内的沟通就是其中之一。在不确定条件下进行决策也是其中之一。另外还有一项特殊的企业家技能，如战略规划。

作为一个专门的学科，管理有自己的基本问题要解决，有自己独特的方法和特殊的关注点。一个掌握了管理原理的管理者，就算基本没有掌握什么管理技能和工具，也仍然有可能成为一个很有成效、甚至是一流的管理者。但一个人要是只掌握各种技能和技巧，对管理的基本原理不了解，那么他就不可能成为一个管理者，只不过是一个技术专家而已。

管理是一种实践，而不是一门科学。在这一点上，它可以同医学、法律和工程学相比。管理不是学知识，而是要做出绩效。它也不是运用常识或者发挥领导力，更不是实行财务操纵。管理实践必须以知识和责任为基础。

第五章 国外劳动关系的发展历史

■本章重点

1. 国外劳动关系的发展历史
2. 国外劳动关系发展的主要阶段及其基本特点
3. 管理理论对劳动关系的影响

■学习要求

1. 了解国外劳动关系的演进过程。
2. 掌握不同历史阶段劳动关系的特点。
3. 理解管理理论对劳动关系的影响。

引导案例 英国工会的起源①

最早的工会组织出现于17世纪末期，最终成为一支重要社会力量则在第一次工业革命发生以后。从19世纪30年代开始，工会运动越来越成为英国工人活动的主要方式。

工会同中世纪行会有一定的联系，但绝非简单由行会发展而来。在中世纪，英国社会中存在一些帮工公会，但不是一种永久性的团体，因为在行会制度下，雇主与帮工的利益没有完全分开和对立，一个雇主的帮工一般只有几个人。帮工学徒几年后，勤奋能干的大多自立门户，或与雇主之女成亲。因此，中世纪的雇主与雇工同在一个等级上，彼此是师徒关系。当生产权与经营权分开，老板与雇工分开，社会上又大量存在永久性劳工的时候，工会才有了产生的土壤。工业革命后，劳动者为了维护生活水平和工作条件，联合起来与雇主斗争，反对不利于劳工的改革，工会运动应运而生。

18世纪末，技术进步带来了产业发展和工业结构变化，工资立法、行会制度等传

---

① 刘成. 英国工会的起源与工党创建［J］. 英国研究，2014（6）：22-27.

统体制面临分崩离析，一些技术工匠率先组织起自己的工会。这些熟练工匠成立工会的主要目的是要在一个不断变化的工业环境中保持自己的合法地位和生活水平。因此，早期工会是少数技术工人的组织，它将一般劳动者排斥在外。

英国早期工会继承了中世纪互助会的一些传统，如提供互助性质的福利等。但是，工会还开展劳资斗争，与雇主进行集体性谈判，达到提高工资和改善工作环境的目的。工人阶级人数不断增多，工会力量也同步增强。早期工会的成员是技术工人，他们对政治兴趣不大，对政府不造成重大威胁，也没有引起雇主的强烈对立。然而，托利党为了压制日益高涨的激进政治运动，于1799年颁布了《结社法》，包括工会在内的所有工人组织均被取缔。

1824年，《结社法》被废除，同时被废止的还有自爱德华一世以来的所有结社法律。《结社法》的废除，使工人获得了结社和罢工的权利，英国全国出现了组建工会和罢工的热潮。工会的活跃活动引起政府的警觉，英国政府很快在1825年又制定了一个新的《结社法》，这部法律没有1799年《结社法》严厉，比如允许工会为了增加工资而罢工，但工会不可以采取胁迫和堵塞等行为。因此，在1825年后，工会活动仍然受到政府的限制，但工会已经成为一个合法组织。1826年2月26日，伦敦德里勋爵致信内政部说，工会完全建立起来了，如果煤矿工不抵抗，就只能无条件地屈服于工会所提出的任何规章。与此同时，一个新行业的工会可能因某种原因暂时消失，一个老行业工会的力量也会因此遭到削弱。比如：1833年，石匠工会有会员为6 000人；1835年经过多尔契斯工人审讯时期的国家反工会运动之后，其会员降到1 678人；在1837年贸易繁荣时期，其人数又上升到5 590人；在1841年伦敦石匠罢工活动后，其人数降到2 144人；1848—1852年，其会员人数在4 700~6 700人浮动。

第一节　早期的劳动关系

15世纪末地理大发现之后，资本主义以积累资金并创造大批自由劳动力为目的的原始积累活动开始发展起来。这一阶段，资本家通过圈地运动、殖民掠夺、贩奴贸易等暴力手段迫使劳动者一无所有。这一时期的大多数劳动者并不具备自由劳动者身份，现代意义上的劳动关系尚未形成。因此，国外早期的劳动关系从时间上讲是从第一次工业革命开始至19世纪上半叶的国外劳动关系。

一、时代背景

从18世纪60年代开始的第一次工业革命标志着资本主义工业化的开端，工业革命的直接成果是工厂制度的建立，形成一个大工业资本家阶级，同时也形成一个人数远远超过前者的产业工人阶级，从此劳资关系成为资本主义的一种基本关系。

早期工厂制度下，因为熟练工人严重缺乏，所以工厂人员最初都是由多种人员组成：农民、退伍军人及各种无业游民。他们习惯于家庭或农村生活，对工厂工作的单调且年复一年的固定工作时间、要求他们一直全神贯注于工作的规定没有好感。要使这些既无经验，又无技术也没有受过集体劳动训练的人员适应高速运行的大工业的生产，无疑是一件极为困难的事。因此，资本家采用军队式的严密组织，对其进行教育和训练，特别是要使之遵守纪律。也就是说，资本家必须把他们变成一个肉体机器，使他们严格按机器的效率运转。为此，资本家便派各类监工，使每个人按规定的要求像机器一样劳作。工头通过罚款、解雇，有时甚至用鞭打来强制工人服从。面对资本家的残酷压榨，工人们奋起反抗。其中比较典型的事件有法国里昂工人运动、英国宪章运动和德国西里西亚纺织工人起义。

法国里昂工人运动是指在1831—1834年爆发的两次工人武装起义。在工厂主和包买商的长期剥削下，工人生活极为困苦。由此爆发了第一次起义，其目的是提高工资。第二次起义的原因是政府逮捕和审判罢工领袖，发布禁止工人结社集会的法令。第二次起义中，工人不仅提出经济要求，还提出废除君主制度，建立共和政体。两次工人起义在法国许多地区引起强烈反响，推动了法国工人运动的发展。里昂工人的两次起义是法国无产阶级作为独立的政治力量登上历史舞台的重要标志之一。

英国宪章运动是指英国工人争取政治权利的运动。《人民宪章》是伦敦工人协会向国会提出的一份请愿书，提出年满21岁的男子都有普选权，选举投票应秘密进行，废除议会候选人的财产资格限制，国会每年举行一次改选，平均分配选区。1840年7月，各地宪章派的代表在曼彻斯特召开了大会，宣告成立全国宪章派协会，然后英国工人在请愿书上签字，由全国宪章派协会的负责人向下院递交请愿书，先后递交了三次请愿书，其目的是争取政治权利。宪章运动标志着英国无产阶级开始作为一支独立的政治力量登上了历史舞台，揭开了英国无产阶级同资产阶级争夺政治权力的斗争的序幕。

德国西里西亚纺织工人起义发生在19世纪40年代，那时德国的纺织业工人和家庭手工业者受到工厂主、包买商以及地主的残酷剥削。1844年6月4日，以争取提高工资被拒绝为导火线，爆发了纺织工人起义。起义队伍扩大到3 000人，集中打击工厂主。坚持到同年6月6日，起义被镇压。西里西亚主要城市布勒斯劳的手工业者和学徒，柏林、亚琛的纺织工人，马格伏堡的糖厂工人等，先后举行罢工及局部起义，响应西里西亚纺织工人的斗争。这次纺织工人起义事件表明德国无产阶级已作为独立的政治力量登上历史舞台。

二、代表性管理理论

历史学家阿若德·汤因比说过，促使全世界走向工业化起到最大作用的是两个人：一个是詹姆斯·瓦特，另一个是亚当·斯密。詹姆斯·瓦特引发了蒸汽机的革命，亚当·斯密引发了经济思想的革命。

亚当·斯密是英国古典经济学体系的建立者，他最主要的代表作《国民财富的性质和原因的研究》于1776年出版，该书的问世对资本主义商品经济理论体系做了全面而系统的分析。

亚当·斯密认为经济问题的出发点是人的本性，即资本主义的利己主义。每个人的一切活动都受到利己主义的支配，这种个人利益的追求者就是经济人。亚当·斯密特别强调分工带来的经济利益。他指出，劳动生产力上的最大的增进，以及劳动时所表现的更大的熟练、技巧和判断力，似乎都是分工的结果。亚当·斯密分析了国家的财富和分工的关系，亦即提高生产效率的原因。他认为一个国家财富的多少，取决于这个国家的国民所提供的劳动数量的多少，而劳动数量的多少又取决于两个因素：一是参加劳动人数的多少，二是劳动生产率的高低。而劳动生产率的高低又取决于个人的能力的高低，而技术又受生产分工的影响。他认为分工在管理上对于提高劳动生产率有三个好处：①分工可以使劳动者的技术熟练程度很快地提高；②分工可以使每个人专门从事某种作业，减少从一项工种转到另一项工种所失去的时间；③分工可以使专门从事某项作业的劳动者经常改进劳动工具和发明机器。

三、劳动关系特点

从第一次工业革命开始至19世纪上半叶，资本主义的发展处在自由竞争时期。第一次工业革命带来的生产技术的划时代变革推动了生产的发展和社会的进步，但随着大企业的建立，老板和工人形成了对垒的态势。这一时期的企业主不断尝试解决在管理工厂和劳动力队伍的过程中所遇到的各种问题，但他们普遍强调技术上的问题，而不是管理上的问题，这也许是由于当时的技术不高的原因，以至于管理被视为次要的，而且当时人们认为成功取决于管理者的个人品质，而不是他们所掌握的更广泛的管理原则。无产阶级辛勤劳动，直接创造财富，却相对日益贫困，他们为了改善自己的处境，和资产阶级进行斗争，工人运动兴起。

这一时期的劳资矛盾主要表现为尖锐的阶级对抗和激烈的阶级冲突。工人初期的斗争以捣毁机器、焚烧厂房和殴打厂主等为主，这些斗争往往是自发和分散的行动，没有周密的组织和计划，因而往往以失败告终。正是从这些失败中，工人开始认识到，只有联合起来才能与雇主抗衡。所以在一些行业中开始出现了最初的工人组织，即早期的工会，因此工会是工人运动的产物。1818年世界上第一个工会——苏格兰格拉斯高纺织工人工会成立了。18世纪末19世纪初，工人采用罢工的形式同资本家进行斗争。资产阶级和工人阶级之间的剥削与反剥削、压迫与反压迫，充斥在两个阶级的发展史中。

面对早期的工人组织，雇主进行了激烈的抵制。这一时期，政府对劳资关系调整采取自由放任政策，采取法律上不承认或严格限制的态度。当时各国的立法禁止工人结社、罢工和示威。英国1799年颁布的《结社法》和法国1791年颁布的《夏勃里埃法》是这类法律的典型代表。

总的来说，西方国家这一时期的劳动关系具有如下几个特点：

（1）劳资双方形成了两大直接对立的阶级，劳资矛盾的焦点主要集中在劳动者最基本的劳动条件的改善上。

（2）工人斗争多是自发的、分散的行动，工人群众有组织的联合行动面临着来自政府与雇主的巨大阻力，绝大部分以失败告终。

（3）阶级斗争尖锐化，在劳资关系中，资方占据绝对优势的地位。劳资矛盾多以激烈对抗和冲突的方式表现出来，劳资关系呈不稳定状态。

（4）策略的偏向性明显。虽然政府对劳资关系采取自由放任政策，但是在表面自由的背后，是立法和政策明显向雇主一方倾斜。

第二节　中期的劳动关系

国外中期的劳动关系从时间上讲是指从19世纪下半期至20世纪初期的劳动关系。

19 世纪下半期，工业革命发展到一个全新的阶段。这是一个复杂的、不平衡的阶段，这既是技术进步、能源变化和劳动力管理关系发展相互作用的结果，也是强烈要求用管理实践系统化来推动这些因素协调作用的结果。

一、时代背景

从 19 世纪 70 年代到第一次世界大战爆发，主要资本主义国家先后经历了 1873 年、1882 年、1890 年、1900 年和 1907 年 5 次世界性经济危机的打击。每次经济危机都使资本主义国家的生产力急剧下降，物价下跌，很多企业破产，资本贬值，失业人数增加，严重破坏生产力，激化劳资矛盾，罢工持续不断，有时还发生激烈的冲突。

经济的迅速发展使得产品越来越丰富，而劳动力资源的使用相对来说越来越少，劳动成本急剧下降。因此，虽然产品价格降低了，但企业所有者所获得的利润比任何一个时期都要多。企业经营者用产品的低廉价格来征服世界的同时，也因为降低了工人的工资而加剧了劳资矛盾。西方世界的经济危机导致了一系列的矛盾，这种矛盾表现在三个方面：

（1）资本所有者在危机中设法转嫁危机，使工人和资本家的矛盾越来越尖锐。

（2）资本所有者在经历了数次经济危机之后，在大批中小企业倒闭的现实中终于发现，每次经济危机中，资本雄厚的企业往往能经受住危机的打击。于是，这样的大企业数目不断扩大，逐渐形成了垄断组织。

（3）生产力的发展、企业规模的扩大也要求增雇更多的工人。然而，遗憾的是，他们大部分人没有技术只会干体力活，迫使管理制度内部的改革势在必行，新的管理方式的出现已成为必然。

二、代表性管理理论

在当时美国的企业中，由于普遍实行经验管理，资本家不知道工人一天到底能干多少活，但总嫌工人干活少、拿工资多，于是往往延长工人的劳动时间，增加工人的劳动强度。而工人，也不确切地知道自己一天到底能干多少活，总认为自己干活多、拿工资少。当资本家加重对工人的剥削时，工人就用“磨洋工”的态度来消极对抗。这样，企业的劳动生产率必然低下，劳资矛盾也长期得不到解决。

这时，泰罗以自己在工作中的实践和经验，打破了以往的传统的经验主义，将科学引入管理中。

科学管理作为一种管理理论，以如下假设为前提：

（1）劳资矛盾日益尖锐的主要原因是社会资源没有得到充分利用。泰罗认识到了劳资矛盾的存在，但他认为如果能通过科学管理将社会资源充分利用，并使劳资双方都能得到利益，那么劳资矛盾就可以得到解决。

（2）假设人是经济人，是经济动物，即人是以追求物质利益为目的的，都希望以尽可能少的付出最大限度地取得收获，并且为此可以不择手段。因此，只要能使工人得到经济利益，他们愿意配合管理者挖掘出他们自身最大的潜能。

（3）科学管理是使单个人发挥最大效率的有效方法。单个人是可以取得最大效率的，集体的行为反而导致效率下降。

以上三个假设都存在缺陷，然而，以当时的实际情况来看具有相当的客观性，是符合当时社会现实的。

泰罗具体地阐述了科学管理所肩负的任务：

（1）对工人工作的每一要素开发出科学方法，用以代替老的经验方法。这一条讲的是对作业进行科学研究，以便制定合理的作业定额。

（2）科学地挑选工人，并对他们进行培训、教育。

（3）与工人们衷心地合作，以保证一切工作都按已形成的科学原则去办。这一条将管理者与管理对象统一起来，以通过经常沟通使管理的各项措施得以顺利实施。

（4）管理当局与工人在工作和职责上的划分几乎是相等的，管理当局把自己比工人更胜任的各种工作都承揽过来，结果是将管理职能与一线工人的作业职能区分开来，并且强调这种分工导致了管理者和工人之间承担的责任不同。

科学管理的具体内容可划分为三个方面：作业管理、组织管理和管理哲学。

（1）作业管理。作业管理是科学管理的主要内容，也是科学管理最具有特色的部分，它由一系列的科学方法组成。

（2）组织管理。职能化原理包括把计划职能与执行职能分开，变经验工作法为科学工作法，实行职能工长制管理。

（3）管理哲学。科学管理是一种改变当时人们对管理实践观点，重新审视管理实践的管理哲学。科学管理的实质就是一场精神革命。

在科学管理下，劳资双方心理态度上发生的这场伟大的变革就是双方把注意力从被视为最重要的分配剩余额的问题上移开，而共同把注意力转向增加剩余额上，一直到剩余额大大增加。他们会看到，当他们双方不再相互敌视，而是肩并肩地向同一方向迈进时，通过他们的共同努力所创造的剩余额将多得惊人。他们双方都会认识到当他们以友好合作和互相帮助来代替对抗和斗争时，就能共同使剩余额猛增。

三、劳动关系特点

19 世纪下半期至 20 世纪初期，西方市场经济国家完成了自由竞争资本主义向垄断资本主义的过渡，与之相伴的是工人和资本家的矛盾越来越尖锐。工人阶级的斗争和工会运动的发展，没有因为雇主和政府的镇压而停止。例如英国的罢工在 1919 年达到 1 352 次，法国的罢工在 1919 年多达 2 026 次。在工人运动的强大压力下，劳资关系中的力量对比开始发生变化，同时，随着社会经济的发展和政治制度民主化的推进，劳资斗争的方式出现了一些变化，工会代表劳工与雇主谈判的方式开始在个别国家的个别企业出现。

面对这种形势，欧美各国政府逐渐改变了资本主义发展初期自由放任的劳资关系政策，转而采取建设性干预政策。西方国家政府被迫相继废除了禁止结社的法律，各国的工会组织获得了空前的发展。各国相继通过了有关保护妇女和儿童就业、减少工时，以及以社会援助的形式发放各种津贴的失业补助的法律和条例。19 世纪末 20 世纪初，各国的工厂法、劳动保护法、劳动保险法、工会法、劳动争议处理法等法律大量出台，相应的劳动行政管理机构也开始出现。1871 年，英国颁布了世界上第一部工会法；1875 年，英国颁布了《企业主和工人法》，允许工人团体和企业主签订契约和合同。

在该时期，三方性原则开始出现，政府参与调整劳资关系，使双方的矛盾能够控制在一定范围内。政府除了帮助制定程序和规则之外还承担调解和仲裁双方纠纷及提供其他服务的责任。在政府制定相关法律的过程中，政府也从原来只听取雇主方的意见转变为邀请雇主和工人代表共同参与协商。当然，这一时期三方性原则在工业企业中还不普遍。

第三节　现代的劳动关系

国外现代劳动关系从时间上讲是指20世纪中期以来的劳动关系。第二次世界大战以后，人类在科学技术方面的发展为世人瞩目。人类第三次工业革命揭开了人类生活的新篇章。第三次工业革命是人来文明史上继蒸汽机技术革命和电力技术革命之后科技领域的又一次重大飞跃：原子能的应用，计算机的诞生、应用和发展，使人类的生产力产生巨大飞跃；新材料的不断发现和应用，给工业和生活带来了巨大的变化，大大促进了生产力的发展，是生物工程的应用与发展逐渐改变着人类的生活，进一步解放了社会生产力。

一、时代背景

第三次工业革命从以下三个方面推动了工业生产力的发展：促进了劳动生产率的提高；创造了工业扩大再生产的物质条件；开辟了工业品广阔的国内外市场。

第三次工业革命促使脑力劳动需求增加，体力劳动在生产过程中的作用逐渐下降。人类的劳动方式从直接参加生产过程开始转向控制生产过程，对劳动者的素质要求向科技型、智力型转变。

尽管科技发展迅速，但是经过两次世界大战和历史上最严重的经济危机，资本主义国家的经济与政治仍陷入动荡之中。与此同时，世界范围的人民革命高潮对西方各国政府形成了一股巨大的社会压力。为了维持国内产业和平，消除潜在的革命情绪，西方工业化国家采取了一系列措施。第二次世界大战后，主要资本主义国家的经济发展大体上经历了三个历史阶段：

第一阶段：从第二次世界大战后到20世纪50年代初期，这一时期为资本主义国家的政治调整和经济恢复时期。

第二阶段：从20世纪50年代中期到20世纪70年代初期，这个时期为发达资本主义国家经济发展的黄金时期，其经济发展速度超过了历史上的任何一个时期。

第三阶段：从1973年年底至今，这一时期爆发了世界性的经济危机，从此资本主义世界进入滞胀时期，经济政策进行重新调整的时期。这一阶段，企业进一步缓和劳资双方的矛盾，调动员工的积极性。

二、代表性管理理论

随着现代自然科学和技术的日新月异，生产力迅速发展，生产的组织规模急剧扩大，生产社会化程度不断提高，这对管理理论的发展提出了越来越多的要求。

（一）行为科学理论

20 世纪初，现代企业大规模产销活动已经展开，企业内部分工也越来越细。这时，要对每个企业员工进行有效的监督，事实上已不大可行，而且员工的工作标准和工作定额也不易划定。在这种情况下，如何使企业员工在各自分散的岗位上有效地工作，关系到企业的整体生产效率。而科学管理所倡导的经济刺激和物质激励也出现了效用递减的现象。20 世纪 20 年代末到 30 年代初，世界经济陷入了空前的大危机。在美国，罗斯福政府开始对宏观经济实行管制，这使管理学者们不得不注重在微观层面上研究"硬件"以外的造成企业效率下降的影响因素。于是，一种完全不同于科学管理学派的管理理论——行为科学理论出现了。

梅奥和缪特斯伯格所建立的人际关系学说是行为科学理论的主要内容，提出了与当时流行的泰罗科学管理思想不同的一些新观点：

（1）职工是社会人。科学管理把人当作经济人来看待，认为金钱是刺激人的积极性的唯一动力。霍桑实验则证明人是一个社会人，影响人的劳动积极性的因素，除了物质利益之外，还有社会的心理因素。

（2）企业中存在非正式组织。梅奥等人认为，不管承认与否，非正式组织都是存在的。它与正式组织相互依存，而且会通过影响工人的工作态度来影响企业的生产效率和目标的达成。因此，管理人员应该正视这种非正式组织的存在，利用非正式组织为正式组织的活动和目标服务。

（3）新型的领导能力在于提高职工的满足程度。科学管理认为生产效率主要受作业方法、工作条件和工资制度的影响，因此，只要采用恰当的工资制度，改善工作条件，制定科学的作业方法，就可以提高工人的劳动生产率。梅奥等人根据霍桑实验得出了不同的结论。他们认为，生产效率的高低主要取决于工人的积极性的高低，而工人的积极性的高低则取决于他们感受到各种需要的满足程度的高低。

行为科学理论的出现，弥补了科学管理理论的不足，为管理学科的进一步发展输入了强大的动力，并成为管理理论的另一块奠基石。行为科学理论的研究对象包括：人的本性和需要、行为动机、人际关系，以及个体行为、团体行为与组织行为。行为科学通过对个体、群体、团队和组织行为的研究，达到高效率实现组织目标的目的。

行为科学的出现缓和了 20 世纪 20 年代末至 20 世纪 30 年代初美国经济危机中的劳资关系。

（二）管理理论丛林

许多管理学者（包括社会学家、数学家、人类学家、计量学家等）都从各自不同的角度发表自己对管理学的见解，提出了新的理论和学说，形成了多种管理学派。这些学派相互影响、相互渗透、相互作用，形成了盘根错节、竞相争荣的局面。

企业管理的主要课题开始由如何提高组织内部效率转向组织如何适应环境的领域，探讨组织与环境关系的研究活跃起来。20 世纪 80 年代以来，一些新的管理理论相继出现，可以说一个新的管理理论丛林已经枝繁叶茂。由于研究条件、研究材料、观察角度及研究方法等的不同，因而各学者产生了不同的看法并形成了不同的思路，从而形成了多种管理学派，如数量管理科学学派、计算机管理学派、决策理论学派、管理过程学派、社会系统学派、系统管理学派、权变理论学派、经验主义学派和经理角色学派等。

三、劳动关系特点

这一阶段劳资关系发展的总态势是趋于缓和，劳资之间大规模的激烈对抗冲突相对减少，取而代之的是日常的、规范化、有组织的行为，如劳资协议制、集体谈判制度、三方协商等。

雇主与工会或工人代表通过相对公平的谈判来决定工资和工作条件等内容，所有劳动者都可以享受谈判带来的福利。集体谈判逐渐成为处理管理方和员工之间日常问题的主要手段。

政府、企业和员工三方合作，共同制定产业政策和劳动政策。各国的具体形式有所不同：有的在全国一级的产业层次上由政府主持下的雇主协会与全国性的产业工会谈判；也有的仅按照政府的法律规定，在企业层次上由雇主与企业工会谈判；还有一些国家成立了由三方参加的民主决策机构，劳资议会就属于这样的机构，国际劳工组织也是一个三方组成的组织。

随着国家垄断资本主义的发展，政府进一步加强了对劳资关系、劳动力再生产的全面干预。政府对劳动关系影响的方式从不干涉、直接干预转变为通过立法规范间接干预。这一时期，西方国家形成了一整套规范化、制度化的法律体系和调整机制。这其中的典型事件如罗斯福政府为了减少大萧条造成的失业，缓和劳资矛盾，于 1933 年颁布了《全国工业复兴法》。该法律规定：工人有组织工会、参加自己选择的任何工会和通过自己的代表与资方签订集体合同的权利；最低工资和最高工时等。1935 年，美国通过的《国家劳动关系法》进一步确认了工会的权利。1935 年，罗斯福政府通过了《社会保障法》，标志着现代社会保障制度从社会保险制度向综合性社会保险制度转变。现代保障制度在 20 世纪四五十年代进入成熟阶段。社会保障制度的发展对于改善劳动关系具有重要的意义。美国在 1947 年通过了《劳资关系法》，对工会的权力进行了规范和限制。1955 年，美国劳工联盟和美国工业组织协会合二为一，成立了美国劳工联合会-产业工会联合会，结束了两大工会力量长期竞争的局面。该机构的运作更加具有效率，并对内部各工会之间的冲突进行调整，使之控制在非暴力合法化的范围内。一方面，工会的数量不再像第二次世界大战期间那样迅速增加，而多为旧有工会组织的延续；另一方面，参加工会的会员人数不断增加。

总的说来，这一阶段劳动关系的特点是：

（1）政府认识到调整劳动关系的重要性，且调整手段完备、立法体系不断完善，社会保障和福利水平不断提高，解决劳资矛盾、劳资争端的途径趋于制度化和法律化，劳动关系的运行方式发展成一种有序的组织行为。

（2）经过长期的发展，“三方格局”形成，员工参与管理的产业民主制度、集体谈判制度等都已相当完善，使协调劳资关系的方式更加丰富、内容更加宽泛，为劳资关系的稳定创造了有利条件。

（3）在政府干预下，管理方与员工双方都更愿意通过相对缓和的形式来解决冲突，使双方都得到好处。因此，从总体上看，冲突的激烈程度在不断下降，合作成为劳动关系的主流。

课堂讨论

1. 讨论工业革命对西方国家劳动关系发展的影响。
2. 讨论西方国家劳动关系的法治思维。

课后复习

1. 简述国外早期劳动关系的形成背景。
2. 简述工业革命对企业治理的影响。
3. 简述泰罗制对劳动关系管理的影响。
4. 简述行为科学理论对劳动关系管理的影响。

课后阅读材料

陈春花的《泰勒与劳动生产效率——写在〈科学管理原理〉百年诞辰》①。

① 陈春花. 泰勒与劳动生产效率：写在《科学管理原理》百年诞辰［J］. 管理世界，2011（7）：164-168.

第六章 劳动关系的参与者

■**本章重点**

1. 我国劳动关系的三方协商机制
2. 劳动关系各主体的权利义务
3. 工会的发展历史与主要职能
4. 政府在劳动关系中的角色

■**学习要求**

1. 掌握我国劳动关系的三方协商机制。
2. 掌握劳动关系各主体的权利义务。
3. 理解政府在劳动关系中的角色。

引导案例　温岭羊毛衫行业工资集体协商①

2002年6月，长屿羊毛衫制衣企业开始组织生产，招工时同外来劳动者只有口头协议。8月，羊毛衫行业协会为了克服行业不正当竞争，出台了计件指导价格，各企业均参照协会计件单价，公布自己企业的工资标准。于是，已做了两个多月的部分企业外来劳动者，对刚公布的计件单价不满意，员工采取停工停产，集体上访投诉的方式要求解决拖欠工资、提高计件单价等问题。正值羊毛衫的生产忙季，发生集体停工，给企业的生产经营带来严重的影响，同时也给社会稳定带来不安定因素。有的企业因停工，劳资双方矛盾不断激化；有少数组织停工的外来劳动者威胁不愿停工的人，劳动者之间争吵也时有发生。2002年8月27日至9月6日，来自新河镇长屿羊毛衫制衣行业的8家企业的168名外来劳动者，到市人事劳动社会保障局上访反映企业拖欠工资

① 李光永. 正式制度、基层政府与体制弹性：温岭劳资个案及其启示 [J]. 公共管理学报，2011 (3)：16-17.

问题，其中强盛公司40多名职工租面包车集体上访投诉。

2002年9月，温岭市常务副市长对羊毛衫行业工人停工、上访做出批示，要求市劳动部门迅速组织人员研究处理，做好稳定工作。市劳动局和新河镇相关部门对企业主和工人双方进行劝导，在达成了具体纠纷中劳资双方都认可的工资支付方案之后，市政府进一步指示市劳动局在制度上找出较为根本的、长期有效的方法以应对羊毛衫行业的劳资问题。

长效应对羊毛衫行业劳资问题，以及重新确定劳资双方接受的羊毛衫行业工价表，被提到市劳动关系协调委员会会议上。2003年5月，市劳动和社会保障局向市总工会提出共同应对长屿羊毛衫行业劳资矛盾。应对的方案是在“三方”框架内推进行业内的工资集体协商。2003年6月2日，市劳动关系协调委员会会议正式做出决定，由“三方”力量联合在新河镇促进羊毛衫行业开展工资集体协商，减少工资争议。

在市政府、新河镇政府的支持下，市劳动局、市总工会、新河镇劳动部门、新河镇总工会等部门共同协调企业主、工人双方开展工资协商工作。具体由新河镇总工会深入企业听取工人意见并与行业企业主交涉协商。然而，当镇总工会上门同企业协商羊毛衫行业工价问题时，企业并不配合镇总工会与之进行谈判。经办人员将上述情况向镇党委、镇政府汇报，镇领导非常重视。镇政府大力支持工会，召开了企业主代表恳谈会，指出工价重新协商的重要性，对部分表现消极甚至抵制的企业主做了大量细致的工作。

2003年6月13日，第一轮工资集体协商会议召开，企业主代表、工人代表到场展开工资集体协商。2003年8月8日，在6月、7月的三轮协商谈判的基础上，市劳动局、市总工会、新河镇政府、新河镇总工会、羊毛衫行业协会组织举行“职工工资集体协商签字仪式”。集体协商得到的协议工价在劳动部门备案，在工资发生纠纷时将其作为参考标准。

第一节　雇主组织与用人单位

一、雇主

雇主是劳动关系中相对于劳动者的劳动力使用者的称谓。雇主的概念可以界定为：现代劳动关系中代表资方负责管理和处理劳工事务的法人和自然人。在不同的国家和不同的时期，其概念表达也不相同，诸如资本家、企业主、雇主、企业家、经营者、使用者等。

雇主的法律特征有以下几点：

（1）雇主的基本特征为“聘用他人为其劳动”；

（2）凡是在劳资关系中代表资方或管理方处理有关劳资事务的人，均可称为雇主。

现代企业制度的产权和经营权的两权分离，使得劳动者在具体的劳动关系中，与财产所有者没有直接的联系，而是与经营者直接发生关系，其劳动权是与企业经营者行使的劳动管理权直接对应的。所以雇主的概念可以包括企事业业主、企事业的经营者和管理者及代表企事业业主处理劳资事务的其他人。

二、雇主组织

雇主组织是由用人单位依法组成的协会、联合会、商会等，其目的是根据一定的组织形式，使单个用人单位组合起来形成群体力量，维护用人单位利益，并努力调整用人单位与职工及与工会之间的关系。

雇主组织的形式多种多样，主要有以下三种类型：

第一，行业协会，即由某一行业企业组成的单一的全国性行业协会。很多国家将这种组织视为“经济”组织，因为这种行业协会不处理劳动关系，而主要负责行业规范、税务政策、产品标准化等事宜。但在其他一些国家，行业协会作为地区和国家级雇主组织的中间环节，直接参与劳资谈判，确定行业性的集体协议框架。

第二，地区协会，由某一地区的各种企业组成的地区性协会，代表该地区雇主的共同利益。这种协会一般与全国性雇主协会一样负责处理劳动关系等涉及雇主利益的事宜。

第三，国家级雇主联合会，由全国行业和地区雇主协会组成，也是通常所说的国家级雇主组织。它主要负责处理劳资关系各个方面的事务，包括与工会的关系、劳工政策、参与劳动立法、行政管理和仲裁，其中与工会协商劳资关系是主要工作。

早期的雇主组织，就其职能而言，主要是为了平衡与工会之间的力量对比，对抗工会对资方的冲击，从而维护雇主的整体利益。随着经济的发展和劳动关系趋向规范化和法制化，雇主组织的职能随之发生了变化，雇主组织同工会的对抗性的活动减少，而与工会在劳动关系方面的协商、谈判成为其主要职能。雇主组织的代表作用也在不断发生变化，重点转为参与立法和为会员提供所需要的服务。

雇主组织的作用具体表现在以下几个方面①：

（一）集体谈判

同工会进行谈判、签订集体协议、协调劳动关系，是雇主组织发展的最基本的原因，也是雇主最基本的功能和经常性的重要工作。如北欧国家几乎没有最低工资方面的立法，在正常情况下，政府也不干预劳动力市场，工资、工时、福利待遇、安全卫生等问题完全由劳资双方通过集体谈判、签订集体协议的形式进行自我调节。一般做法是先由全国性雇主组织和全国性工会组织代表各自的会员进行全国谈判，达成框架性协议，即基础协议，然后由各行业分会和地区分会与相对的工会进行谈判，达成各行业、地区的具体协议，有的企业还进行各自谈判，达成企业协议。基础协议对雇主和工会都具有法律约束力，因此，所有行业、地区或企业协议都必须遵守全国性基础协议中确定的原则，各项标准可根据行业、地区和企业的实际情况高于基础协议标准，低于基础协议标准的则视为无效或违法。在挪威，第一个基础协议于 1935 年订立，以后每 4 年修订一次，产业、地区和企业劳资双方根据基础协议的原则，每隔一年就修订一次各自的协议。瑞典一直以中央集体谈判和集体协议而闻名，但自 20 世纪 80 年代以来，为适应劳动力市场的竞争，这种中央集权的做法逐渐开始减少，像其他国家一样由全国雇主和工会组织达成基础协议，然后由行业、地区或企业达成各自的具体协

---

① 常凯. 劳动关系学［M］. 北京：中国劳动社会保障出版社，2005：22.

议。在丹麦，第一个基础协议签订于1889年，这是丹麦保持劳资关系一直较为稳定和国家经济不断繁荣的重要因素之一。

（二）参与立法和政策制定

雇主组织的另一个重要作用是参与劳动立法和政策制定。这主要体现在国家级雇主组织中，一般是通过在有关立法机构中吸收雇主组织代表参加来实现，在有的国家雇主组织是通过扮演游说角色来影响政府在立法和政策制定中的立场。另外，很多国家也采取通过雇主组织、工人组织参与的三方机制来制定有关政策，特别是国家级的政策制定一般通过定期召开的三方机构会议讨论确定。如芬兰，政府各部门下设300多个咨询性的专业委员会，由政府官员、工会和雇主组织代表及社会有关机构和团队的人员组成，就各自领域的问题进行经常性的磋商和协调。芬兰工业和雇主联合会几乎在所有的委员会指派了自己的专家，代表企业发表意见和要求。又如尼泊尔三方劳工咨询董事会、泰国国家劳工咨询委员会、孟加拉国家劳工事宜咨询委员会、马来西亚国家联合劳工咨询委员会和巴基斯坦国家三方劳工福利委员会等。新加坡建立的国家工资委员会，每年都发表指导性规定，以保持工资政策与经济政策相一致，保证工资增长符合经济的发展要求。

（三）提供法律服务

在某些国家，雇主组织另外的重要作用是在劳工法院或仲裁系统为会员提供法律服务。在某些国家雇主打官司是通过其雇主组织出庭或接受仲裁程序。这不是一个普通的角色，而是只有少数法律功能强大的雇主组织才能扮演这种角色。这些雇主联合会的法律服务功能非常强大，以至于很多人认为其是一家典型的法律公司。在一般的法律服务公司或律师事务所中，律师通常根据所处理案件的类型和性质收费。雇主们在需要雇主组织提供法律服务时，则以会费和出庭费的形式支付雇主联合会在劳动法律方面提供的特殊服务。雇主们之所以愿意通过雇主组织来处理劳工官司，是因为雇主可以从雇主联合会提供的法律服务中获得便利。

（四）培训服务

一般是雇主组织的培训机构为会员提供培训服务。如新加坡全国雇主联合会的培训项目被分为两部分——劳资关系培训课程和人力资源培训课程。培训机构有两个部分——企业培训中心和行政发展中心。企业培训中心可以满足初中级劳动力的需要，而行政发展中心则是为首席执行官和高级行政人员提供培训服务。新加坡全国雇主联合会既有内部培训员，也有一批外部培训员。马来西亚雇主组织最重要的服务包括培训服务，培训的内容主要包括劳动关系（劳动法、集体谈判、制定工资政策、劳动关系法规等）和人力资源发展（有效管理技巧、领导和劳动关系技巧、有效的时间管理、工作场所的职业安全与卫生等）。同时，马来西亚雇主组织还和国际劳工组织合作开展劳动关系证书培训。

显然，雇主组织的功能与作用不仅局限于以上方面，许多雇主组织还根据会员的需要开展各具特色的活动和服务。如有的雇主组织重视人力资源管理服务，特别是企业经理培训，包括向他们传授劳动关系知识、劳工法律、解决纠纷的方法等，并且围绕企业经营管理方面的知识对他们进行培训，如谈判技巧。新加坡全国雇主联合会独一无二的服务是 e-SNEF（电子新加坡全国雇主联合会）服务，它充分利用了信息技术发展的便利，通过网络提供一周 7 天、一天 24 小时不间断的服务。马来西亚雇主联合会最重要的一项调查活动是每年的行政和非行政人员工资、福利调查，调查结果由马来西亚雇主联合会公开出版发行。斯里兰卡雇主联合会则开展劳动力市场调查服务，及时为会员企业提供有关方面的劳动力市场信息。

准确理解雇主组织这一概念，需要把握以下两点：

（1）区分雇主组织与纯粹的行业协会。纯粹的行业协会不处理劳动关系，只关注本行业的营销、定价与技术革新等事务。而大部分雇主组织既具有雇主协会的功能，又兼有行业协会的功能；既负责处理劳动关系，也负责本行业生产事务。

（2）雇主组织是由企业法人而不是自然人组成的协会。雇主组织的存在能够增强其成员（各企业）与工会进行集体谈判的力量，因此在西方国家，雇主组织是随着工会组织的不断发展壮大而建立和发展的。

在中国，主要的雇主组织之一是中国企业联合会（简称中国企联）[①]。中国企联是经民政部核准注册登记的全国性社会团体法人，由各种所有制企业和有关经济、科研、新闻工作者及有关企业工作者团队组成。中国企联是非营利性社会组织，作为中国雇主组织代表，参与国家协调劳动关系三方机制的建立和国际劳工大会及国际劳工各项活动。依据中国法律和业务主管部门的要求，中国企联沟通企业与政府、企业与企业、企业与社会间的关系，为推进企业改革与发展、提高企业经营管理水平和企业竞争力、推进企业家（企业经营者）素质建设、增强企业家（企业经营者）遵纪守法意识、依法维护企业和企业家（企业经营者）合法权益等提供各项服务活动，并为培养一批有影响力的企业和社会主义企业家而努力。

三、用人单位

在我国，《劳动法》与《劳动合同法》中使用“用人单位”作为劳动关系中的劳动使用主体。

用人单位是指能够依法雇用职工的、具有独立法人地位的组织机构，如企业和事业单位。职工受雇或受聘于用人单位，并与用人单位签订劳动合同从而形成与用人单位的劳动关系。但是，用人单位是一个组织机构，不能真正行使其法人权利，只能通过其代理人（经营管理者）来行使其权利和履行其责任。用人单位应当依法建立和完善规章制度，保障劳动者享有劳动权利和履行劳动义务。

（一）用人单位的权利

在理论和实践上，用人单位的权利可以理解为以下几个方面：

1. 劳动指挥权

劳动指挥权是用人单位所拥有的核心权利。用人单位是生产资料的所有者，因此在生产过程中享有具有相对优势的指挥权，这也是保证生产经营正常运行和提高劳动生产率的必要前提。为此，用人单位的首要权利是根据本企业的实际情况制定各项规

---

① 冷明权，张智勇. 经济社团的理论与案例 [M]. 社会科学文献出版社，2004：122-124.

章制度和要求劳动者遵守的权利。

2. 奖惩权

奖惩权可以理解为用人单位实施劳动指挥权的延伸和补充，其中惩罚权是用人单位谋求企业生存、提高生产率和维持企业秩序的重要手段。一般法律中不对用人单位的奖励措施进行规定，而是由用人单位根据企业的具体状况和职工在生产过程中的表现来设计奖励措施和内容。

3. 人事权

用人单位可以根据需要依法录用、调动和辞退职工，任免企业行政干部，决定企业内部机构和岗位的设置，确保生产经营的正常进行。

（二）用人单位的义务

相对于用人单位的权利，用人单位在劳动关系中对职工负有更多的义务。

1. 平等雇用劳动者

就业是劳动者个别劳权的基础和前提，也是劳动者的其他权利在劳动关系中得以实现的条件。

2. 提供劳动报酬

劳动报酬是劳动者在劳动关系中享有的基本的、核心的权利，劳动者为了获得劳动报酬才与雇主缔结劳动关系，也是劳动者进入劳动关系的直接目的和追求。因此，作为雇用劳动者的代价，用人单位必须支付工资报酬。

3. 保证工人休息休假权

休息休假是关系劳动者本人及生命延续——劳动力再生产的基本权利。

4. 提供社会保险

社会保险是关系劳动者基本生活能否得到保障，以及社会能否发展和稳定的一项基本制度。社会保险的内容和范围在各国略有不同，但基本上涵盖生、老、病、伤、残等方面，并且一般由国家、用人单位和职工合理分摊。

5. 保证工人安全和健康

工人的安全和健康，既是一项重要的劳动者人权和人格权，也是用人单位维持正常生产和提高劳动生产率的必要条件。虽然工人的安全与健康涉及国家、用人单位和职工的共同责任，但工人的安全与健康直接与工作场所有关，所以，保护工人的安全与健康主要是用人单位的义务。

6. 提供职业培训

职业培训又称职业技能训练或就业训练，是劳动者为提高个人技能所必需的培训，也是社会生产过程中的客观要求。各国法律中都十分强调政府、用人单位和社会机构在职业培训中的作用，有些国家更明确地规定用人单位在提供职业培训方面的义务。

第二节 劳动者与工会组织

一、劳动者

劳动关系的劳动者是指在现代产业社会中受雇于他人，以劳动工资收入为基本收入来源的体力和脑力工作者。①

被聘用劳动关系中劳动者最主要的特点。被聘用表现为劳动的从属性和劳动的有偿性，具体表现为：劳动者受雇于个人、公司和机构，使用雇主提供的劳动工具或设备，在工作中根据上级的指挥或指令完成一定的生产或经营任务，由雇主付给劳动工资。按照这一标准，在现代社会生产过程中，有人尽管也从事着某种社会性的劳动，但只要不是作为受雇者而劳动，便不是劳动关系中的劳动者。所以，农民、个体劳动者、自由职业者、企业主，以及代表资产所有者并向其负责的经营管理人员，都不属于劳动关系中的劳动者。

除了被聘用，劳动者还应当具有一定的劳动能力，处于一定的劳动岗位，遵循一定的劳动规范并参与实际的劳动过程。②

（一）劳动者的权利

劳动者权利是劳动法律所规定的劳动者享有的合法权利。现代国家都以法律形式对于这些权利予以认可和保障。我国的《劳动法》明确了我国劳动者所享有的权利。

我国《劳动法》第三条规定：“劳动者享有平等就业和选择职业的权利、取得劳动报酬的权利、休息休假的权利、获得劳动卫生安全保护的权利、接受职业技能培训的权利、享受社会保险和福利的权利、提请劳动争议处理的权利以及法律规定的其他劳动权利。”这些权利属于个别劳权的范畴。

1. 劳动就业权

个别劳权是以劳动就业权为基础和前提的，即只有实现就业，劳动者的其他劳动权利才有可能在具体的劳动关系中实现，劳动者的其他劳动权利也是以就业权为基础展开的。劳动就业权具有以下法律特点：劳动就业权是劳动者个人的权利，这一权利由劳动者个人自行支配，他人不得干涉或代替行使；劳动者有劳动的自由，同时也有不劳动的自由，政府虽然鼓励人们积极参与劳动，但也不能实施强迫劳动。劳动就业权作为工作权，一般包括来两层含义：一层是自由工作或就业的权利，即平等就业权和自由择业权；另一层是请求提供有报酬的工作机会的权利，即职业保障权。

2. 劳动报酬权

劳动报酬权是劳动者在劳动关系中享有的基本的和核心的权利。劳动报酬是劳动关系中的劳动者因付出劳动而获得的以工资为基本形式的物质补偿，是必要劳动的特殊形态。劳动报酬权有两项法律特点：一是这一权利在劳动关系中具有债权性质，即

---

① 常凯. 劳动关系·劳动者·劳权：当代中国的劳动问题［M］. 北京：中国劳动出版社，1995：6.

② 谭泓. 劳动关系：社会和谐发展的风向标［M］. 北京：人民出版社，2011：4.

雇主必须支付给劳动者以工资报酬；二是这一权利是劳动者生存权的基本内容之一，因而具有特别重要的意义。劳动报酬问题是个别劳动关系中最重要的问题。

3. 休息休假权

休息休假权实质上是劳动者的健康权和生命权，是关系劳动者本人及生命延续的基本人权。劳动者生存的物质前提是健康和生命。为了保证劳动者的健康和生命，必须对劳动者的劳动时间和劳动强度有所限制，保证劳动者为恢复体力、料理家务、繁衍后代享有充分的休息休假时间。休息休假和工作时间直接相关。工作时间是指劳动者在工作单位必须用来完成工作任务所要付出的时间。限制劳动时间是劳动者休息休假权利的重要内容。劳动时间的确定主要依据两方面原则：一是保证劳动者健康，二是劳动者能够完成相当量的生产任务。这两个方面，都受到历史和社会因素的制约。

4. 社会保险权

社会保险权是公民社会保障权的一部分。社会保险权是指劳动者由于年老、疾病、失业、伤残、生育等原因失去劳动能力或没有正常的劳动收入来源时，通过国家社会保险制度获得物质帮助的权利。从性质上说，《中华人民共和国社会保险法》（以下简称《社会保险法》）是社会保险权利保障法，它的直接目的是保障劳动者的社会保险权利。社会保险作为劳动者的一项重要权利，是现代社会发展的客观要求，也是社会公平价值在法律中的体现。劳动者的社会保险权，主要包括失业保险权、养老保险权、工伤保险权、疾病保险权和生育保险权等。

5. 劳动安全卫生权

劳动安全卫生权是指劳动者在劳动过程中，为保证自己的生命和身心健康，获得在工作场所的职业安全和卫生保护的权利。劳动安全卫生权是涉及劳动者生命健康的一项重要的劳动者人权，就权利性质而言，首先是劳动者人身权。《劳动法》中，对于职业灾害，采用是“非过失责任原则”，即劳动者在生产过程中生命健康受到侵害时，即使雇主没有过失，也要承担一定的赔偿责任。劳动者的劳动安全卫生权的具体标准是由国家颁布的劳动基准法确定的。

6. 职业培训权

职业培训权是指在劳动关系中的劳动者享有在准备就业和实现就业过程中，为提高个人的技术技能而参加国家和企业举办的各种职业培训的权利。市场经济条件下的职业培训权是与劳动者劳动就业权联系在一起的，这一权利的行使是为了确保劳动力市场的劳动者就业，这一权利主体的相当部分是劳动力市场中有劳动意愿及能力，但没有工作的劳动者。劳动者职业培训权是由国家强力保障，并由政府有关部门和雇主承担实施义务的劳动基准权利。

7. 劳动争议提请处理权

劳动争议提请处理权是指劳动者在遇到劳动争议时，为保障自己的合法权益，享有向行政部门、劳动争议处理部门和司法部门提出和申请依照法定程序公正处理的权利。劳动争议提请处理权是一项特别的诉权，即劳动诉权。劳动争议提请处理权是在劳动者权利受到侵害时，为请求公力救济而行使的一种请求权。劳动争议提请处理权的提出确定了劳动者是劳动诉讼的独立主体，确定了劳动者诉讼的法律地位，确定了劳动者的合法权益可以通过公法救济来得到保障。

（二）劳动者的义务

劳动者作为劳动关系的主体，既享有权利，同时又承担着义务。我国《劳动法》在规定劳动者权利的同时，也对劳动者的义务做了明确规定："劳动者应当完成劳动任务，提高职业技能，执行劳动安全卫生规程，遵守劳动纪律和职业道德。"概括而言，劳动者在劳动关系中的义务主要有：

1. 完成劳动任务的义务

这是劳动者基本的义务。劳动者应当在约定的时间和地点，遵守劳动使用者的指示完成约定的工作内容。原则上，劳动者应当亲自履行给付劳动的义务，不得由他人代为履行，这是因为劳动关系具有人身关系。劳动给付的方式与范围受到劳动基准法、集体合同、劳动合同的限制。如果劳动使用者的要求是出于恶意，或者违反法律法规、善良风俗的，劳动者没有服从的义务；如果劳动使用者要求劳动者从事的劳动超出约定范围的，劳动者可以拒绝，但是如果有紧急情形或者职业上有特别习惯的，劳动者不能拒绝其所能给付的劳动，劳动的时间与地点的约定，不能违反劳动基准法、集体合同的规定；劳动使用者不能任意要求劳动者改变工作地点，否则劳动者有权拒绝。

2. 忠实的义务

这是基于劳动关系的身份性质而产生的。劳动关系不仅是指双方之间的财产交换关系，而且还包括双方之间的人身信任关系。因此，在劳动关系中特别强调双方当事人都应当遵守诚实信用、职业道德原则，尽力维护对方的利益。劳动的重视义务有三方面的内容。一是服从义务。劳动使用者对劳动者有指挥监督的权利，劳动者应当服从劳动使用者的指令，包括劳动力使用者依法制定的企业内部规则和劳动纪律规定。当然，如果劳动力使用者的指令违反法律法规，则劳动者没有服从的义务。二是保密义务。劳动者对于在工作中所了解到的劳动使用者的商业秘密和个人隐私负有保密的义务，不得泄露给第三人。劳动者自己也不得利用此类秘密经营与劳动使用者有竞争关系的业务。三是增进义务，即劳动者对于其所承担的工作，应当足够的注意而适当履行，所获得的利益应当全部返回给劳动使用者。劳动者不能收受贿赂或者损害劳动使用者而获得利益。

二、工会组织

（一）集体劳权

我国劳动者依法享有集体劳权。我国《劳动法》第七条规定："劳动者有权依法参加和组织工会。工会代表和维护劳动者的合法权益，依法独立自主地开展活动。"《劳动法》第八条规定："劳动者依照法律规定，通过职工大会、职工代表大会或者其他形式，参与民主管理或者就保护劳动者合法权益与用人单位进行平等协商。"《劳动法》第三十三条规定："企业职工一方与企业可以就劳动报酬、工作时间、休息休假、劳动安全卫生、保险福利等事项，签订集体合同。集体合同草案应当提交职工代表大会或者全体职工讨论通过。集体合同由工会代表职工与企业签订；没有建立工会的企业，由职工推举的代表与企业签订。"

这些权利规定属于集体劳权的范畴。集体劳权包括团结权、集体谈判权、民主参与权和集体争议权。

1. 团结权

团结权一般是指劳动者为实现维持或改善劳动条件的基本目的而结成暂时或永久的团体，并使其运作的权利，具体是指劳动者组织工会并参加其活动的权利。

2. 集体谈判权

集体谈判权是指劳动者集体为保障自己的利益，通过工会或其代表与雇主就劳动条件和就业条件进行协商谈判，并签订集体合同的权利。

3. 民主参与权

民主参与权是指劳动者参与企业和社会管理的权利。参与权是对管理权的一种分享，更注重劳资双方的共同利益和劳资合作。

4. 集体争议权

集体争议权又称集体行动权或工业行动权，是指劳资关系双方在劳动关系中为实现自己的主张和要求，依法采用阻碍企业正常运营手段集体对抗行为的权利。

（二）工会的概念

工会是雇员建立起来的，通过集体谈判改善雇员地位、工资水平与就业条件的组织。关于工会最经典的是韦伯夫妇（Sidney Webb and Beatrice Webb）在《英国工会运动史》中下的定义："工会是由工人组成的旨在维护并改善其工作条件的持续性组织。"[①] 詹姆斯·坎尼森认为，工会是"工人的垄断性组织，它使单个的劳动者能够相互补充。由于劳动者不得不出卖自己的劳动力从而依附于企业，因此工会的目标就是要增强工人在与企业谈判时的力量"[②]。中国工会一直强调"工会是职工自愿结合的工人阶级的群众组织"。2001 年修改的《工会法》则在此基础上明确"中华全国总工会及其各工会组织代表职工的利益，依法维护职工的合法权益"。

（三）工会的作用

1. 平衡劳资关系的职能

工会是市场经济中劳动关系矛盾冲突的产物。冲突的内容在于特定工作场所中劳动与资本的分配关系与管理关系，而冲突的根源则在于单个劳动者与企业间不平衡的劳资关系。工会是作为与资本相抗衡的职工组织而产生和存在的，其作用正是在于平衡劳资双方的力量，在于使劳资冲突的解决走向制度化。因而，工会是劳动关系在市场经济制度化下运行的产物。

2. 维护职工权益的职能

（1）工会是一个利益团体，是为其会员谋取利益的权利维护团体。这些权益包括经济权益，也包括政治权益和人身权益。正因为工会是会员职工权益的维护团体，工会存在的目的是改善劳动者的劳动条件和生活条件。因此，工会的首要职能是为会员谋取薪酬福利、工作安全、就业保障等经济利益。

（2）参与民主管理的职能。职工因为需要有组织地与企业进行交涉而建立工会，

① 韦伯夫妇. 英国工会运动史［M］. 北京：商务印书馆，1959：4.

② CUNNISION J. Labor Organization［M］. London：Sir Isaac Pitman & Sons，1930：13.

西方工会大多以集体谈判作为谋取职工利益的基本手段，集体谈判也因此成为以工会为主体一方的集体劳动关系的核心运行机制。在此基础上，工会还具有通过其他民主参与途径促进劳动者实现民主管理的政治职能。

（3）代表会员职工意志的职能。几乎所有国家的法律强调工会组织是由职工自愿结合而成的。自愿性一般理解为特定工作场所的职工自主地建立或选择某个工会作为自己的代表。职工对是否成立工会或对是否选择某一工会出现分歧时，往往要依照相关法律规定通过工会承认程序，以保障职工对工会的民主选择权利，从而确保工会能真正代表职工的意志和利益。

（四）工会履行职责的方式

关于工会履行职责方式的划分，最经典的是“韦布五分法”，即把工会的行为方式划分为互保互助、集体谈判、直接行动、劳动立法和政治行动。

1. 互保互助

工会主要以互保互助的方法向会员提供各项福利，工会从管理的基金中提取费用，向会员提供医疗、教育、娱乐、住房等方面的福利待遇。工会经费来源主要有以下几个方面：①工会会员缴纳的会费；②建立工会组织的企业、事业单位、行政机关每月按照全部职工工资总额的一定比例向工会拨缴的经费；③工会所属的企业、事业单位上缴的收入；④政府的补助；⑤其他收入。

2. 集体谈判

集体谈判时工会为签订集体合同，与用人单位或雇主协会或行业协会交涉、协商，确定薪酬。参与社会保险、福利、工时、工作条件等有关劳动标准和劳动关系事务的活动，是工会为会员争取经济利益的最直接的方式。在谈判的过程中，可能会出现以下两种情况：一是劳资双方互相妥协，较快地达成一致，并签订集体合同；二是谈判失败，陷入僵局，双方互相不妥协，此时可以由劳资双方都可以接受的第三方出面调解，如果调解不成，工会可以采取直接行动。

3. 直接行动

直接行动是指互保互助和集体谈判都不能有效发挥作用时，工会将采取罢工、罢市、强制措施等方式来维护会员的利益。目前，世界上大多数国家都规定，在经过调解后，仍不能达成协议的，工会举行罢工或罢市是合法的。但是，各国在承认其合法性的同时，又规定了许多限制性的条件。例如，德国政府规定，采取“直接行动”是工会的合法权益，但是只有当“直接行动”的目的是达成集体协议时，“直接行动”才是合法的。又如，美国政府规定，在铁路和航空业发生的争议必须由政府部门先行调解。如果当事人对调解结果都不满意，则此争议将交由总统指定的 3 人紧急小组在 30 天内提出解决争议的建议。在此期间争议双方必须继续履行原有合同或执行部门的调解方案，不得采取罢工行为。我国 1949 年颁布的《宪法》没有规定“罢工权”。1975 年《宪法》首次规定，公民有罢工的自由；1982 年修订的《宪法》取消了“罢工自由”的规定。到目前为止，我国《宪法》《工会法》《劳动法》都没有赋予劳动者和工会罢工的权利，甚至在《集体合同规定》中规定，任何一方不得有过激行为。但是，在某些特殊情况下，允许劳动者有权“停止作业”“有权拒绝执行”。

4. 劳动立法

工会通过劳动立法、监督法律执行等方式保护会员的利益，促进工会的发展。工会在劳动立法方面的作用有两个主要方面。一方面，工会积极地游说政府，力求颁布有利于工会、有利于劳动者的劳动法案。中国社会科学院专家郑秉文认为，法国工会在保障劳动者权益方面起了重要而不可替代的作用。法国现行的每一项福利政策背后几乎有工会的身影。例如，法国的5周带薪休假就是工会争取劳工权益的结果；最低工资的上调也常常依赖于工会的推动。另一方面，工会还负责监督相关法令的执行情况。工会在进行劳动法律监督方面依法享有以下权利：①对用人单位执行劳动法律法规的情况进行监督；②参与调查、处理劳动保护、安全卫生问题；③提出意见，要求改正；④要求政府劳动监察部门进行处理；⑤支持职工依法举报、控告；⑥舆论监督。

5. 政治行动

工会还有政治行动的职责和要求。政治行动是指工会以参与政治活动的方式来实施劳动者权益的保护。工会的政治行动主要有两个方面：一方面，工会通过向政府和立法机构施加压力，促使其颁布保护劳动者权益的法律、法规；另一方面，建立政党或加入代表工人阶级利益的政党。例如，由英国全国总工会成立的工党与英国保守党轮流执政，每当工党上台都将采取积极的措施来维护工人阶级的利益。

（五）我国工会的职责

根据《工会法》，工会的职责就是工会的权利和义务。《工会法》所规定的工会的权利和义务，在表现形式上有其特殊之处，工会的权利常常同时就是工会的义务。例如，维护职工合法权益是工会的基本权利，同时也是工会的基本义务。

依据《工会法》的规定，工会的职责归纳起来主要有以下10种①：

（1）工会组织和教育职工，通过各种途径和形式，参与管理国家事务，管理经济和文化事务，管理社会事务，协助人民政府开展工作。国家机关起草法律、法规、规章时，县级以上各级人民政府制定国民经济和社会发展计划或者制定政策措施时，凡涉及职工切身利益的，均应听取同级工会意见。县级以上各级总工会可以为所属工会和职工提供法律服务。

（2）县级以上各级人民政府可以通过会议等形式，向同级工会通报重要工作部署和与工会有关的行政措施，听取意见。各级政府劳动行政部门应会同同级工会和企业方面代表，建立劳动关系三方协商机制，研究解决劳动关系方面的重大问题。

（3）工会通过平等协商和集体合同制度，协调劳动关系，维护职工权益。

（4）工会帮助、指导职工与企业签订劳动合同。

（5）企业如有克扣职工工资、不提供劳动安全条件、随意延长劳动时间、侵犯女职工和未成年工特殊权益等违反劳动法律、法规的行为，工会有权要求其改正，必要时刻请求政府处理。工会有权参加职工因工伤亡事故等的调查处理。

（6）工会参加企业的劳动争议调解工作；派代表参加同级地方劳动争议的仲裁活动；职工申请劳动争议仲裁或向人民法院起诉的，工会应当给予支持和帮助。

（7）企业发生停工、怠工事件，工会应当代表职工同所在单位或有关方面协商，

① 陈维政，李贵卿，毛晓燕. 劳动关系管理：理论与实务［M］. 2版. 北京：科学出版社，2017：6.

并提出解决意见；对于职工的合理要求，企业应予解决；工会协助尽快恢复生产、工作秩序。

（8）对于建立工会组织的企业，无正当理由拖延或拒不按照每月职工工资总额的2%向工会拨缴经费者，工会可向法院申请强制执行。

（9）工会对违反《工会法》并侵犯其合法权益的，有权提请政府或有关部门予以处理，或向法院提起诉讼。

（10）工会应动员和组织职工积极参加经济建设，完成生产任务和工作任务；教育职工提高思想道德水平、技术业务和科学文化素质，加强劳动纪律管理；协助所在单位办好职工集体福利事业，做好工资、劳动安全和社会保险工作；支持企业依法行使经营管理权。

第三节 政府

在我国的理论和实践中，政府有广义和狭义之分。狭义的政府仅指中央政府、地方政府及各级行政机关；广义的政府在中国指党的领导机构，中央和地方的全部立法、行政、司法和官僚机关。政府是一个国家为维护和实现特定的公共利益，按照区域划分原则组织起来的、以暴力为后盾的政治统治和社会管理组织。这里的政府不仅包括广义上的立法、司法和行政机关，在中国还应该包括党的系统，包括官方的意识形态和文化教育系统。政府的行为主要发生在公共领域，为维护公共秩序可以合法使用暴力。①

在政府与劳动关系的基本理论中，狭义的政府是指劳动行政部门的行政职能，而广义的政府则包括立法与司法。

一、政府在劳动关系中的角色

政府在劳动关系中的主要角色有保护者、促进者、调停者、规划者和雇主五种，如表 6-1 所示。

表 6-1 政府在劳动关系中的主要角色

编号	角色名称	主要业务内容	政府应采取的态度
1	保护者	劳动合同 劳动标准 劳工保险 劳工福利 劳工教育 劳动安全卫生 劳动监察	积极、主动

① 杨光斌. 中国政府与政治导论［M］. 北京：中国人民大学出版社，2003：122，191.

表6-1(续)

编号	角色名称	主要业务内容	政府应采取的态度
2	促进者	工会组织 集体谈判 雇员参与 分红入股	中立
3	调停者	劳动争议处理	中立
4	规划者	职业培训 就业服务 失业保险 人力资源规划	积极、主动
5	雇主	公共事业	合法化、企业化、民主化

1. 劳动者的保护者或管理者

首先，政府保护劳动者的基本权利，包括劳动合同、劳动标准、劳工保险、劳工福利、劳工教育及劳动安全卫生等。其次，政府对集体协商进行监督，包括事前监督、过程监督和结果监督。政府对订立集体合同进行审查，检查其条款是否符合国家法律、法规，合同订立程序是否合法；确认和处理无效集体合同；查处违法集体合同等。政府监察最低劳动标准及劳动安全卫生的执行情况，因此，劳动监察是政府的第一个角色衍生出的重要任务。

2. 集体谈判与雇员参与的促进者

政府采取不同的方针政策积极促进劳动关系双方自行谈判与对话，使他们在政府制定基本规则和基本劳动标准的基础上发展合适的劳动条件，政府不宜进行过多干预。此外，分红和员工持股也是促进工业民主和雇员参与的重要手段，政府应该以促进者的角色促其实现。

3. 劳动争议的调停者

政府的第三个角色是劳动争议的调停者，有时也是调解者或仲裁者。劳动争议是工业社会的自然现象，因此，政府必须建立一套迅速而有效的劳动争议处理制度。

4. 就业保障与人力资源的规划者

政府的第四个角色是规划者，为全体劳动者建立一套就业保障体系。就业保障体系包括三大支柱：职业培训、就业服务和失业保险。在职业培训方面，政府除了确定有效的培训途径外，还需要关注培训前后的工作。培训前应该推进培训的市场化，以就业服务为指导思想，获取劳动力市场需求信息，从而确保对劳动者进行有针对性的培训；培训后保证培训的质量。在就业服务方面，政府应建立权威性的、全国统一的劳动力供求信息搜寻与整理系统及其管理制度，提供劳动力市场指导价格，建立失业预警监测，创造公平就业环境。在失业保险方面，政府应完善失业保险制度，这既是政府保护劳动力再生产的必然要求，也可以促进劳动力流动，活跃劳动力市场。在当今市场化竞争日趋激烈的社会，政府要在人力资源规划方面进行整体设计，做到人尽其才。

5. 公共部门的雇主

公共部门的雇员包括政府与地方公务人员及国有企业的雇员，其规模和人数在各国不尽相同，但都占相当大比重。政府作为公共部门的雇主，应该创造合法、合理的劳动条件。

政府在扮演上述五种角色时，作为保护者和规划者，应该积极主动地完成任务；作为促进者和调停者，应该采取中立和不过多干预的态度；作为雇主，必须真正成为私营企业的表率，合法化、企业化和民主化是对其的基本要求。

二、政府在劳动关系中的作用

政府在制定劳动力市场政策、维护社会正义和处置产业冲突方面有重要作用。

（一）制定劳动力市场政策

政府在制定劳动力市场政策方面的职能是通过调整工资水平、就业水平和就业结构来提高生产率、降低成本，从而增强本国的国际竞争力。近20年来，一方面，工资水平不断上升；另一方面，随着生产力水平的提高，就业结构从制造业向服务业转变，对熟练工人的需求减少等因素导致失业率普遍上升。对此，各国的政策导向决定了其劳动力市场的战略重点，即应该优先考虑工资分配问题还是就业问题。

1. 失业政策

失业政策可分为两种：以提供失业津贴为主的消极的失业政策，以及提供资金为失业者提供培训或创造新工作岗位的积极的失业政策。进入20世纪80年代，由于失业率普遍上升，消极的失业政策增加了雇主和雇员双方的负担，从而影响到劳动成本，降低了企业竞争力，企业进行裁员，最终失业者更多。采取积极的失业政策是各国根本性的处理方案，但各国做法各不相同。以英、美为主的政府信奉自由放任主义理论，通过降低津贴和提高领取条件促进失业者接受临时兼职或低收入工作；而以法、德为主的政府信奉社团主义，主张企业培训在职员工，以适应经济与技术变革，青年与失业者由国家统一培训。

2. 收入政策

政府除了采取财政和货币政策对收入分配进行宏观调整外，还可以通过直接管制集体谈判确定工资水平，即通过限制工资增长来控制劳动力成本和物价水平。

（二）维护社会正义

政府通过颁布与劳动保护相关的法律和制度来反对就业歧视、实现公平报酬、加强安全卫生等，以维护市场的社会正义，具体如下：

一是最低工资立法。最低工资立法最能体现社会正义，通过确定最低工资率、加班津贴和禁止使用儿童工等措施保证每个员工得到相应合理的报酬，以满足生活需要。

二是社会倾销。社会倾销是指跨国公司利用各国劳动力市场的差别将本国就业机会转移到国外以获得更大的利润。劳动力作为企业与国家竞争力的重要组成部分主要表现为：雇员工资；间接劳动力成本，如工时、节假日、小额福利和安全卫生条款等；社会附加成本，如社保交费、冗员解雇成本；等等。随着全球化的进一步发展，各国对社会倾销现象达成共识，通过国际合作共同保护劳动者权利，协调社会附加成本，共同促进就业。

（三）处置产业冲突

一方面，政府在确定合法产业行动的边界范围和合法产业行动的程序规定的基础上保护员工的罢工权；另一方面，政府对电力、天然气、水、医疗、教育、交通等涉及公共利益的部门的工会罢工权予以严格限制，通过强制仲裁解决冲突或要求工会在罢工期间必须提供最基本服务。多数政府认为，由于产业冲突对社会带来破坏作用，因此政府作为中立的第三方能够为维持良好的劳动关系提供调解和仲裁，以避免产业冲突的发生。

三、我国政府在劳动关系中的作用

我国正处在社会转型期，劳动关系已经发生了深刻的变化，迫切要求政府及时找准自身在劳动关系中的角色定位，对劳动关系实行政府干预，以维护劳动者的合法权益。总结、借鉴其他国家政府在调整劳动关系方面的成功经验，建立健全我国的劳动关系法律制度、加强政府的执法和监督力度，支持组建强有力的工会，将劳动者组织起来、切实维权，并对政府工作实施群众监督。这是今后我国政府在劳动关系领域应该着力履行的工作职责。

目前，我国政府在劳动关系中的作用主要表现在以下几个方面：

1. 加快和谐劳动力关系的法制建设

我国是中国共产党领导的社会主义国家，要求政府的劳动法必须以建立和谐的劳动力关系为价值取向。政府既要积极参与劳动立法并提出建议，又要针对劳动关系失衡状况，颁布相关劳动行政法规，以规范劳动关系，使劳资双方和各项劳动事务都有法可依。政府要尽快出台劳动法单行法律，形成较完善的劳动法律体系，扩大《劳动法》的适用范围，并且进一步明确和强化法律责任。当前，政府要支持在地方或基层做好以下工作：全面推行以劳动合同和平等协商集体合同制度为主要内容的职工劳动权益维护制度，坚持和发展以职工代表大会制度为基本形式的职工民主管理制度，建立和完善劳动关系三方协调机制，努力构建新型的、以劳动争议调解为重点的联合维权机制。

2. 支持建立力量强大的工会组织

劳动者合法权益的表达和维护，只有通过工会组织，才能从自发盲动走向组织有序，从而保证社会运转的秩序和理性。同时，我国要努力推进执行平等协商、集体合同制度等维护劳动者合法权益的基本制度，并建立健全协商谈判的救济制度，提高工会组织的维权能力。

3. 加大劳动关系的宏观调控力度

首先，在劳动力市场调节方面，政府需调节劳动力市场供需，通过就业政策，包括运用税收和货币手段，调节劳动力的需求；通过人力资源政策，包括开展职业预测、职业培训和再培训，调节劳动力的供给，从而力求实现充分就业条件下的市场均衡目标。其次，在调节劳动力市场的运行方面，政府应通过调节工资价格变动的工资政策、就业服务政策、社会保险制度，以及保证公平就业和公平报酬的反歧视政策和劳动保护等，保护劳动者的经济利益、就业权利和就业条件，保证劳动力市场的正常协调运行；要通过三方协商机制，对工资等问题规定最低标准和增长指导线，以避免不同行业、企业之间的差距悬殊影响劳动关系的稳定。最后，在稳定社会福利制度方面，政府应通过建立社会保障、社会救助和福利补贴，以及调节收入的税收政策，改善劳动者生活，缩小贫富差距，推动劳动关系的稳定发展。

4. 支持劳动争议的调解、仲裁和诉讼

政府要鼓励和支持劳动关系双方尽可能通过调解和仲裁程序解决劳动争议，进入诉讼程序要努力促进公正裁判，避免出现激烈的冲突；通过制度的完善达到降低仲裁或诉讼成本的目的。政府对弱势群体的劳动争议仲裁和诉讼应当实施救助，在财力上支持工会建立困难职工法律援助制度。

5. 加强政府的执法和监督力度

政府要坚决贯彻《劳动保障监察条例》，确保劳动监察机构在劳动执法中行使调查权、审核权、请求协助权等诸项权利，尤其是要强化对违法行为的处罚权利；加快健全省、市、县三级劳动保障监察机构，有条件的地方应向街道、乡镇和社区延伸，充实人员队伍，保证工作经费，完善劳动保障法律监督检查网络；定期对企业进行劳动合同、社会保险、安全生产等方面的监督和检查，发现企业有违法用工和存在安全隐患的，要给予一定的行政处罚，使企业能够自觉执行劳动法规，将劳动争议扼杀在萌芽状态；要强化对劳动执法权的监督和制约，保证这一权力落到实处并得到正确的行使，包括强化劳动监察组织内部的监督和发挥工会的民主监督作用。

课堂讨论

1. 讨论三方协商机制对调整劳动关系的作用。
2. 讨论市场经济下政府的职能及作用。
3. 讨论用人单位和劳动者的权利义务。

课后复习

1. 简述劳动政策制定的重要性。
2. 简述工会的性质与作用。
3. 简述雇主组织性质与作用。

课后阅读材料

中共中央 国务院关于构建和谐劳动关系的意见

（2015 年 3 月 21 日）

为全面贯彻党的十八大和十八届二中、三中、四中全会精神，构建和谐劳动关系，推动科学发展，促进社会和谐，现提出如下意见。

一、充分认识构建和谐劳动关系的重大意义

劳动关系是生产关系的重要组成部分，是最基本、最重要的社会关系之一。劳动关系是否和谐，事关广大职工和企业的切身利益，事关经济发展与社会和谐。党和国家历来高度重视构建和谐劳动关系，制定了一系列法律法规和政策措施并做出工作部署。各级党委和政府认真贯彻落实党中央和国务院的决策部署，取得了积极成效，总体保持了全国劳动关系和谐稳定。但是，我国正处于经济社会转型时期，劳动关系的主体及其利益诉求越来越多元化，劳动关系矛盾已进入凸显期和多发期，劳动争议案件居高不下，有的地方拖欠农民工工资等损害职工利益的现象仍较突出，集体停工和群体性事件时有发生，构建和谐劳动关系的任务艰巨繁重。

党的十八大明确提出构建和谐劳动关系。在新的历史条件下，努力构建中国特色和谐劳动关系，是加强和创新社会管理、保障和改善民生的重要内容，是建设社会主义和谐社会的重要基础，是经济持续健康发展的重要保证，是增强党的执政基础、巩固党的执政地位的必然要求。各级党委和政府要从夺取中国特色社会主义新胜利的全局和战略高度，深刻认识构建和谐劳动关系的重大意义，切实增强责任感和使命感，把构建和谐劳动关系作为一项紧迫任务，摆在更加突出的位置，采取有力措施抓实抓好。

二、构建和谐劳动关系的指导思想、工作原则和目标任务

（一）指导思想。全面贯彻党的十八大和十八届二中、三中、四中全会精神，以邓小平理论、“三个代表”重要思想、科学发展观为指导，深入贯彻习近平总书记系列重要讲话精神，贯彻落实党中央和国务院的决策部署，坚持促进企业发展、维护职工权益，坚持正确处理改革发展稳定关系，推动中国特色和谐劳动关系的建设和发展，最大限度增加劳动关系和谐因素，最大限度减少不和谐因素，促进经济持续健康发展和社会和谐稳定，凝聚广大职工为实现“两个一百年”奋斗目标、实现中华民族伟大复兴的中国梦贡献力量。

（二）工作原则

——坚持以人为本。把解决广大职工最关心、最直接、最现实的利益问题，切实维护其根本权益，作为构建和谐劳动关系的根本出发点和落脚点。

——坚持依法构建。健全劳动保障法律法规，增强企业依法用工意识，提高职工依法维权能力，加强劳动保障执法监督和劳动纠纷调处，依法处理劳动关系矛盾，把劳动关系的建立、运行、监督、调处的全过程纳入法治化轨道。

——坚持共建共享。统筹处理好促进企业发展和维护职工权益的关系，调动劳动关系主体双方的积极性、主动性，推动企业和职工协商共事、机制共建、效益共创、利益共享。

——坚持改革创新。从我国基本经济制度出发，统筹考虑公有制经济、非公有制经济和混合所有制经济的特点，不断探究和把握社会主义市场经济条件下劳动关系的规律性，积极稳妥推进具有中国特色的劳动关系工作理论、体制、制度、机制和方法创新。

（三）目标任务。加强调整劳动关系的法律、体制、制度、机制和能力建设，加快健全党委领导、政府负责、社会协同、企业和职工参与、法治保障的工作体制，加快形成源头治理、动态管理、应急处置相结合的工作机制，实现劳动用工更加规范，职工工资合理增长，劳动条件不断改善，职工安全健康得到切实保障，社会保险全面覆盖，人文关怀日益加强，有效预防和化解劳动关系矛盾，建立规范有序、公正合理、互利共赢、和谐稳定的劳动关系。

三、依法保障职工基本权益

（四）切实保障职工取得劳动报酬的权利。完善并落实工资支付规定，健全工资支付监控、工资保证金和欠薪应急周转金制度，探索建立欠薪保障金制度，落实清偿欠薪的施工总承包企业负责制，依法惩处拒不支付劳动报酬等违法犯罪行为，保障职工特别是农民工按时足额领到工资报酬。努力实现农民工与城镇就业人员同工同酬。

（五）切实保障职工休息休假的权利。完善并落实国家关于职工工作时间、全国年节及纪念日假期、带薪年休假等规定，规范企业实行特殊工时制度的审批管理，督促企业依法安排职工休息休假。企业因生产经营需要安排职工延长工作时间的，应与工会和职工协商，并依法足额支付加班加点工资。加强劳动定额定员标准化工作，推动劳动定额定员国家标准、行业标准的制定修订，指导企业制定实施科学合理的劳动定额定员标准，保障职工的休息权利。

（六）切实保障职工获得劳动安全卫生保护的权利。加强劳动安全卫生执法监督，督促企业健全并落实劳动安全卫生责任制，严格执行国家劳动安全卫生保护标准，加大安全生产投入，强化安全生产和职业卫生教育培训，提供符合国家规定的劳动安全卫生条件和劳动保护用品，对从事有职业危害作业的职工按照国家规定进行上岗前、在岗期间和离岗时的职业健康检查，加强女职工和未成年工特殊劳动保护，最大限度地减少生产安全事故和职业病危害。

（七）切实保障职工享受社会保险和接受职业技能培训的权利。认真贯彻实施社会保险法，继续完善社会保险关系转移接续办法，努力实现社会保险全面覆盖，落实广大职工特别是农民工和劳务派遣工的社会保险权益。督促企业依法为职工缴纳各项社会保险费，鼓励有条件的企业按照法律法规和有关规定为职工建立补充保险。引导职工自觉履行法定义务，积极参加社会保险。加强对职工的职业技能培训，鼓励职工参加学历教育和继续教育，提高职工文化知识水平和技能水平。

四、健全劳动关系协调机制

（八）全面实行劳动合同制度。贯彻落实好劳动合同法等法律法规，加强对企业实行劳动合同制度的监督、指导和服务，在用工季节性强、职工流动性大的行业推广简易劳动合同示范文本，依法规范劳动合同订立、履行、变更、解除、终止等行为，切实提高劳动合同签订率和履行质量。依法加强对劳务派遣的监管，规范非全日制、劳务承揽、劳务外包用工和企业裁员行为。指导企业建立健全劳动规章制度，提升劳动用工管理水平。全面推进劳动用工信息申报备案制度建设，加强对企业劳动用工的动态管理。

（九）推行集体协商和集体合同制度。以非公有制企业为重点对象，依法推进工资集体协商，不断扩大覆盖面、增强实效性，形成反映人力资源市场供求关系和企业经济效益的工资决定机制和正常增长机制。完善工资指导线制度，加快建立统一规范的企业薪酬调查和信息发布制度，为开展工资集体协商提供参考。推动企业与职工就工作条件、劳动定额、女职工特殊保护等开展集体协商，订立集体合同。加强集体协商代表能力建设，提高协商水平。加强对集体协商过程的指导，督促企业和职工认真履行集体合同。

（十）健全协调劳动关系三方机制。完善协调劳动关系三方机制组织体系，建立健全由人力资源社会保障部门会同工会和企业联合会、工商业联合会等企业代表组织组成的三方机制，根据实际需要推动工业园区、乡镇（街道）和产业系统建立三方机制。加强和创新三方机制组织建设，建立健全协调劳动关系三方委员会，由同级政府领导担任委员会主任。完善三方机制职能，健全工作制度，充分发挥政府、工会和企业代表组织共同研究解决有关劳动关系重大问题的重要作用。

五、加强企业民主管理制度建设

（十一）健全企业民主管理制度。完善以职工代表大会为基本形式的企业民主管理制度，丰富职工民主参与形式，畅通职工民主参与渠道，依法保障职工的知情权、参与权、表达权、监督权。推进企业普遍建立职工代表大会，认真落实职工代表大会职权，充分发挥职工代表大会在企业发展重大决策和涉及职工切身利益等重大事项上的重要作用。针对不同所有制企业，探索符合各自特点的职工代表大会形式、权限和职能。在中小企业集中的地方，可以建立区域性、行业性职工代表大会。

（十二）推进厂务公开制度化、规范化。进一步提高厂务公开建制率，加强国有企业改制重组过程中的厂务公开，积极稳妥推进非公有制企业厂务公开制度建设。完善公开程序，充实公开内容，创新公开形式，探索和推行经理接待日、劳资恳谈会、总经理信箱等多种形式的公开。

（十三）推行职工董事、职工监事制度。按照公司法规定，在公司制企业建立职工董事、职工监事制度。依法规范职工董事、职工监事履职规则。在董事会、监事会研究决定公司重大问题时，职工董事、职工监事应充分发表意见，反映职工合理诉求，维护职工和公司合法权益。

六、健全劳动关系矛盾调处机制

（十四）健全劳动保障监察制度。全面推进劳动保障监察网格化、网络化管理，实现监察执法向主动预防和统筹城乡转变。创新监察执法方式，规范执法行为，进一步畅通举报投诉渠道，扩大日常巡视检查和书面审查覆盖范围，强化对突出问题的专项整治。建立健全违法行为预警防控机制，完善多部门综合治理和监察执法与刑事司法联动机制，加大对非法用工尤其是大案要案的查处力度，严厉打击使用童工、强迫劳动、拒不支付劳动报酬等违法犯罪行为。加强劳动保障诚信评价制度建设，建立健全企业诚信档案。

（十五）健全劳动争议调解仲裁机制。坚持预防为主、基层为主、调解为主的工作方针，加强企业劳动争议调解委员会建设，推动各类企业普遍建立内部劳动争议协商调解机制。大力推动乡镇（街道）、村（社区）依法建立劳动争议调解组织，支持工会、商（协）会依法建立行业性、区域性劳动争议调解组织。完善劳动争议调解制度，大力加强专业性劳动争议调解工作，健全人民调解、行政调解、仲裁调解、司法调解联动工作体系，充分发挥协商、调解在处理劳动争议中的基础性作用。完善劳动人事争议仲裁办案制度，规范办案程序，加大仲裁办案督查力度，进一步提高仲裁效能和办案质量，促进案件仲裁终结。加强裁审衔接与工作协调，积极探索建立诉讼与仲裁程序有效衔接、裁审标准统一的新规则、新制度。畅通法律援助渠道，依法及时为符合条件的职工提供法律援助，切实维护当事人合法权益。依托协调劳动关系三方机制完善协调处理集体协商争议的办法，有效调处因签订集体合同发生的争议和集体停工事件。

（十六）完善劳动关系群体性事件预防和应急处置机制。加强对劳动关系形势的分析研判，建立劳动关系群体性纠纷的经常性排查和动态监测预警制度，及时发现和积极解决劳动关系领域的苗头性、倾向性问题，有效防范群体性事件。完善应急预案，明确分级响应、处置程序和处置措施。健全党委领导下的政府负责，有关部门和工会、企业代表组织共同参与的群体性事件应急联动处置机制，形成快速反应和处置工作合力，督促指导企业落实主体责任，及时妥善处置群体性事件。

七、营造构建和谐劳动关系的良好环境

（十七）加强对职工的教育引导。在广大职工中加强思想政治教育，引导职工树立正确的世界观、人生观、价值观，追求高尚的职业理想，培养良好的职业道德，增强对企业的责任感、认同感和归属感，爱岗敬业、遵守纪律、诚实守信，自觉履行劳动义务。加强有关法律法规政策宣传工作，在努力解决职工切身利益问题的同时，引导职工正确对待社会利益关系调整，合理确定提高工资收入等诉求预期，以理性合法形式表达利益诉求、解决利益矛盾、维护自身权益。

（十八）加强对职工的人文关怀。培育富有特色的企业精神和健康向上的企业文化，为职工构建共同的精神家园。注重职工的精神需求和心理健康，及时了解掌握职工思想动态，有针对性地做好思想引导和心理疏导工作，建立心理危机干预预警机制。加强企业文体娱乐设施建设，积极组织职工开展喜闻乐见、丰富多彩的文化体育活动，丰富职工文化生活。拓宽职工的发展渠道，拓展职业发展空间。

（十九）教育引导企业经营者积极履行社会责任。加强广大企业经营者的思想政治教育，引导其践行社会主义核心价值观，牢固树立爱国、敬业、诚信、守法、奉献精神，切实承担报效国家、服务社会、造福职工的社会责任。教育引导企业经营者自觉关心爱护职工，努力改善职工的工作、学习和生活条件，帮助他们排忧解难，加大对困难职工的帮扶力度。建立符合我国国情的企业社会责任标准体系和评价体系，营造鼓励企业履行社会责任的环境。加强对企业经营者尤其是中小企业经营管理人员的劳动保障法律法规教育培训，提高他们的依法用工意识，引导他们自觉保障职工合法权益。

（二十）优化企业发展环境。加强和改进政府的管理服务，减少和规范涉企行政审批事项，提高审批事项的工作效率，激发市场主体创造活力。加大对中小企业政策扶持力度，特别是推进扶持小微企业发展的各项政策落实落地，进一步减轻企业负担。加强技术支持，引导企业主动转型升级，紧紧依靠科技进步、职工素质提升和管理创新，不断提升竞争力。通过促进企业发展，为构建和谐劳动关系创造物质条件。

（二十一）加强构建和谐劳动关系的法治保障。进一步完善劳动法、劳动合同法、劳动争议调解仲裁法、社会保险法、职业病防治法等法律的配套法规、规章和政策，加快完善基本劳动标准、集体协商和集体合同、企业工资、劳动保障监察、企业民主管理、协调劳动关系三方机制等方面的制度，逐步健全劳动保障法律法规体系。深入开展法律法规宣传教育，加强行政执法和法律监督，促进各项劳动保障法律法规贯彻实施。

八、加强组织领导和统筹协调

（二十二）进一步加强领导，形成合力。各级党委和政府要建立健全构建和谐劳动关系的领导协调机制，形成全社会协同参与的工作合力。各级党委要统揽全局，把握方向，及时研究和解决劳动关系中的重大问题，把党政力量、群团力量、企业力量、社会力量统一起来，发挥人大监督、政协民主监督作用。各级政府要把构建和谐劳动关系纳入当地经济社会发展规划和政府目标责任考核体系，切实担负起定政策、作部署、抓落实的责任。完善并落实最低工资制度，在经济发展基础上合理调整最低工资标准。各级人力资源社会保障等部门要充分履行职责，认真做好调查研究、决策咨询、统筹协调、指导服务、检查督促和监察执法等工作。各级工会要积极反映职工群众呼声，依法维护职工权益，团结和凝聚广大职工建功立业。各级工商业联合会、企业联合会等企业代表组织要积极反映企业利益诉求，依法维护企业权益，教育和引导广大企业经营者主动承担社会责任。

（二十三）加强劳动关系工作能力建设。重视加强各级政府劳动关系协调、劳动保障监察机构建设以及劳动人事争议仲裁委员会和仲裁院建设，配备必要的工作力量。统筹推进乡镇（街道）、村（社区）等基层劳动就业社会保障公共服务平台建设，完善基层劳动关系工作职能，充实基层劳动关系协调、劳动争议调解和劳动保障监察人员。加强劳动关系工作人员业务培训，提高队伍素质。各级政府要针对劳动关系工作机构和队伍建设方面存在的问题，从力量配置、经费投入上给予支持，保障构建和谐劳动关系工作顺利开展。

（二十四）加强企业党组织和基层工会、团组织、企业代表组织建设。加强各类企业党建工作，重点在非公有制企业扩大党的组织覆盖和工作覆盖。坚持企业党建带群团建设，依法推动各类企业普遍建立工会，进一步加强非公有制企业团建工作。指导和支持企业党群组织探索适合企业特点的工作途径和方法，不断增强企业党群组织活力，充分发挥在推动企业发展、凝聚职工群众、促进和谐稳定中的作用。深入推进区域性、行业性工会联合会和县（市、区）、乡镇（街道）、村（社区）、工业园区工会组织建设，健全产业工会组织体系。完善基层工会主席民主产生机制，探索基层工会干部社会化途径，健全保护基层工会干部合法权益制度。建立健全县级以上政府与同级总工会联席会议制度，支持工会参与协调劳动关系。加强基层企业代表组织建设，支持企业代表组织参与协调劳动关系，充分发挥企业代表组织对企业经营者的团结、服务、引导、教育作用。

（二十五）深入推进和谐劳动关系创建活动。把和谐劳动关系创建活动作为构建和谐劳动关系的重要载体，总结创建活动经验，建立健全创建工作目标责任制，扩大创建活动在广大企业特别是非公有制企业和中小企业的覆盖面，推动区域性创建活动由工业园区向企业比较集中的乡镇（街道）、村（社区）拓展，努力形成全方位、多层次的创建局面。丰富创建内容，规范创建标准，改进创建评价，完善激励措施，按照国家有关规定定期表彰创建活动先进单位，把对企业和企业经营者评先评优与和谐劳动关系创建结合起来，不断推进创建活动深入开展。积极开展构建和谐劳动关系综合试验区（市）建设，为构建中国特色和谐劳动关系创造经验。

（二十六）加大构建和谐劳动关系宣传力度。充分利用新闻媒体和网站，大力宣传构建和谐劳动关系的重大意义、宣传党和政府的方针政策和劳动保障法律法规、宣传构建和谐劳动关系取得的实际成效和工作经验、宣传企业关爱职工和职工奉献企业的先进典型，形成正确舆论导向和强大舆论声势，营造全社会共同关心、支持和参与构建和谐劳动关系的良好氛围。

第七章 我国劳动法律体系

■**本章重点**

1. 劳动法的概念与法律体系
2. 劳动法概况
3. 劳动合同法概况
4. 劳动争议调解仲裁法概况

■**学习要求**

1. 了解我国劳动法律体系。
2. 掌握劳动法、劳动合同法及劳动争议调解仲裁法等法律框架。

引导案例 身高受歧视案①

2001 年 12 月 23 日，原告蒋某看到《成都商报》上的“中国人民银行成都分行招录行员启事”，其中第一条招录对象规定：“2002 年普通高等院校全日制应届毕业生具有大学本科及以上学历的经济、金融、计算机、法律、人力资源管理、外语等专业的学生。男性身高在 168 厘米、女性身高在 155 厘米以上，生源地不限。”原告是四川某大学法学院 1998 级学生，认为成都分行的上述规定，是对包括自己在内的仅因身高不符合上述条件的报名者的身高歧视，侵犯了原告享有的宪法赋予的担任国家公职的平等权。虽然被告在法院受理此案以后，改变了被诉行为，取消了身高限制规定，但与原告诉请法院审查的行为无关，更不能改变被诉行为的违法、侵权性质。综上所述，蒋某请求法院依法确认被告的被诉具体行政行为违法、被告停止发布该内容的广告等。此案于 2002 年 1 月 7 日由成都市武侯区人民法院受理。同年 4 月 25 日，此案在武侯区

① 佚名. 蒋韬身高受歧视案（就业平等权）［EB/OL］.（2019-08-10）［2013-05-10］. http://www.maxlaw.cn/l/20150824/826930877795.shtml.

人民法院开庭审理，控辩双方在庭上围绕“原告宪法所赋平等权”等焦点展开激烈辩论，庭审历时3小时，法庭宣布“择日公布再审或宣判日期”。同年5月5日，成都市武侯区人民法院做出判决：驳回蒋某的起诉。法院做出驳回原告起诉裁定的理由有二：一是中国人民银行成都分行招录行员行为不是其作为金融行政管理机关行使金融管理职权、实施金融行政管理的行为，因此，不属于被告的行政行为范畴，依法不属于人民法院行政诉讼的主管范围；二是被告的这一行为在做出时并未对外产生拘束力或公定力。该行为的效力只有在招录行员的报名期间即“2002年1月11日至17日”这期间才产生。而被告成都分行在该行为产生效力之前就已自行修改了“招录行员启事”内容，撤销了对招录对象的身高条件规定，消除了该行为对外部可能产生的法律后果和对相对人的权利义务产生的实际影响。因此，被告的行为实际上并未给原告及其他相对人报名应试的权利造成损害。原告蒋某所称的侵权事实是尚未发生的事实，不具有可诉性。

问题：何为公民的平等权？如何实现原告平等权的法律救济？

第一节　劳动法概述

劳动法是调整劳动关系及与劳动关系有密切联系的其他社会关系的法律规范的总称。现代劳动法起源于19世纪初的“工厂立法”，其产生以1802年英国国会通过的《学徒健康与道德法》为标志。20世纪初，在实行市场经济的西方国家，劳动法已成为一个独立的法律部门。

一、劳动法的概念

我国劳动法可从两个层面理解：广义劳动法和狭义劳动法。

广义劳动法包括所有调整劳动关系及与劳动关系有密切联系的其他社会关系的法律规范，包括《劳动法》《劳动合同法》《劳动争议调解仲裁法》《就业促进法》《社会保险法》等劳动法律，以及宪法中的相关规定、国务院颁布的行政法规、劳动和社会保障部颁布的部分规章、地方性法规、各部门联合颁布的规章等。

狭义概念上的劳动法，是指国家最高立法机关制定颁布的全国性、综合性的劳动法，即法典式的劳动法，也即1994年7月5日第八届全国人大常委会第八次会议通过的、于1995年1月1日施行的《中华人民共和国劳动法》。

本章中采用广义劳动法的概念。

二、劳动法的调整对象

我国《劳动法》第二条规定：“在中华人民共和国境内的企业、个体经济组织（以下统称用人单位）和与之形成劳动关系的劳动者，适用本法。国家机关、事业组织、社会团体和与之建立劳动合同关系的劳动者，依照本法执行。”据此，劳动法的调整对象包括两部分社会关系：一是劳动关系，二是与劳动关系有密切联系的其他社会关系。其中，劳动关系是劳动法调整的最重要、最基本的社会关系。

（一）劳动关系

劳动关系是指人们在劳动过程中发生的社会关系。但是，不是所有与劳动有关的社会关系都由劳动法调整，劳动法所调整的是狭义上的社会劳动关系。在我国，这种劳动关系具体表现为劳动者与用人单位之间发生的社会劳动关系。劳动法所调整的劳动关系，具有以下特征：

第一，主体特定，即劳动关系的双方当事人是特定的，一方是劳动者，另一方是用人单位。劳动关系的主体双方，各自具有独立的权利义务：劳动者有义务提供劳动，并有权获得相应的报酬和工作条件；用人单位使用劳动力获取经济利益，并有义务支付工资及社会福利等保险待遇。

第二，内容特定，即劳动关系以劳动为内容，劳动是双方主体结成的劳动关系的内容和实质，劳动者按照劳动合同的规定履行劳动义务，用人单位组织劳动者进行劳动。

第三，关系特定，即劳动关系的双方当事人之间存在管理和被管理的关系。劳动关系建立后，劳动者作为用人单位的一员，要依法服从用人单位的行政管理，遵守用人单位的规章制度。

（二）与劳动关系密切联系的其他社会关系

劳动法在以劳动关系作为主要调整对象的同时，还调整与劳动关系密切联系的其他社会关系。我国台湾学者史尚宽先生称之为“附随关系”。这种关系本身不是劳动关系，但与劳动关系有密切联系，有的是建立劳动关系的必要前提，有的是劳动关系的直接后果，有的是随着劳动关系附带产生的关系。这些关系包括：

第一，因劳动管理而发生的关系。如劳动行政部门通过法律、行政和财税等方式，对劳动关系所开展的规划、服务和监督等符合法律要求的活动。

第二，社会保险方面的关系。如社会保险机构与企事业单位及职工之间因执行社会保险而发生的关系。

第三，处理劳动争议所发生的某些关系。如劳动行政部门、工会组织、劳动争议仲裁组织和人民法院因调解、仲裁和审理劳动争议而发生的关系。

第四，工会组织与单位行政之间的关系。如工会与企业在执行劳动法、工会法过程中的监督权和参与权。

第五，对执行劳动法进行监督检查而发生的关系。如有关国家机关、工会组织与国家机关、企事业单位和各团体之间因劳动监督、检查而产生的关系。

三、劳动法与民法的区别

劳动法和民法分属于两个不同的法律部门，两者具有明显的区别，主要体现在以下几个方面：

（一）两者的调整对象不同

民法调整的是平等主体之间的财产关系和人身关系。劳动法调整的是劳动者与用人单位之间的劳动关系及与劳动关系有密切联系的社会关系，虽然也有涉及财产关系

（如工资报酬）和人身关系（如职业安全）的内容，但这些关系都是基于双方主体的劳动关系而产生的。

（二）两种法律关系的主体不同

民事法律关系主体可以双方都是法人，也可以一方是法人，一方是自然人，或者双方都是自然人。劳动法律关系的主体是特定的，一方必定是自然人，即劳动者，另一方是用人单位。

（三）两者调整的原则不同

民法的基本原则包括平等、自愿、公平等原则。劳动法调整工资报酬，遵循的是按劳分配的原则，调整社会保险待遇遵循的是物质帮助的原则。

四、劳动法与经济法的区别

劳动法与经济法从不同方面调整我国经济社会活动中的法律规范，两者的区别主要表现在以下几个方面：

1. 两者的调整对象不同

劳动法调整的社会关系是劳动关系及与劳动关系密切联系的其他社会关系；经济法调整的经济关系的范围非常广泛，这些经济关系的调整是为了加强对国家经济活动的宏观调控和经营管理。

2. 两者的法律主体不同

劳动法的一方必须是劳动者，另一方为用人单位（劳动使用者），双方之间的关系兼有平等性和不平等性。经济法主体范围广泛，具有多种多样的类型，是实现经济自由和发展的保障；经济法主体地位不对等，具有层级性，是保障经济秩序和稳定的需要；经济法主体角色的变动性，充分体现了经济生活对各种经济主体之间和谐互动的影响。

3. 两者的基本原则不同

劳动法的基本原则包括劳动既是公民权利又是公民义务原则、保护劳动者合法权益原则和劳动力资源合理配置原则等；经济法的原则主要有平衡协调原则、维护公平竞争原则、责权利相统一原则等。

4. 两者的法律责任不同

两者应承担的一般法律责任有所不同。其中，违反经济法的一般法律责任主要有民事强制责任或行政处罚责任，而违反劳动法的一般法律责任主要是经济赔偿或解除劳动合同。

第二节　我国劳动法基本框架

我国劳动法律体系包括《劳动法》《劳动合同法》《劳动争议调解仲裁法》《工会法》《中华人民共和国劳动合同法实施条例》（以下简称《劳动合同法实施条例》）、《中华人民共和国就业促进法》（以下简称《就业促进法》）等法律法规。

一、《劳动法》

（一）《劳动法》的基本内容

我国《劳动法》于 1994 年 7 月 5 日第八届全国人民代表大会常务委员会第八次会议通过，1995 年 1 月 1 日实施。2009 年 8 月 27 日，第十一届全国人民代表大会常务委员会第十次会议对其进行第一次修正；2018 年 12 月 29 日，第十三届全国人民代表大会常务委员会第七次会议对其进行了第二次修正。我国《劳动法》全面规定了劳动就业、劳动合同、集体协商与集体合同、工资、工时、劳动安全卫生、女职工和未成年工权利保护及劳动争议处理等方面的问题。我国的《劳动法》共分为 13 章 107 条，框架结构如下：

（1）第一章总则。总则规定了劳动法的立法目的、立法依据、适用范围、劳动者和用人单位的权利义务、劳动行政管理部门等内容。

（2）第二章促进就业。第二章规定了国家和政府应积极实施促进就业措施、就业平等权的相关法律政策，以及解决妇女、残疾人、少数民族人员、退出现役的军人、未成年人等特殊劳动者的就业问题。

（3）第三章劳动合同和集体合同。第三章主要围绕劳动合同和集体合同进行了规定，主要包括个体劳动合同的订立、变更、效力、解除等内容，以及集体合同的订立、生效等问题。

（4）第四章工作时间和休息休假。第四章主要对工作时间和休息休假进行了法律规定。

（5）第五章工资。第五章规定了工资分配原则、最低工资制度、工资支付形式和支付时间。以上规定较为笼统，详细内容可参见原劳动部在 1994 年颁布的《工资支付暂行规定》。

（6）第六章劳动安全卫生。该章原则上规定了劳动安全卫生制度，具体包括安全生产责任制度、安全技术措施计划管理制度、安全生产教育制度、安全生产检查制度、重大事故隐患管理制度、安全卫生认证制度、伤亡事故报告和处理制度、个人劳动安全卫生防护用品管理制度、劳动者健康检查制度等。

（7）第七章女职工和未成年工特殊保护。该章主要规定了国家对女职工和未成年工实行特殊劳动保护制度，包括女职工在经期、怀孕期、生育期、哺乳期的特殊劳动保护，未成年工劳动限制制度等。

（8）第八章职业培训。该章规定了国家、地方政府及用人单位应加强职业培训，以增加劳动者的就业能力。

（9）第九章社会保险和福利。该章主要规定了国家强制性保险制度，同时鼓励用人单位根据本单位实际情况为劳动者建立补充保险，并提倡劳动者个人进行储蓄性保险。

（10）第十章劳动争议。该章规定了个体劳动争议的解决方式、基本原则、仲裁时效及集体劳动合同争议。

（11）第十一章监督检查。该章规定了地方各级人民政府劳动行政部门和各级工会组织对用人单位是否遵守劳动法律法规进行监督检查。

（12）第十二章法律责任。该章重点规定了用人单位违反劳动法所应承担的行政责任和民事赔偿责任，也规定了劳动者的民事赔偿责任及国家劳动行政部门及相关部门的法律责任。

（13）第十三章附则。该章规定了省、自治区、直辖市人民政府根据本法和本地区的实际情况，规定劳动合同制度的实施步骤，报国务院备案，以及本法的生效时间。

（二）立法宗旨和目的

我国《劳动法》第一条规定："为了保护劳动者的合法权益，调整劳动关系，建立和维护适应社会主义市场经济的劳动制度，促进经济发展和社会进步，根据宪法，制定本法。"本条规定了《劳动法》的立法宗旨和立法目的。另外，根据原劳动部关于《中华人民共和国劳动法》若干条文的说明，本条中的"劳动制度"，应作广义上理解，不仅指用人制度，还包括就业、工资分配、社会保险、职业培训、劳动安全卫生等制度。具体来说，劳动法的立法宗旨包括以下几个方面：

1. 保护劳动者的合法权益

《劳动法》的立法宗旨就是保护劳动者的合法权益。根据《劳动法》规定，劳动者享有平等就业和选择职业的权利、取得劳动报酬的权利、休息休假的权利、获得劳动安全卫生保护的权利、接受职业技能培训的权利、享受社会保险和福利的权利、提请处理劳动争议的权利及法律法规规定的其他劳动权利。《劳动法》不仅明文规定了劳动者享有的各项权利，而且建立健全了保护劳动者合法权益的法律机制，任何侵犯劳动者权利的人都要负相应的法律责任，并且劳动者可以通过申请调解、提起仲裁和诉讼等来维护自己的合法权利。

2. 调整劳动关系

《劳动法》的调整对象是劳动关系和与劳动关系密切相关的其他社会关系，与调整劳动关系有关的内容占《劳动法》的大部分。在计划经济时期，我国劳动关系主要依靠行政手段调整。《劳动法》的颁布，标志着我国劳动关系的调整走上了法制轨道。计划经济体制下劳动关系是单一的，体现的是劳动者和国家之间的关系。市场经济体制下，劳动关系逐渐向复杂化、多元化发展。我国《劳动法》在劳动权利保护、劳动合同和集体合同等方面具有比较具体的法律规定，在调整劳动关系、解决劳动争议、保障社会稳定等方面发挥重要的作用。

3. 促进经济发展和社会进步

一方面，《劳动法》规定了劳动者享有的广泛权利，也规定了劳动者应履行的义务。劳动者通过忠实履行自己的义务，提高企业的生产效率，促进社会经济的繁荣和经济发展。另一方面，《劳动法》可以保障劳动力市场的有序发展和市场经济的不断完善。劳动法制的发展与完善，对社会发展起着重要的作用。严格执行各项劳动标准，改善劳动环境，有利于提高我国生产力水平。《劳动法》规定就业促进制度，规范各项职业技能培训及职业资格认证，可以从整体上提高劳动者的就业和工作能力，进而促进社会的发展。

二、《劳动合同法》

我国《劳动合同法》由中华人民共和国第十届全国人民代表大会常务委员会第二

十八次会议于 2007 年 6 月 29 日通过，自 2008 年 1 月 1 日起施行。2012 年 12 月 28 日第十一届全国人民代表大会常务委员会第三十次会议对其进行了修正。

（一）《劳动合同法》的基本内容

《劳动合同法》是调整劳动者和用人单位之间订立、履行、变更、解除和终止劳动合同权利义务关系的法律规范的总称。我国《劳动合同法》和《劳动法》是新法与旧法的关系，主要围绕劳动合同的订立、履行、变更、解除和终止等相关内容做出规定。按照《中华人民共和国立法法》“新法优于旧法”的原则，《劳动法》与《劳动合同法》不一致的地方，以《劳动合同法》为准；《劳动合同法》没有规定而《劳动法》有规定的，则适用《劳动法》的相关规定。

《劳动合同法》突出了三个内容：一是立法宗旨非常明确，即宗旨是保护劳动者的合法权益，强化劳动关系，构建和发展和谐稳定的劳动关系；二是解决目前比较突出的用人单位与劳动者不订立劳动合同的问题；三是解决合同短期化问题。我国的《劳动合同法》共分为 8 章 98 条，框架结构如下：

（1）第一章总则。该章规定了劳动合同法的立法宗旨、立法依据、适用范围、劳动合同法的原则、用人单位的规章制度、工会等，这些是《劳动合同法》的灵魂，对整部《劳动合同法》起统帅作用。

（2）第二章劳动合同的订立。该章具体对劳动合同的形式、劳动合同的期限、劳动合同的必备条款、试用期、保密条款、培训费用、竞业禁止、用人单位的义务等方面做了规定，并针对实践中用人单位滥用试用期、培训费用、竞业禁止等权利做了详细规定。

（3）第三章劳动合同的履行和变更。该章具体对劳动合同履行中的加班费、拖欠劳动报酬等方面做了规定，同时对劳动合同的变更做了规定。其最主要的变化是，用人单位拖欠不足额发放劳动报酬的，劳动者可以向人民法院申请支付令，这就降低了劳动者的诉讼成本。

（4）第四章劳动合同的解除和终止。该章具体规定了用人单位与劳动者单方面解除劳动合同的条件、用人单位裁员的条件、不得解除劳动合同的情形、劳动合同终止的情形、劳动合同终止后的合同义务等。本章明确了劳动合同解除后的用人单位及劳动者的后合同义务，对劳动合同解除和终止的条件做出了更加详细的规定。

（5）第五章特别规定。该章分别对集体合同、劳务派遣及非全日制用工这三项相对特殊的劳动合同制度进行了规范。该章对集体合同的订立、内容等做了规定，同时还规定了行业性集体合同。劳务派遣是目前争议较大的一项制度，该章主要对劳务派遣单位的义务及责任进行了规定，以保障劳动者的权益，包括对劳务派遣单位的注册资本金、披露与被派遣单位的协议内容、被派遣劳动者的报酬标准等方面做了详细的规定。非全日制用工这一节对非全日制用工进行了规范，规定不得约定试用期、可以订立口头协议、报酬结算日期及用工单位的责任等。

（6）第六章监督检查。该章规定了政府主管部门对执行《劳动合同法》情况的监督检查制度及工会对用人单位执行《劳动合同法》的监督检查制度，任何组织或个人对违反劳动合同法律、法规的检举和控告制度。

（7）第七章法律责任。该章规定了用人单位违反《劳动合同法》的法律责任、劳动者违反《劳动合同法》的法律责任等。

（8）第八章附则。该章对实行聘用制的事业单位的劳动合同法的适用、劳动合同法颁布后的过渡时期及实施时间等做出了规定，规定了本法自2008年1月1日起实施。

（二）立法宗旨和目的

《劳动合同法》第一条规定该法的立法宗旨和立法目的，即“为了完善劳动合同制度，明确劳动合同双方当事人的权利和义务，保护劳动者的合法权益，构建和发展和谐稳定的劳动关系，制定本法”。《劳动合同法》的立法宗旨，是其所追求的目标和效果，是立法的指导思想和基本价值取向，是合同订立、履行、变更、解除和终止的指导原则。具体而言，《劳动合同法》的立法宗旨表现在以下三个方面：

1. 完善劳动合同制度

这是《劳动合同法》的首要立法宗旨。劳动合同制度是用人单位和劳动者建立劳动关系，明确双方的权利和义务，保护双方当事人合法权益、实现人力资源合理配置，维护劳动关系和谐稳定的法律制度。1986年，《国营企业实行劳动合同制暂行规定》发布，首次在国营企业新招收的员工中实行劳动合同制。1994年颁布的《劳动法》明确规定了“建立劳动关系应当订立劳动合同”，并专章规定了劳动合同制度，这一规定对调整劳动关系起到了积极作用，劳动关系逐渐形成合同化、市场化、法制化的总体趋势。但是，随着市场经济的发展，我国劳动力市场供求长期失衡的状况，使得劳资双方的力量存在明显差别，劳动者对用人单位的依赖程度远远高于用人单位对劳动者的依赖程度，导致有的企业用工不签合同、滥用试用期、滥用劳务派遣形式，合同短期化现象突出。因此，《劳动合同法》通过对劳动合同的订立、履行、变更、解除和终止及特殊合同做出更为全面、细致的规定，有利于进一步完善劳动合同制度。

2. 明确劳动关系双方的权利和义务，保护劳动者合法权益

这是《劳动合同法》的主要宗旨。《劳动合同法》对劳动合同的订立、履行、更变、解除和终止的各阶段双方当事人的权利义务做出了明确、具体的规定，劳动合同双方当事人按照法律规定享有权利并履行义务。劳动者享有的劳动权利包括：就业和选择职业的权利、取得劳动报酬的权利、休息休假的权利、获得劳动安全卫生保护的权利、接受职业培训的权利、享受社会保险和福利的权利及法律法规规定的其他权利。劳动者应承担的义务包括：按照劳动合同约定完成劳动任务、遵守用人单位规章制度、遵守劳动纪律等。用人单位也应履行劳动关系中的义务，并享有法律规定的权利。

《劳动合同法》特别规定了保护劳动者合法权益的条款。实践中由于用人单位太强势，而劳动者过于弱势，如果法律对用人单位和劳动者进行同等保护，必然导致劳资双方关系不平衡，背离劳动合同法应有的价值取向。因此，劳动合同法立法应向劳动者倾斜，重点保护劳动者的合法权益，这也是构建和谐劳动关系的需要。

3. 构建和发展和谐稳定的劳动关系

这是《劳动合同法》的最终宗旨。劳动关系的和谐稳定，直接关系社会的和谐与经济发展。和谐是指劳动关系运行过程中具有完善的协调机制，劳资冲突处于可控状态；稳定是指劳动关系期限相对较长。目前，我国劳动关系总体上比较和谐，但是同时也存在诸多不和谐的现象，如用人单位不与劳动者签劳动合同、拒绝缴或少缴社会保险费、违法辞退劳动者等违法现象。《劳动合同法》为维护双方利益平衡，构建和谐

稳定的劳动关系提供了保障。2015 年 4 月 8 日，《中共中央国务院关于构建和谐劳动关系的意见》（简称《意见》）公布。该《意见》充分认识到构建和谐劳动关系的重大意义，构建和谐劳动关系的指导思想、工作原则和目标任务；依法保障职工基本权益，健全劳动关系协调机制，加强企业民主管理制度建设，健全劳动关系矛盾调处机制，营造构建和谐劳动关系的良好环境，加强组织领导和统筹协调。我国正处于经济社会转型时期，劳动关系的主体及其利益诉求越来越多元化，劳动关系矛盾已进入凸显期和多发期，劳动争议案件居高不下，有的地方拖欠农民工工资等损害职工利益的现象仍较突出，集体停工等事件时有发生，构建和谐劳动关系的任务艰巨且繁重。

三、《劳动合同法实施条例》

为了更好地贯彻实施《劳动合同法》，国务院制定《劳动合同法实施条例》，该条例不具有《劳动合同法》的法律性质，而是行政法规。《劳动合同法实施条例》与《劳动合同法》是下位法与上位法之间的关系，从法律效力上看后者高于前者。

四、《劳动争议调解仲裁法》

《劳动争议调解仲裁法》由第十届全国人民代表大会常务委员会第三十一次会议于 2007 年 12 月 29 日通过，自 2008 年 5 月 1 日起施行。

《劳动争议调解仲裁法》第一条规定了该法的立法宗旨和目的，即“为了公正及时解决劳动争议，保护当事人合法权益，促进劳动关系和谐稳定，制定本法”。其中，“公正及时解决劳动争议”是方法，“保护当事人合法权益”是目的，而“促进劳动关系和谐稳定”则是落脚点。

1. 公正及时解决劳动争议

公正及时是解决劳动争议的一项基本原则。劳动争议处理机构应当公正执法、依法保障双方当事人的合法权益，对当事人在适用法律上一律平等，不得偏袒或者歧视任何一方；同时，劳动争议应注意及时处理，防止久拖不决。劳动争议案件具有特殊性，它关系劳动者的就业、劳动报酬、劳动条件、社会保险等切身利益问题，如不及时予以处理，势必会影响劳动者及其家庭的生活，也不利于用人单位生产秩序的稳定，甚至影响社会稳定。

2. 保护当事人合法权益

劳动关系的双方当事人为劳动者和用人单位，《劳动争议调解仲裁法》作为处理劳动争议的专门法，既保护劳动者的合法权益，也保护用人单位的合法权益。该法作为一部程序法，其性质决定了其必须要平等地保护双方当事人在程序上的合法权利，因此，该法的立法目的定位在“保护当事人的合法权益”是适当的。此外，考虑到劳动争议的双方——用人单位和劳动者的实际地位不平等，劳动者作为弱势一方，应当予以适当倾斜性的保护，这方面在《劳动争议调解仲裁法》“对调解协议申请支付令”“一裁终局”等一些具体的程序制度的设计上有所体现，但其在立法目的上不宜只规定“保护劳动者的合法权益”。

3. 促进劳动关系和谐稳定

劳动争议最根本的特点在于其主体一方是劳动者，这一特点决定了劳动争议处理的重要性。劳动争议是一个带有社会性的问题。公正及时地处理劳动争议，维护劳动者的合法权益，使他们能够分享社会发展成果，有利于构建和谐稳定的劳动关系。如果说《劳动法》《劳动合同法》是从实体上维护劳动者的合法权益，促进劳动关系和谐稳定的话，那么《劳动争议调解仲裁法》则是从程序上维护劳动关系当事人的合法权益，促进劳动关系的和谐稳定。

课堂讨论

1. 劳动法律的重要意义。
2. 完善我国劳动法律体系。

课后复习

1. 简述劳动法学的基本概念。
2. 简述《劳动法》的法律框架和立法宗旨。
3. 简述《劳动合同法》的法律框架和立法宗旨。
4. 简述《劳动合同法实施条例》的法律框架和立法宗旨。
5. 简述《劳动争议调解仲裁法》的法律框架和立法宗旨。

第八章　《劳动法》解读

■**本章重点**

1. 《劳动法》的适用范围
2. 工作时间和休假制度
3. 工资制度
4. 劳动合同制度
5. 劳动争议处理制度

■**学习要求**

1. 了解我国《劳动法》的基本特征。
2. 掌握《劳动法》的适用范围。
3. 掌握工作时间、休假制度和劳动合同制度。
4. 运用《劳动法》处理实际的劳动关系争议。

引导案例　安徽省查处亳州市某公司拖欠劳动报酬①

2018 年 7 月 20 日，安徽省亳州市人力资源社会保障局接到劳动者投诉，反映亳州××养老中心项目存在拖欠劳动者劳动报酬问题。

经查，亳州市某公司在承建亳州××养老中心项目期间，以工程款未到位为由，拖欠 89 名劳动者劳动报酬共计 209.8 万元。2018 年 10 月 23 日，亳州市人力资源社会保障局依法向该公司下达"劳动保障监察限期整改指令书"，该公司逾期未履行，法定代表人田某逃匿。

2019 年 1 月 3 日，亳州市人力资源社会保障局以涉嫌拒不支付劳动报酬罪依法将

① 佚名. 安徽省查处亳州市鑫元建筑劳务有限公司拖欠劳动报酬［EB/OL］.（2019-12-8）［2019-12-20］. http：//www. mohrss. gov. cn/SYrlzyhshbzb/laodongguanxi/gzdt/201911/t20191101_ 338960. html.

该案移送公安机关立案查处。3月9日，公安机关将犯罪嫌疑人田某抓捕归案。9月3日，亳州市谯城区人民法院依法判决田某犯拒不支付劳动报酬罪，判处有期徒刑7个月，并处罚金5万元。目前，该案所欠劳动报酬已全部支付完毕。

第一节 《劳动法》概述

一、《劳动法》的特征

《劳动法》的特征是《劳动法》有区别于其他法律的独有的特点，这些特点使《劳动法》的独立性得以成立。《劳动法》具有以下特点：

1. 调整对象具有特定性

《劳动法》调整的是劳动关系，以及和劳动关系有密切联系的其他社会关系。相较于民法、行政法和经济法等，其特殊性是明显的，即仅限于劳动领域的社会关系。

2. 法律内容具有广泛性

我国《劳动法》在劳动就业、劳动合同、集体合同、工作时间、休息时间、工资制度、劳动保护、社会保险、职业培训、劳动争议等劳动关系的各个方面都有涉及。

3. 调整方法具有综合性

我国《劳动法》运用了行政法、经济法、民法的各种方法来调整劳动关系。

二、《劳动法》的适用范围

《劳动法》的适用范围是指我国《劳动法》适用的地域、时间和人的范围，即我国《劳动法》的效力范围。其适用范围可以从空间效力、时间效力和对人的效力三个方面进行理解。

1.《劳动法》的空间效力

《劳动法》的空间效力指的《劳动法》在什么地方、在哪些领域内具有约束力。法律渊源不同，地域适用范围也不同。全国人大及人大常委会制定的法律适用于全国各地，地方性法规和民族自治条例则只适用于该地方。我国《劳动法》是由全国人大常委会制定并通过的，因而可以适用于我国各个地区。

2.《劳动法》的时间效力

《劳动法》的时间效力指的是《劳动法》在什么时间生效，以及《劳动法》对其颁布以前的法律事实是否具有溯及力。

法律生效时间有两种情况：①自法律公布之日起生效；②法律公布之日不立即生效，另行规定生效时间。

法律失效时间也有两种情况：①法律法规本身规定了有效期，有效期届满，从而自动失效；②同类法律新法生效，旧法即失效。

法律的溯及力也称法律溯及既往的效力，是指法律对其生效以前的事件和行为是否适用。如果适用，就具有溯及力；如果不适用，就没有溯及力。根据我国目前有关法律溯及既往的原则的规定，一般采用“不溯及既往”的原则。

3.《劳动法》对人的效力

《劳动法》对人的效力是指《劳动法》对何种人具有法律约束力。

我国《劳动法》第二条规定："在中华人民共和国境内的企业、个体经济组织（以下统称用人单位）和与之形成劳动关系的劳动者，适用本法。国家机关、事业组织、社会团体和与之建立劳动合同关系的劳动者，依照本法执行。"因此，我国《劳动法》对人的效力如下：

（1）企业、个体经济组织与其职工。其中的企业是指从事产品生产、流通或服务性活动等实行独立经济核算的经济单位，包括各种所有制类型的企业，如工厂、农场、公司等。个体经济组织一般指雇工在 7 人以下的个体工商户。

（2）国家机关、事业组织、社会团体中的劳动合同关系中的当事人，适用《劳动法》。

我国《劳动法》的适用范围排除了公务员和比照实行公务员制度的事业组织和社会的工作人员，以及农业劳动者（乡镇企业职工和进城务工、经商的农民除外）、现役军人、家庭保姆和在中国境内享有外交特权和豁免权的外国人等。

案例分析：在校学生兼职受劳动法调整吗？

【案情】于某是全日制大学在读本科生，上大三时，他选择到一家培训机构兼职担任家庭教师。后来，于某与该培训机构发生纠纷，并以该培训机构未与其签订书面劳动合同为由提起劳动仲裁、诉讼，要求该培训机构支付二倍工资赔偿。结果是，于某主张的"劳动关系"未被仲裁机构及法院采信，索要二倍工资的要求也未获得支持。

【解析】该案中，于某虽年满十六周岁，符合建立劳动关系的年龄条件，但于某在培训机构兼职家庭教师期间同时具有"在校学生"身份，工作活动属于脱产学业外的兼职性质。因此，在校学生在外兼职、为完成学校安排进行的社会实习、自行从事的社会实践活动等，一般无法被认定为劳动关系。

【讨论】你认为还有哪些情况不能适用于《劳动法》？

三、劳动关系的认定

一般而言，可以依据当事人是否签订劳动合同来确认两者之间是否存在劳动关系。但在实践中，部分用人单位招用劳动者不签订劳动合同，发生劳动争议时因双方劳动关系难以确定，致使劳动者合法权益难以维护，对劳动关系的和谐稳定带来不利影响。为规范用人单位用工行为，保护劳动者合法权益，促进社会稳定，原劳动和社会保障部发布《关于确立劳动关系有关事项的通知》，就用人单位与劳动者确立劳动关系的有关事项进行确定。

（1）用人单位招用劳动者未订立书面劳动合同，但同时具备下列情形的，劳动关系成立：

①用人单位和劳动者符合法律、法规规定的主体资格；

②用人单位依法制定的各项劳动规章制度适用于劳动者，劳动者受用人单位的劳动管理，从事用人单位安排的有报酬的劳动；

③劳动者提供的劳动是用人单位业务的组成部分。

（2）用人单位未与劳动者签订劳动合同，认定双方存在劳动关系时可参照下列凭证：

①工资支付凭证或记录（职工工资发放花名册）、缴纳各项社会保险费的记录；

②用人单位向劳动者发放的“工作证”“服务证”等能够证明身份的证件；

③劳动者填写的用人单位招工招聘“登记表”“报名表”等招用记录；

④考勤记录；

⑤其他劳动者的证言等。

其中，①、②、③项的有关凭证由用人单位负举证责任。

（3）用人单位招用劳动者符合第一种规定的情形的，用人单位应当与劳动者补签劳动合同，劳动合同期限由双方协商确定。协商不一致的，任何一方均可提出终止劳动关系，但对符合签订无固定期限劳动合同条件的劳动者，如果劳动者提出订立无固定期限劳动合同，用人单位应当订立。

用人单位提出终止劳动关系的，应当按照劳动者在本单位工作年限每满一年支付一个月工资的经济补偿金。

（4）建筑施工、矿山企业等用人单位将工程（业务）或经营权发包给不具备用工主体资格的组织或自然人，对该组织或自然人招用的劳动者，由具备用工主体资格的发包方承担用工主体责任。

（5）劳动者与用人单位就是否存在劳动关系引发争议的，可以向有管辖权的劳动争议仲裁委员会申请仲裁。

案例分析：保险代理员与保险公司的法律关系如何定性①

【案情】2002 年 9 月 20 日，张某与某保险公司签订了一份“人身保险个人代理合同”。合同约定，保险公司授权张某代理销售人身保险产品，保险公司向张某支付津贴及据实结算代理手续费，同时为张某提供意外伤害险、意外伤害门诊医疗险等，除此之外，张某不再享受保险公司其他任何福利待遇。合同每年或每两年一签，合同期限连续至 2005 年 12 月 31 日止。

2006 年 1 月 1 日，张某与该保险公司又签订了一份劳动合同书，合同期限至 2006 年 12 月 31 日止。保险公司以货币形式按月支付张某劳动报酬，双方按国家规定缴纳各项社会保险费用等，经济补偿金按国家有关法律法规执行。合同签订后，张某担任了某保险公司某部副经理并主持工作。

2006 年年底，保险公司以张某违反单位规章制度为由单方解除合同，张某离开保险公司后要求从 2002 年起按 5 年计算经济补偿金，保险公司则主张从 2006 年起按 1 年计算经济补偿金，双方为此发生争议。张某为此申请仲裁，劳动部门裁决保险公司给付 5 年（按 5 个月计算）的经济补偿金。保险公司不服，诉至法院。张某提交了保险公司发的工资、获奖证书等证据。

【问题】保险代理员与保险公司的法律关系如何定性？

① 刘瑛. 劳动关系与劳动法实用案例教程［M］. 北京：海洋出版社，2015：6.

第二节　促进就业

国家把扩大就业放在经济社会发展的突出位置，实施积极的就业政策，坚持劳动者自主择业、市场调节就业、政府促进就业的方针，多渠道扩大就业。《劳动法》和《就业促进法》对促进就业进行了专门规定。

一、促进就业的概念和措施

促进就业是指国家为保障公民实现劳动权所采取的创造就业条件、扩大就业机会的各种措施的总称。根据我国《劳动法》，国家采取以下措施促进就业：

1. 促进经济和社会发展，创造就业机会

就业是指具有劳动能力的公民在法定劳动年龄内，依法从事某种有报酬或劳动收入的社会活动。

2. 兴办产业，拓展经营，增加就业岗位

国家鼓励企业、事业组织、社会团体在法律、行政法规规定的范围内兴办产业或者拓展经营，增加就业机会。

3. 支持劳动者自愿组织就业和从事个体经营

国家通过兴办各种类型的经济组织促进就业，并且对这类经济组织在资金、货源、场地、原辅材料、税收等方面给予支持和照顾。

4. 发展职业介绍机构，提供就业服务

多种类型的职业介绍机构包括：劳动部门、非劳动部门和个人开办的职业介绍机构，各级劳动就业服务机构开办的职业介绍机构，非劳动部门针对不同的求职对象开办的职业介绍机构等。各种类型的职业介绍机构其业务范围不同。提供就业服务主要包括：

（1）为劳动力供求双方相互选择，实现就业而提供的各类职业介绍服务；

（2）为提高劳动者职业技术和就业能力的多层次、多形式的就业训练和转业训练服务；

（3）为保障失业者基本生活和帮助其再就业的失业保险服务；

（4）组织劳动者开展生产自救和创业的劳动就业服务。

就业服务的四项工作应做到有机结合，发挥整体作用，为劳动者就业提供全面、高效、便捷的服务。

二、劳动就业基本原则

1. 平等就业原则

（1）劳动者享有平等就业的权利、取得劳动报酬的权利、休息休假的权利、获得劳动安全卫生保护的权利、接受职业技能培训的权利、享受社会保险和福利的权利、提请劳动争议处理的权利及法律规定的其他劳动权利。

（2）劳动者就业，不因民族、种族、性别、宗教信仰不同而受歧视。

（3）女性享有与男性平等的就业权利。在录用职工时，除国家规定的不适合妇女的工种或者岗位外，不得以性别为由拒绝录用妇女或者提高对妇女的录用标准。

2. 双向选择原则

劳动者享有选择职业的权利，用人单位也有选择劳动者的权利，双方应本着自愿原则进行双向选择。

3. 照顾特殊群体人员就业原则

残疾人、少数民族人员、退出现役的军人的就业，法律、法规有特别规定的，从其规定。如《退役士兵安置条例》第二十四条规定："国家鼓励用人单位招收录用或者聘用自主就业的退役士兵，用人单位招收录用或者聘用自主就业退役士兵符合规定条件的，依法享受税收等优惠。"

4. 禁止使用童工原则

禁止用人单位招用未满十六周岁的未成年人。文艺、体育和特种工艺单位招用未满十六周岁的未成年人，必须依照国家有关规定，履行审批手续，并保障其接受义务教育的权利。

第三节　劳动合同和集体合同

除了《劳动法》对劳动合同的各项内容有法律规定外，《劳动合同法》对劳动合同的订立、效力、履行、变更、终止、解除等内容有更为详尽的规定。因此，为了让读者对本教材体系有更为清晰的把握，本章内容仅涉及《劳动法》中对劳动合同的立法规定，其中与《劳动合同法》不一致的，应根据特别法优先或新法优先原则适用《劳动合同法》的规定。

一、劳动合同的特征

劳动合同是指劳动者与用人单位确立劳动关系，明确双方权利和义务的书面协议。劳动合同是确立、表现劳动关系的法律形式，是产生劳动法律关系的法律事实。劳动合同除了具有合同的一般特征外，还有自己独有的下列特征：

第一，合同主体具有特定性。合同的主体一方是劳动者，一方是用人单位。

第二，劳动合同的内容具有权利义务统一性和对应性，即具有双务性的合同特征。

第三，劳动合同的客体具有单一性。劳动力是劳动合同的唯一客体。

第四，劳动合同具有要式、有偿合同的特性。

第五，劳动合同具有涉及第三人利益的特性，如社会保险制度。

劳动合同与劳务合同虽一字之差，但实质差别很大。劳动合同是劳动者与用人单位确立劳动关系、明确双方权利和义务的协议。劳务合同是平等主体的公民之间、法人之间、公民与法人之间，以提供劳务为内容而签订的协议，两者有着本质的区别。

（1）法律关系性质及所属法律部门不同。劳动合同是确立劳动关系的依据，属于劳动法范畴；劳务合同是建立民事、经济法律关系的依据，属于民法、经济法的范畴。

（2）合同双方当事人及关系不同。劳动合同的主体一方是劳动者，另一方是用人单位，劳动合同签订后，劳动者便成为用人单位的一员，二者的关系具有从属性；劳务合同的主体既可以都是公民，也可以都是法人，或者是公民与法人，劳务合同对主体没有特殊要求。劳务合同的主体之间并不存在从属关系，双方始终是相互独立的平等主体，以自己的名义分别履行合同规定的义务。

（3）合同的内容不同。劳动合同的一方当事人用人单位要为劳动者提供符合国家规定的劳动条件和劳动保护用品；劳务合同无须规定这方面的内容。

（4）确定报酬的原则不同。在劳动合同中，用人单位按照劳动的数量和质量及国家的有关规定给付劳动报酬、劳动福利待遇等，体现按劳分配的原则。劳务合同中的劳务价格按等价有偿的原则支付。

二、劳动合同的订立

劳动合同的订立，是指劳动者和用人单位为确立劳动关系，就劳动合同各项条款达成协议的法律行为。我国《劳动法》要求确立劳动关系，必须订立书面的劳动合同，这是对劳动关系双方尤其是劳动者合法权益的有力保障。

（一）劳动合同的订立原则

订立劳动合同应当遵循以下原则：

1. 平等原则

平等原则是指劳动者和用人单位在法律上处于平等的地位，平等地决定是否缔约，平等地决定合同的内容。任何一方可拒绝与对方签订合同，同时任何一方都不得强迫对方与自己签订合同。

2. 自愿原则

自愿原则是从平等原则引申出来的。当事人地位的平等性要求双方对于劳动合同的订立不得享有任何特权。当事人订立合同只能出于其内心意愿。用人单位不得强迫劳动者订立劳动合同，其他任何机关、团体和个人都无权强迫劳动者订立劳动合同。

3. 协商一致原则

协商一致原则要求当事人双方就劳动合同的主要条款达成一致意见后，劳动合同才成立。可能双方当事人都有与对方订立劳动合同的意向，但在具体条款上，如工作期限、劳动报酬等问题上往往意见不一，这时合同就不能成立。

4. 合法原则

合法原则是指劳动合同的订立不得违反法律、法规的规定。根据 1994 年 9 月 5 日劳动部发布的《关于〈劳动法〉若干条文的说明》的解释，这里所说的法律、法规，既包括现行的法律、行政法规，也包括以后颁布实行的法律、行政法规，既包括劳动法律、法规，也包括民事、经济方面的法律、法规。

（二）劳动合同的种类、内容和形式

1. 劳动合同的种类

按不同的标准，劳动合同可以划分为不同的种类。其中按照合同期限标准划分，劳动合同可分为三种：有固定期限的劳动合同，即合同双方约定合同有效的起止日期，也称定期劳动合同；无固定期限的劳动合同，即合同双方没有约定合同终止日期，订立此类合同，除遵守法律、法规有关规定，双方应约定变更、解除、终止合同的条件；以完成一定工作为期限的劳动合同——双方以完成某项工作或工程作为合同的终止日

期，工作、工程完成后，合同自行终止。实践中由于无固定期限劳动合同具有一定的特殊性，2008 年生效的《劳动合同法》对应当订立或视为无固定期限劳动合同的内容进行了更为详细的规定。

2. 劳动合同的内容

劳动合同的内容是指当事人双方达成的劳动权利义务的具体约定，具体表现为合同条款，包括必备条款和约定条款。按照《劳动法》第十九条的规定，劳动合同应当以书面形式订立，并具备以下条款：①劳动合同期限；②工作内容；③劳动保护和劳动条件；④劳动报酬；⑤劳动纪律；⑥劳动合同终止的条件；⑦违反劳动合同的责任。除劳动合同规定的必备条款外，当事人可以协商约定试用期、保守用人单位商业秘密的有关事项等内容。

劳动合同的必备条款是劳动合同双方当事人必须约定的条款，但实践中如有个别固定条款并未约定，是否会导致合同无效？笔者认为答案是否定的，因为《劳动法》及《劳动合同法》所规定的无效合同的类型中并无此种情形。劳动合同的约定条款体现为《劳动法》第二十一条和第二十二条关于试用期和商业秘密的规定。对此，2008 年生效的《劳动合同法》进行了更为详细的规定。

3. 劳动合同的形式

劳动合同的形式是指劳动合同的内容得以确定和存在的方式。一般来说，合同的形式分为书面和口头两种。我国《劳动法》第十九条明确规定，“劳动合同应当以书面形式订立”。订立书面劳动合同是《劳动法》的强制要求，这一规定在后来生效的《劳动合同法》中得到了贯彻。

三、劳动合同的效力

（一）劳动合同的成立与生效

劳动合同订立是一个过程，而劳动合同的成立则是一种状态。劳动合同的成立，指的是劳动合同双方当事人就劳动合同条款达成协商一致。但劳动合同成立并不意味着劳动合同生效。劳动合同的生效是指劳动合同对双方当事人产生的法律约束力，即二者之间产生劳动法律关系。劳动合同依法成立的，从合同成立之日或者合同约定生效起就具有法律效力，一般而言，依法订立的劳动合同，其生效时间始于合同签订之日。劳动合同订立后，需要鉴证或公证的，其生效时间始于已经鉴证或公证之日。具备《劳动法》规定劳动合同无效的合同自始不发生法律效力。

（二）劳动合同无效的情形

《劳动法》第十八条规定无效劳动合同的情况包括以下两种情形：

第一，违反法律、行政法规的劳动合同。法律、行政法规既包括现行的法律、行政法规，也包括以后颁布实行的法律、行政法规；既包括劳动法律、法规，也包括民事、经济方面的法律、法规。

第二，采取欺诈、威胁等手段订立的劳动合同。欺诈是指一方当事人故意告知对方当事人虚假的情况，或者故意隐瞒真实的情况，诱使对方当事人做出错误意思表示的行为；威胁是指以给公民及其亲友的生命健康、荣誉、名誉、财产等造成损害为要挟，迫使对方做出违背真实的意思表示的行为。

无效的劳动合同，从订立的时候起，就没有法律约束力。确认劳动合同部分无效的，如果不影响其余部分的效力，其余部分仍然有效。

劳动合同的无效，由劳动争议仲裁委员会或者人民法院确认。

四、劳动合同的履行

劳动合同的履行，是指劳动合同双方当事人各自享有和履行劳动合同权利义务的行为。劳动合同依法成立生效后就必须履行，这是实现双方当事人合同目的的必然要求。劳动合同的履行，应遵循以下几项原则：

1. 亲自履行原则

劳动合同当事人双方都必须用自己的行为履行劳动合同规定的各项义务，不得由他人代理。劳动者本人履行劳动义务，不得由他人代劳，用人单位的义务由其内部的管理机构和管理人员在其职责范围内履行。这是由劳动关系的人身属性所决定的，也是劳动合同与一般经济合同的主要区别。

2. 全面履行原则

劳动合同双方当事人应该按照劳动合同的约定全面履行各自的义务。劳动者和用人单位都应全面按照劳动合同中的条款履行义务，既包括必备条款也包括约定条款。这一规定虽然未明确出现在《劳动法》中，却也是劳动合同履行的应有之义。

3. 协作履行原则

劳动关系是一种具有强烈人身依附性的关系，需要双方当事人互助合作才能实现各自的目的，促进和谐劳动关系的实现。双方在履行劳动合同的过程中始终坚持协作、配合，互相督促，遇事协商。比如：用人单位应为劳动者提供必要的劳动条件；劳动者违纪的，用人单位应促使其及时改正等。

五、劳动合同的终止和解除

（一）劳动合同的终止

劳动合同的终止是指劳动合同的法律效力依法被消灭，合同双方当事人之间的劳动关系终结，双方原有的劳动权利义务不复存在。

我国《劳动法》规定了三种劳动合同终止的事由：

第一，劳动合同期满。定期劳动合同规定的期限届满时，该劳动合同即告终止。双方当事人如约定续订劳动合同则为一个新的劳动合同。

第二，当事人约定的劳动合同终止条件出现。劳动合同或集体劳动合同约定的合同终止条件实际成立的，劳动合同即终止。

第三，合同解除。劳动合同可因依法解除而终止。

除上述事由外，造成劳动合同终止的事由一般还包括合同目的实现、劳动者死亡、劳动者退休、用人单位消灭等情况。

（二）劳动合同的解除

劳动合同的解除是指劳动合同当事人提前终止劳动合同的法律效力。劳动合同履行一定时间后，可能会因相关法定事由而导致劳动合同解除。解除劳动合同的情形可以分为以下三种：

1. 双方协商解除合同

劳动合同经当事人双方协商一致而解除。《劳动法》第二十四条规定：“经劳动合同当事人协商一致，劳动合同可以解除。”法律并未规定此种解除合同的条件。

2. 用人单位单方面解除合同

（1）可随时通知劳动者解除合同。《劳动法》第二十五条规定：“劳动者有下列情形之一的，用人单位可以解除劳动合同：（一）在试用期间被证明不符合录用条件的；（二）严重违反劳动纪律或者用人单位规章制度的；（三）严重失职，营私舞弊，对用人单位利益造成重大损害的；（四）被依法追究刑事责任的。

（2）提前三十日书面通知劳动者，方可解除合同。《劳动法》第二十六条规定：有下列情形之一的，用人单位可以解除劳动合同，但是应当提前三十日以书面形式通知劳动者本人：（一）劳动者患病或者非因工负伤，医疗期满后，不能从事原工作也不能从事由用人单位另行安排的工作的；（二）劳动者不能胜任工作，经过培训或者调整工作岗位，仍不能胜任工作的；（三）劳动合同订立时所依据的客观情况发生重大变化，致使原劳动合同无法履行，经当事人协商不能就变更劳动合同达成协议的。”

（3）因经济性裁员，用人单位按照法定程序与被裁减人员解除劳动合同。《劳动法》第二十七条规定：“用人单位濒临破产进行法定整顿期间或者生产经营状况发生严重困难，确需裁减人员的，应当提前三十日向工会或者全体职工说明情况，听取工会或者职工的意见，经向劳动行政部门报告后，可以裁减人员。用人单位依据本条规定裁减人员，在六个月内录用人员的，应当优先录用被裁减的人员。”

此外，为充分保障弱势劳动者的合法权益，《劳动法》第二十九条规定：“劳动者有下列情形之一的，用人单位不得依据本法第二十六条、第二十七条的规定解除劳动合同：（一）患职业病或者因工负伤并被确认丧失或者部分丧失劳动能力的；（二）患病或者负伤，在规定的医疗期内的；（三）女职工在孕期、产期、哺乳期内的；（四）法律、行政法规规定的其他情形。”

3. 劳动者单方解除劳动合同

（1）提前三十日内书面通知用人单位解除劳动合同。《劳动法》第三十一条规定：“劳动者解除劳动合同，应当提前三十日以书面形式通知用人单位。”

（2）随时通知用人单位解除劳动合同。《劳动法》第三十二条规定：“有下列情形之一的，劳动者可以随时通知用人单位解除劳动合同：（一）在试用期内的；（二）用人单位以暴力、威胁或者非法限制人身自由的手段强迫劳动的；（三）用人单位未按照劳动合同约定支付劳动报酬或者提供劳动条件的。”

六、集体合同

（一）集体合同的概念与特征

集体合同是指用人单位与本单位职工根据法律、法规、规章的规定，就劳动报酬、工作时间、休息休假、劳动安全卫生、职业培训、保险福利等事项，通过集体协商签订的书面协议。

集体合同具有以下特征：

（1）集体合同一方是企业或事业组织的工会或职工代表，另一方是企业或事业组织。

（2）集体合同的内容是职工集体劳动事项。

（3）集体合同是要式合同，须报送劳动行政部门登记、审查、备案，方为有效。

（4）集体合同适用于企业或事业组织及其工会和全体职工。

（5）集体合同效力高于劳动合同，劳动合同规定的职工个人劳动条件和劳动报酬等标准不得低于集体合同的规定。

（二）集体合同的订立与效力

企业职工一方与企业可以就劳动报酬、工作时间、休息休假、劳动安全卫生、保险福利等，签订集体合同。集体合同草案应当提交职工代表大会或者全体职工讨论通过。集体合同由工会代表职工与企业签订。没有建立工会的企业，由职工推举的代表与企业签订依法。签订的集体合同对企业和企业的全体职工具有约束力。

集体合同签订后应当报送劳动行政部门；劳动行政部门自收到集体合同文本之日起15日内未提出异议的，集体合同即生效。依法签订的集体合同对企业和企业全体职工具有约束力。职工个人与企业订立的劳动合同中的劳动条件和劳动报酬等标准不得低于集体合同的规定。集体合同的法律效力高于劳动合同，劳动法律、法规的法律效力高于集体合同。

第四节　工作时间和休息休假

工作时间和休息休假是我国《劳动法》的基本法律制度，也是劳动法律体系中的重要组成部分。工作时间和休息休假法律规定是我国《宪法》对于公民休息权利的具体化。我国《劳动法》第四章专门对工作时间和休息休假做了原则性规定。此外，国务院颁布的有关条例及原劳动部所颁布的关于工作时间和休息休假的相关规定，都可作为法律依据，如《国务院关于职工工作时间的规定》（1995修订）、《劳动和社会保障部关于职工全年月平均工作时间和工资折算问题的通知》（劳社部发〔2008〕3号）、《全国年节及纪念日放假办法》（2013修订）、《职工带薪年休假条例》（2007修订）等规范性文件。

一、工作时间的概念和工作日分类

工作时间又称劳动时间，是指法律规定的劳动者在用人单位用来完成其工作的时间，它包含每日、每周、每月或每月工作的天数或小时数。一般而言，工作时间可以分为以下几种情况：

（一）标准工作时间

标准工作时间即8小时工作制。

（1）劳动者每日工作时间不超过8小时，每周工作时间不超过40小时。我国《劳动法》第三十六条规定，国家实行劳动者每日工作时间不超过八小时、平均每周工作时间不超过四十四小时的工时制度。1995 年 3 月 25 日《国务院关于修改〈国务院关于职工工作时间的规定〉的决定》将其修正为每周工作时间为四十小时。

（2）每周至少休息一日，即劳动者每周至少有一个连续 24 小时的休息时间。《劳动法》第三十八条明确规定，用人单位应当保证劳动者每周至少休息一日。

由于企业的多样性，为了保证企业顺利开展生产工作，我国《劳动法》第三十九条还规定了例外情形，即企业因生产特点不能实行本法第三十六条、第三十八条规定的，经劳动行政部门批准，可以实行其他工作和休息办法。需要注意的是，企业如果不能实行标准工作日制度或者不能保证劳动者每周至少休息一日的，可以实行其他工作和休息方法，但必须报劳动行政部门批准，未批准的则属违法行为。

（二）缩短工作日

缩短工作日是指法定在特殊条件下实行的工作时间少于标准工作日长度的工作日。缩短工作日适用于特殊条件下从事劳动和有特殊情况的下列职工：

（1）从事矿山井下、高山、有毒有害、特别繁重或过度紧张等工作的职工；

（2）从事夜班工作的职工；

（3）哺乳未满 1 周岁婴儿的女职工。

（三）延长工作日

延长工作日是指法定在特殊条件下实行的超过标准工作日长度的工作日，适用于从事受自然条件或技术条件限制的季节性作业的职工，并且只能在一年中的某段时间（忙季）实行；以后应当以实行缩短工作日或者补休的方式，抵补超过标准工作日长度的时间，因而对实行延长工作日者应当综合计算工时。用人单位不得违反本法规定延长劳动者的工作时间。

（四）不定时工作日

不定时工作日又称不定时工作制，是指法定在特殊条件下实行的，每日无固定起讫时点，即不固定计算工作日长度的工作日。不定时工作制是针对因生产特点、工作特殊需要或职责范围的关系，无法按标准工作时间衡量或需要机动作业的职工所采用的一种工时制度。例如，企业中从事高级管理、推销、货运、装卸、长途运输驾驶、押运、非生产性值班和特殊工作形式的个体工作岗位的职工，出租车驾驶员等，可实行不定时工作制。鉴于每个企业的情况不同，企业可依据上述原则结合企业的实际情况进行研究，并按有关规定报批。具体而言，它可适用于下述几种职工：

（1）高级管理人员、外勤人员、推销人员、部分值班人员和工作无法按标准工作时间衡量的其他职工；

（2）长途运输人员、出租汽车司机和铁路、港口、仓库的部分装卸人员及因工作性质特殊、需要机动作业的职工；

（3）其他因生产特点、工作特殊需要或职责范围的关系，适合实行不定时工作制的职工。

（五）综合计算工时制

综合计算工时工作制是针对因工作性质特殊，需连续作业或受季节及自然条件限制的企业的部分职工，采用的以周、月、季、年等为周期综合计算工作时间的一种工时制度，但其平均日工作时间和平均周工作时间应与法定标准工作时间基本相同。其主要适用于：交通、铁路、邮电、水运、航空、渔业等行业中因工作性质特殊，需要连续作业的职工；地质、石油及资源勘探、建筑、制盐、制糖、旅游等受季节和自然条件限制的行业的部分职工；亦工亦农或由于受能源、原材料供应等条件限制难以均衡生产的乡镇企业的职工等。另外，对于那些在市场竞争中，受外界因素影响，生产任务不均衡的企业的部分职工也可以参照综合计算工时工作制的办法实施。

（六）其他形式工作时间

我国《劳动法》第三十九条规定，企业因生产特点不能实行上述规定时间的，经劳动行政部门批准，可以实行其他工时形式，如弹性工作时间。弹性工作时间制于20世纪50年代末产生于联邦德国，当时的目的主要是解决员工上下班交通拥挤的问题。从20世纪70年代开始，西欧和拉美一些国家不断扩大弹性工作时间制的实施范围。弹性工作时间是员工根据个人特性设计的具有一定弹性的日工作时间或周工作时间的方法，是工作再设计的一种形式，旨在使工作时间的安排更好地适应员工个人的需求、工作习惯和偏好，使员工拥有更多的自主权，对员工具有激励的作用，还具有减少员工迟到次数、降低缺勤率、减少工作时间干私事等作用，但对组织而言，弹性工作时间制增加了管理难度。

二、休息休假的概念和分类

（一）休息休假的概念

从广义而言，休息休假是指劳动者按法律规定不必从事生产和工作且由自己自行支配的时间。

从狭义而言，休息是指劳动者的工作日内的休息时间、工作日之间的休息时间、周休日。休假是指法定的节假日、探亲假和年休假等假期。

（二）休息休假的分类

（1）一个工作日内的休息时间。一个工作日内的休息时间是指劳动者在一个工作日内进行工作的过程中必要的休息时间和吃饭时间，一般为1至2小时，最少不得少于半小时。

（2）两个工作日之间的休息时间，是指两个临近工作日之间的休息时间，一般不少于16小时。

（3）公休日。公休日即周休息日，又称工作周之间的休息日，是指劳动者工作满一个工作周以后的休息时间，一般是周六、周日两天。

（4）法定节假日。法定节假日是由国家法律统一规定的用于开展纪念、庆祝活动的休息时间。

三、延长工作时间

（一）延长工作时间的概念

延长工作时间是指超出法定正常界限、在休息时间范围内延伸的工作时间，即职工在正常工作时间以外应当休息的时间内进行工作。其有以下两种形式：

（1）加班，即职工在法定节假日或公休假日进行工作；

（2）加点，即职工在标准工作日以外延长时间工作，表现为提前上班或推迟下班。

（二）延长工作时间的限制

1. 延长工作时间的人员范围限制

我国法律规定，禁止安排未成年工、怀孕 7 个月以上的女工和哺乳未满周岁婴儿的女工参加加班加点的工作。

2. 一般情况下延长工作时间的条件、程序和长度的限制

（1）对延长工作时间的条件的限制。《劳动法》规定，延长工时应当以生产经营需要为条件，但未明确规定生产经营需要的具体情形。

（2）对延长工作时间的程序的限制。《劳动法》规定，用人单位由于生产经营需要而安排延长工时的，应当事先与工会和劳动者协商。

（3）对延长工作时间的长度的限制。《劳动法》第四十一条规定："用人单位由于生产经营需要，经与工会和劳动者协商后可以延长工作时间，一般每日不得超过一小时；因特殊原因需要延长工作时间的，在保障劳动者身体健康的条件下延长工作时间每日不得超过三小时，但是每月不得超过三十六小时。"

3. 延长工作时间不受程序和长度的限制的特殊情形

非正常情况下延长工作时间，是指依据《劳动法》第四十二条的规定，遇到下列情况，用人单位延长工作时间可以不受《劳动法》第四十一条规定的限制：

（1）发生自然灾害、事故或者因其他原因，威胁劳动者生命健康和财产安全，需要紧急处理的；

（2）生产设备、交通运输线路、公共设施发生故障，影响生产和公众利益，必须及时抢修的；

（3）法律、行政法规规定的其他情形。

（三）延长工作时间的补偿

（1）延长工作时间的补偿主要有两种形式，即补休和支付加班加点工资，对于法定节假日以外延长工时的，应当优先采用补休形式。

（2）国家机关、事业单位等的职工、企业中适用事假照发工资制度的职工，加班加点后只安排补休而不支付加班加点工资。企业中不适用事假照发工资制度的职工，在法定节假日以外休息时间加班加点以后不能安排补休的，在法定节假日加班的，都应发加班加点工资。

（3）《劳动法》第四十四条规定，有下列情形之一的，用人单位应当按照下列标准支付高于劳动者正常工作时间工资的工资报酬：

①安排劳动者延长工作时间的，支付不低于工资的150%的工资报酬；

②休息日安排劳动者工作又不能安排补休的，支付不低于工资的200%的工资报酬；

③法定休假日安排劳动者工作的，支付不低于工资的300%的工资报酬。

根据以上规定，用人单位在各情形下支付加班加点工资的数额不得低于法定标准。

案例分析：拒绝提供考勤记录，俱乐部赔偿加班费

【案情】2016年10月12日，乔某到沈阳某健身俱乐部任桑拿部主任，月平均工资1 223元。2018年3月31日，双方解除劳动关系，俱乐部支付乔某经济补偿金1 550元，但未付加班费。乔某认为，她平均每月加班14.4天，单位应支付加班工资。劳动仲裁裁决，俱乐部另需支付乔某加班费16 891.2元。俱乐部诉至法院，法院认为，俱乐部未能提供乔某出勤记录，故支持乔某要求支付加班费的主张，一审判决其所在单位支付加班工资14 973元。

【评析】《劳动争议调解仲裁法》规定了有条件的举证责任倒置，即“与争议事项有关的证据属于用人单位掌握管理的，用人单位应当提供；用人单位不提供的，应当承担不利后果”。考勤卡属用人单位掌握管理范围，尽管它只能证明员工在单位，不能证明其加班，但是在加班制度不健全的情况下，裁审机构认定加班事实，往往是有考勤记录的，由用人单位举证，以考勤记录为主，结合其他证据综合认定；无考勤记录，但劳动者能提供初步证据证明的，也可能支持其主张。

第五节　工资

工资制度是劳动法的核心内容之一。工资是用人单位直接支付给劳动者本人的报酬，是劳动者的劳动收入，工资应当以货币形式支付。

一、工资的概念和组成

（一）工资的概念

工资是用人单位依据国家有关规定或集体合同、劳动合同的约定，以货币形式直接支付给本单位劳动者的劳动报酬。广义上的工资，即职工劳动报酬，是指劳动者因履行劳动义务而获得的、由用人单位以法定方式支付的各种形式的物质补偿。狭义上的工资，指劳动者劳动报酬中的基本工资。工资与其他劳动收入（如农民劳动收入、个体劳动收入等）相比，具有以下几个特征：

（1）工资是用人单位支付给劳动者本人的报酬，不是支付给劳动者家属的报酬。因此，用人单位支付给死亡职工家属的丧葬、抚恤、救济费等不属于工资。

（2）工资是劳动者的劳动收入。因此，非劳动收入（如股息、利息）等收入不是工资。

（3）工资是劳动者在与用人单位建立的合法劳动关系中取得的劳动收入。因此公民个人因加工承揽、委托等民事合同获取的劳务报酬不是工资。

（4）工资是与劳动者提供劳动的数量和质量相联系的收入。因此，用人单位提供给劳动者的工作服、清凉饮料等费用属于福利待遇，不是工资。

（5）工资应当以货币形式支付。用人单位不得以实物替代货币来支付工资，不得以实物及有价证券替代货币支付，这是工资支付的一个重要原则。

（二）工资的组成

根据国家统计局 1990 年 1 月 1 日颁发的《关于工资总额组成的规定》和《〈关于工资总额组成的规定〉若干具体范围的解释》，以及原劳动部颁发的《工资支付暂行规定》（劳部发〔1994〕489 号）和《对〈工资支付暂行规定〉有关问题的补充规定》（劳部发〔1995〕226 号）的有关规定，劳动者的工资一般由基本工资和辅助工资两部分构成。

基本工资即劳动者所得工资额的基本组成部分。它由用人单位按照规定的工资标准支付，较之工资额的其他组成部分具有相对稳定性。具体来说，在企业中，基本工资是根据员工所在职位、能力、价值核定的薪资，是员工工作稳定性的基础，是员工安全感的保证。

辅助工资是指除基本工资以外的各种工资。例如，奖金、津贴和补贴、加班加点工资、附加工资、保留工资等。

1. 计时工资

计时工资是指按计时工资标准（包括地区生活费补贴）和工作时间支付给个人的劳动报酬。其包括对已做工作按计时工资标准支付的工资，实行结构工资制的单位支付给职工的基础工资和职务（岗位）工资，新参加工作职工的见习工资（学徒的生活费），运动员体育津贴。根据工资计算的时间单位不同，计时工资可以分为月工资制、日工资制和小时工资制。

2. 计件工资

计件工资是指对已做工作按计件单价支付的劳动报酬。其包括实行超额累进计件、直接无限计件、限额计件、超定额计件等工资制，按劳动部门或主管部门批准的定额和计件单价支付给个人的工资；按工作任务包干方法支付给个人的工资；按营业额提成或利润提成办法支付给个人的工资。计件工资能充分反映劳动者完成劳动的数量和质量，能更好地体现按劳分配的原则，但是应注意避免出现片面追求数量而忽视质量的不良现象。

3. 奖金

奖金是指支付给职工的超额劳动报酬和增收节支的劳动报酬。其包括生产奖，节约奖，劳动竞赛奖，机关、事业单位的奖励工资，其他奖金。奖金不是劳动者的固定收入，只有在符合奖励条件时才由用人单位决定发放给符合奖励条件的职工。是否发放奖金、如何发放奖金及发放奖金的数额，一般由用人单位来决定。超额劳动主要是指劳动质量、劳动成果上的超额，而不是劳动时间上的超额。

4. 津贴和补贴

津贴和补贴是指为了补偿职工特殊或额外的劳动消耗和因其他特殊原因支付给职工的津贴，以及为了保证职工工资水平不受物价影响支付给职工的物价补贴。津贴包括补偿职工特殊或额外劳动消耗的津贴，保健性津贴，技术性津贴，年功性津贴及其他津贴。物价补贴主要指为保证职工工资水平不受物价上涨或变动影响而支付的各种补贴。

5. 加班加点工资

加班加点工资是指按规定支付的加班工资和加点工资。

6. 特殊情况下的工资

特殊情况下支付的工资包括根据国家法律、法规和政策规定，因病、工伤、产假、计划生育假、婚丧假、事假、探亲假、定期休假、停工学习、执行国家或社会义务等原因按计时工资标准或计时工资标准的一定比例支付的工资；附加工资、保留工资。

需要注意的是，根据《劳动法》和《关于工资总额组成的规定》，以下劳动收入不属于工资总额范围：

（1）根据国务院发布的有关规定颁发的发明创造奖、自然科学奖、科学技术进步奖和技术改进奖及支付给运动员、教练员的奖金；

（2）有关劳动保险和职工福利方面的各项费用；

（3）有关离休、退休、退职人员待遇的各项支出；

（4）劳动保护的各项支出；

（5）稿费、讲课费及其他专门工作报酬；

（6）出差伙食补助费、误餐补助、调动工作的旅费和安家费；

（7）对自带工具、牲畜来企业工作职工所支付的工具、牲畜等的补偿费用；

（8）实行租赁经营单位的承租人的风险性补偿收入；

（9）对购买本企业股票和债券的职工所支付的股息（包括股金分红）和利息；

（10）劳动合同制职工解除劳动合同时由企业支付的医疗补助费、生活补助费等；

（11）因录用临时工而在工资以外向提供劳动力单位支付的手续费或管理费；

（12）支付给家庭工人的加工费和按加工订货办法支付给承包单位的发包费用；

（13）支付给参加企业劳动的在校学生的补贴；

（14）计划生育独生子女补贴。

二、最低工资

最低工资是指劳动者在法定工作时间或依法签订的劳动合同约定的工作时间内提供正常劳动的前提下，用人单位依法应支付的最低劳动报酬。其中，正常劳动是指劳动者按依法签订的劳动合同约定，在法定工作时间或劳动合同约定的工作时间内从事的劳动。劳动者依法享受带薪年休假、探亲假、婚丧假、生育（产）假、节育手术假等国家规定的假日期间，以及法定工作时间内依法参加社会活动期间，视为提供了正常劳动。我国《劳动法》及原劳动与社会保障部发布的《最低工资规定》对最低工资进行了明确规定。

最低工资是劳动者维持个人及其家庭成员的基本生活需要的工资，是劳动者工资的法定最低限额。用人单位实际向劳动者支付的工资不得少于最低限额，劳动者和用人单位签订的劳动合同也不得约定低于法定最低限额的工资。我国实行最低工资保障制度。最低工资的具体标准由省、自治区、直辖市人民政府规定，报国务院备案。用人单位支付劳动者的工资不得低于当地最低工资标准。下列各项不作为最低工资的组成部分：

（1）加班加点工资；

（2）中班、夜班、高温、低温、井下、有毒有害等特殊工作环境、条件下的津贴；

（3）国家法律、法规和政策规定的劳动者保险、福利待遇。

三、工资支付保障

《劳动法》第五十条规定，工资应当以货币形式按月支付给劳动者本人，不得克扣或者无故拖欠劳动者工资。《工资支付暂行规定》对工资支付的规定更加完善。

（一）严格执行工资支付规则

1. 货币支付形式

工资应当以法定货币支付，不得以实物及有价证券替代货币支付。

2. 发领工资的主体

用人单位应将工资支付给劳动者本人。劳动者本人因故不能领取工资时，可由其亲属或委托他人代领。用人单位可委托银行代发工资。

3. 工资支付时间

工资必须在用人单位与劳动者约定的日期支付。如遇节假日或休息日，则应提前在最近的工作日支付。工资至少每月支付一次，实行周、日、小时工资制的可按周、日、小时支付工资。

4. 视同提供正常劳动而支付工资的情况

非因劳动者原因造成单位停工、停产在一个工资支付周期内的，用人单位应按劳动合同规定的标准支付劳动者工资。超过一个工资支付周期的，若劳动者提供了正常劳动，则支付给劳动者的劳动报酬不得低于当地的最低工资标准；若劳动者没有提供正常劳动，应按国家有关规定办理。

5. 法定休假期间的工资

法定劳动者依法享受年休假、探亲假、婚假、丧假期间，用人单位应按劳动合同规定的标准支付劳动者工资。

6. 延长工作时间的工资

用人单位在劳动者完成劳动定额或规定的工作任务后，根据实际需要安排劳动者在法定标准工作时间以外工作的，应按以下标准支付工资：

（1）用人单位依法安排劳动者在日法定标准工作时间以外延长工作时间的，按照不低于劳动合同规定的劳动者本人小时工资标准的150%支付劳动者工资。

（2）用人单位依法安排劳动者在休息日工作，而又不能安排补休的，按照不低于劳动合同规定的劳动者本人日或小时工资标准的200%支付劳动者工资。

（3）用人单位依法安排劳动者在法定休假节日工作的，按照不低于劳动合同规定的劳动者本人日或小时工资标准的300%支付劳动者工资。

实行计件工资的劳动者，在完成计件定额任务后，由用人单位安排延长工作时间的，应根据上述规定的原则，分别按照不低于其本人法定工作时间计件单价的150%、200%、300%支付其工资。

（二）禁止克扣或无故拖欠工资

1. 对代扣工资的限制

用人单位不得克扣劳动者工资。有下列情况之一的，用人单位可以代扣劳动者工资：

（1）用人单位代扣代缴的个人所得税；

（2）用人单位代扣代缴的应由劳动者个人负担的各项社会保险费用；

（3）法院判决、裁定中要求代扣的抚养费、赡养费；

（4）法律、法规规定可以从劳动者工资中扣除的其他费用。

2. 对扣除工资金额的限制

因劳动者本人原因给用人单位造成经济损失的，用人单位可按照劳动合同的约定要求其赔偿经济损失。经济损失的赔偿，可从劳动者本人的工资中扣除，但每月扣除的部分不得超过劳动者当月工资的 20%。若扣除后的剩余工资部分低于当地月最低工资标准，则按最低工资标准支付。

第六节　劳动安全卫生与女职工、未成年工特殊保护

随着社会经济的快速发展，劳动技术不断提高，劳动强度逐步加大，劳动安全卫生制度的完善显得尤为重要。女职工和未成年工具有一定的特殊性，为保障他们的合法权益，《劳动法》专门就其进行了法律规定。

一、劳动安全卫生概述

（一）劳动安全卫生的概念

劳动安全卫生是指直接保护劳动者在生产过程中的安全和健康的各种措施。国家为保护劳动者在生产过程中的安全和健康所制定的各种法律规范称为劳动安全卫生制度。

（二）劳动安全卫生制度的内容

劳动安全卫生制度包括安全生产责任制度、安全技术措施计划管理制度、劳动安全生产教育制度、劳动安全卫生生产检查制度、劳动防护用品发放和管理制度、伤亡事故和职业病统计报告处理制度。

1. 安全生产责任制度

安全生产责任制是企业管理制度中最基本的一项制度，是保护劳动者的劳动健康和安全，促进安全生产的重要制度。根据《中华人民共和国安全生产法》第十七条的规定，生产经营单位的主要负责人有责任建立、健全本单位安全生产责任制度。

2. 安全技术措施计划管理制度

劳动安全卫生设施必须符合国家规定的标准。新建、改建、扩建工程的劳动安全卫生设施必须与主体工程同时设计、同时施工、同时投入生产和使用。根据《中华人

民共和国安全生产法》的规定，生产经营单位不得使用国家明令淘汰、禁止使用的危及生产安全的工艺、设备，以确保劳动者生产安全。

3. 劳动安全生产教育制度

劳动安全生产教育制度是为了增强职工的安全生产常识，提高其安全操作技术水平，而由企业对职工进行教育和培训的制度。其主要内容是思想政治教育、劳动保护方针政策教育、安全技术知识教育、典型经验和事故教训教育。

4. 劳动安全卫生生产检查制度

安全卫生检查一般由安全卫生监察机构派监察员随时到企、事业等单位进行检查，及时纠正、处理违反劳动安全卫生法律、法规的行为。企业的上级主管部门也应组织定期检查，专业技术人员应经常对其专业性问题进行检查，如电器安全、压力容器、防火防爆等。

5. 劳动防护用品发放和管理制度

用人单位必须为劳动者提供符合国家规定的劳动安全卫生条件和必要的劳动防护用品，对从事有职业危害作业的劳动者应当定期进行健康检查。劳动安全卫生条件主要包括工作场所和生产设备。工作场所的光线应当充足，噪声、有毒有害气体和粉尘浓度不得超过国家规定的标准，建筑施工、易燃易爆和有毒有害等危险作业场所应当设置相应的防护设施、报警装置、通信装置、安全标志等。对危险性大的生产设备设施，如锅炉、压力容器、起重机械、电梯、企业内机动车辆、客运架空索道等，必须经过安全评价认可，取得劳动部门颁发的安全使用许可证后，方可投入运行。企业提供的劳动防护用品，必须是经过政府劳动部门安全认证合格的劳动防护用品。

6. 伤亡事故和职业病统计报告处理制度

国家建立了伤亡事故和职业病统计报告处理制度。县级以上各级人民政府劳动行政部门、有关部门和用人单位应当依法对劳动者在劳动过程中发生的伤亡事故和劳动者的职业病状况，进行统计、报告和处理。

二、女职工特殊劳动保护

女职工特殊保护是指根据女职工的身体条件和生理特点，由国家专门制定相关的法律和法规，对女职工在劳动方面的特殊权益进行保护。

（一）女职工禁忌劳动范围

《劳动法》第五十九条规定，禁止安排女职工从事矿山井下、国家规定的第四级体力劳动强度的劳动和其他禁忌从事的劳动。第四级体力劳动强度和禁忌从事的劳动，可以按照《女职工禁忌劳动范围的规定》（劳安字〔1990〕2号）和国家标准《体力劳动强度分级》（GB 3869-83）等规定执行。

（二）女职工“四期”保护

1. 月经期

《劳动法》第六十条规定：“不得安排女职工在经期从事高处、低温、冷水作业和国家规定的第三级体力劳动强度的劳动。”高处作业是指二级高处作业，即凡在坠落高度基准面5米以上（含5米）有可能坠落的高处进行的作业。低温作业是指在劳动生产过程中，其工作地点平均气温等于或低于5℃的作业。冷水作业是指在劳动生产过程中，操作人员接触冷水温度等于或低于12℃的作业。

2. 怀孕期

不得安排女职工在怀孕期间从事国家规定的第三级体力劳动强度的劳动和孕期禁忌从事的劳动。对怀孕七个月以上的女职工，不得安排其延长工作时间和夜班劳动。

3. 生育期

女职工享受一定的生育期休假和生育期物质待遇。我国《劳动法》第六十二条规定："女职工生育享受不少于九十天的产假。"

4. 哺乳期

不得安排女职工在哺乳未满一周岁的婴儿期间从事国家规定的第三级体力劳动强度的劳动和哺乳期禁忌从事的其他劳动，不得安排其延长工作时间和夜班劳动。

三、未成年工特殊劳动保护

（一）未成年工的概念

我国《劳动法》第五十八条第二款明文规定，未成年工是指年满16周岁未满18周岁的劳动者。《中华人民共和国未成年人保护法》第三十八条规定，任何组织或者个人不得招用未满16周岁的未成年人，国家另有规定的除外。任何组织和个人依照国家有关规定招收已满16周岁未满18周岁的未成年人的，应当在工种、劳动时间、劳动强度和保护措施等方面执行国家有关规定，不得安排其从事过重、有毒、有害的劳动或者危险作业。

（二）未成年工的特殊保护

1. 禁止安排有害健康的工作

《劳动法》第六十四条规定："不得安排未成年工从事矿山井下、有毒有害、国家规定的第四级体力劳动强度的劳动和其他禁忌从事的劳动。"《未成年工特殊保护规定》第三条规定了用人单位不得安排未成年工从事的劳动范围。

2. 定期进行健康检查

用人单位对未成年工进行定期的健康检查，有利于未成年人的健康发育，使其免受职业侵害，同时也是用人单位对未成年工安排工作岗位的重要依据。《劳动法》第六十五条规定，用人单位应当对未成年工定期进行健康检查。《未成年工特殊保护规定》规定：用人单位应按下列要求对未成年工进行定期健康检查：①安排工作岗位之前；②工作满1年；③年满18周岁，距前一次的体检时间已超过半年。体检发现未成年工不适宜从事原工作的，用人单位应为未成年工调换适宜的工作岗位；未成年工身体健康受到损害的，用人单位应当为其治疗。用人单位不仅要对未成年工健康检查事宜进行全面的安排，而且所涉及的所有费用支出都应由用人单位承担。未成年工在规定的健康检查期间应算作工作时间，用人单位不得克扣工资。

案例分析：女职工特殊保护[①]

【案情】李某自2009年9月进入福建商会工作，签订劳动合同至2012年8月31日。劳动合同期满后，李某仍在福建商会处工作，但福建商会未与李某签订劳动合同。李某于2012年10月14日分娩，2013年3月，李某休完产假后要求回单位工作，福建商会拒不同意。2013年7月6日，李某以邮寄方式向福建商会提交了“要求安排工作申请书”，其主要内容为：李某与福建商会存在劳动合同关系期间，因怀孕依据规定休假；休假期满后，李某第一时间与单位沟通要求回单位上班，但单位一直以各种理由拒绝；之后，她又多次要求回单位上班，单位仍拒绝。为此，李某以书面形式要求，单位在接到本通知之日起两日内安排李某回单位上班，并恢复会计岗位和岗位薪酬。福建商会于2013年7月8日收到了该申请书，但未做出书面答复。

【问题】福建商会解除劳动合同，停止为李某缴纳社会保险、停发工资的行为是否合法？

第七节　社会保险

社会保险是社会保障体系中的核心内容，社会保险制度的建立和完善必然带动社会保障制度的建立和完善，对社会主义市场经济体制的建立和完善具有非常重要的意义。

一、社会保险的概念和特征

社会保险是国家通过立法设立社会保险基金，使劳动者在年老、患病、工伤、失业、生育等情况下获得帮助和补偿。社会保险有如下特征：

1. 强制性

社会保险具有强制性，国家通过立法强制实施社会保险，社会保险的项目、待遇、收费标准等内容不是由当事人自由选择，而由国家法律规定。而商业保险采取自愿投保原则。

2. 补偿性

社会保险面向劳动者，其前提条件是劳动者在劳动过程中，遭受劳动风险的条件下享受保险，是对劳动者所遇劳动风险的补偿。

3. 互济性

社会保险通过法律的形式向全社会有交纳义务的单位和个人收取社会保费建立社会保障基金，并在全社会统一用于救助被保障对象，同时各项社会保险基金可以从统一基金中相互调节。

二、社会保险制度

国家发展社会保险事业，建立社会保险制度，设立社会保险基金，使劳动者在年

① 案例改编自中国裁判文书网《李雪梅与山东省福建商会劳动合同纠纷一审民事裁定书》，案号为（2013）历民初字第1989号。

老、患病、工伤、失业、生育等情况下获得帮助和补偿。我国的社会保险制度是实行基本社会保险、单位补充保险、个人储蓄保险的多层次社会保险制度。

1. 基本社会保险

基本社会保险是国家强制性保险，处于第一层次，是最主要的保险方式，包括有养老保险、医疗保险、工伤保险、失业保险、生育保险五个项目。

2. 单位补充保险

单位补充保险处于第二层次，是指除了社会基本保险以外，用人单位根据自己的经济条件为劳动者投保高于社会保险标准的补充保险。以用人单位具有经济承受能力为前提条件，由用人单位自愿投保。国家鼓励用人单位根据本单位实际情况为劳动者建立补充保险。

3. 个人储蓄保险

个人储蓄保险处于第三层次，遵循个人自愿原则，国家提倡劳动者个人进行储蓄性保险。

三、社会保险项目

从我国《劳动法》第七十三条的规定可以看出，我国社会保险项目有养老保险、医疗保险、工伤保险、失业保险、生育保险五个项目。

（一）养老保险

养老保险是劳动者在达到法定退休年龄退休后，从政府和社会得到一定的经济补偿、物质帮助和服务的一项社会保险制度。

享受养老保险的条件包括：

（1）工龄达到法律规定的年限。这主要是对特殊情况下的退休规定的条件之一，如从事有毒有害、特别繁重体力劳动、特别艰苦的工作条件下从事劳动的劳动者等，要求工龄连续达到10年。

（2）年龄达到要求的条件。正常情况下的退休，男职工为60周岁，女职工为50周岁，并要求连续工龄达到10年；干部的退休年龄为男60周岁，女55周岁，并要求连续工龄达到10年。

（二）医疗保险

医疗保险是按照国家规定缴纳一定比例的医疗保险费，在参保人因患病和意外伤害而发生医疗费用后，由医疗保险基金支付其医疗保险待遇的社会保险制度。

我国《社会保险法》第二十三条规定，职工应当参加职工基本医疗保险，由用人单位和职工按照国家规定共同缴纳基本医疗保险费。无雇工的个体工商户、未在用人单位参加职工基本医疗保险的非全日制从业人员及其他灵活就业人员可以参加职工基本医疗保险，由个人按照国家规定缴纳基本医疗保险费。

（三）工伤保险

工伤保险是由用人单位缴纳工伤保险费，对劳动者因工作原因遭受意外伤害或职业病，从而造成死亡、暂时或者永久丧失劳动能力时，给予职工及其相关人员工伤保险待遇的社会保险制度。

我国《社会保险法》第三十三条规定，职工应当参加工伤保险，由用人单位缴纳工伤保险费，职工不缴纳工伤保险费。

（四）失业保险

失业保险是指处于法定劳动年龄且有劳动能力和就业愿望的劳动者，在因失去工作而中断收入时，依法在一定期限内从国家和社会获取物质帮助的一种社会保险制度。

根据《失业保险条例》第十四条的规定，具备下列条件的失业人员，可以领取失业保险金：①按照规定参加失业保险，所在单位和本人已按照规定履行缴费义务满1年的；②非因本人意愿中断就业的；③已办理失业登记，并有求职要求的。失业人员在领取失业保险金期间，按照规定同时享受其他失业保险待遇。

（五）生育保险

生育保险是用人单位缴纳保险费，其职工或者职工的未就业配偶按照国家规定享受生育医疗费用和生育津贴等生育保险待遇的社会保险制度。

职工应当参加生育保险，由用人单位按照国家规定缴纳生育保险费，职工不缴纳生育保险费。如《成都市生育保险办法》规定，成都市行政区域内的下列用人单位和人员（不含离退休人员）适用该办法：①企业及其职工；②基本医疗保险关系在本市的国家机关及其工作人员、事业单位及其职工、社会团体及其专职人员；③民办非企业单位及其职工；④有雇工的城镇个体工商户及其雇工；⑤没有雇工的城镇个体工商户和城镇自由职业者；⑥外商投资企业的中方职工；⑦外地驻蓉机构及其职工。

四、社会保险登记制度

《社会保险法》第五十七条规定了企业社会保险登记制度：企业应当自成立之日起三十日内，凭营业执照、登记证书或者单位印章，向当地社会保险经办机构申请办理社会保险登记。变更工商登记的企业，须在办理变更登记之日起30天内到原社会保险登记机构办理变更社会保险登记。

第八节　劳动争议

我国《劳动法》《劳动合同法》和《劳动争议调解仲裁法》等法律法规的实施，使我国劳动争议的处理具有了充分的法律依据，对于保障劳动关系主体的合法权益，构建和谐的劳动关系具有重要作用。

一、劳动争议的概念和范围

（一）劳动争议的概念

劳动争议又称劳动纠纷，是指劳动者和用人单位之间因执行劳动法律、法规或履行劳动合同、集体合同发生的争执。

劳动争议可以分为个别劳动争议和集体劳动争议。个别劳动争议是指 1 个或 2 个劳动者因劳动权利义务与用人单位之间发生的争议。集体劳动争议是指 3 人或 3 人以上的劳动者因共同的劳动权利义务与用人单位之间发生的纠纷。

(二)劳动争议的范围

劳动争议的范围由劳动法的调整对象和适用范围决定。根据我国《劳动法》和《劳动争议调解仲裁法》的规定，我国现阶段受理劳动争议的范围是境内用人单位与劳动者发生的如下争议：

(1)因确认劳动关系发生的争议；

(2)因订立、履行、变更、解除和终止劳动合同发生的争议；

(3)因除名、辞退和辞职、离职发生的争议；

(4)因工作时间、休息休假、社会保险、福利、培训及劳动保护发生的争议；

(5)因劳动报酬、工伤医疗费、经济补偿或者赔偿金等发生的争议；

(6)法律、法规规定的其他劳动争议。

二、劳动争议处理机构

(一)劳动争议调解委员会

劳动争议调解委员会是设立在企业内部的专门负责调解本企业发生劳动争议的基层组织，其性质为群众性组织。《劳动法》第八十条规定，在用人单位内，可以设立劳动争议调解委员会。劳动争议调解委员会由职工代表、用人单位代表和工会代表组成。劳动争议调解委员会主任由工会代表担任。劳动争议经调解达成协议的，当事人应当履行。

当事人达成的具有劳动权利义务内容的调解协议，具有劳动合同的约束力，可以作为人民法院裁判的根据。《劳动争议调解仲裁法》第十四条规定，调解协议书由双方当事人签名或者盖章，经调解员签名并加盖调解组织印章后生效，对双方当事人具有约束力，当事人应当履行。

(二)劳动争议仲裁委员会

劳动争议仲裁委员会是法律规定的对劳动争议行使仲裁权的机构。在我国，劳动争议调解仲裁机构是指各级人民政府按照统筹规划、合理布局和实际需要而设立的劳动争议仲裁委员会。省、自治区人民政府可以决定在市、县设立，直辖市人民政府可以决定在区、县设立。直辖市、设区的市也可以设立一个或者若干个劳动争议仲裁委员会。劳动争议仲裁委员会不按行政区划层层设立。

仲裁裁决具有法律效力。《劳动争议调解仲裁法》第四十七条规定：“下列劳动争议，除本法另有规定的外，仲裁裁决为终局裁决，裁决书自作出之日起发生法律效力：(一)追索劳动报酬、工伤医疗费、经济补偿或者赔偿金，不超过当地月最低工资标准十二个月金额的争议；(二)因执行国家的劳动标准在工作时间、休息休假、社会保险等方面发生的争议。”

（三）人民法院

劳动争议当事人不服劳动争议仲裁委员会的裁决，在法定期限内，持劳动争议仲裁裁决书向人民法院起诉。我国《劳动法》第八十三条规定，劳动争议当事人对仲裁裁决不服的，可以自收到仲裁裁决书之日起十五日内向人民法院提起诉讼。《劳动合同法》第七十七条也规定，劳动者合法权益受到侵害的，有权要求有关部门依法处理，或者依法申请仲裁、提起诉讼。

案例分析：劳动争议处理①

【案情】从2002年起至今，原告杨东海一直在被告景泰县中泉水电管理所工作，双方早已形成事实劳动关系。但直到2016年，被告景泰县中泉水电管理所未与原告签订无固定期限劳动合同，未按《劳动法》同工同酬的相关规定向原告支付劳动报酬及工资待遇。本单位同岗位职工的工资为4 000元左右，而原告的工资仅为2 000元。原告向景泰县劳动争议仲裁委员会申请劳动仲裁，仲裁委以景泰县中泉水电管理所为自收自支的事业单位，原告属于合同制用工范畴，要求和事业编制内职工同工同酬没有法律依据为由决定不予受理。

【评析】《劳动法》第二条规定："在中华人民共和国境内的企业、个体经济组织和与之形成劳动关系的劳动者，适用本法。国家机关，事业组织、社会团体与之建立劳动合同关系的劳动者，依照本法执行。"《关于贯彻执行<中华人民共和国劳动法>若干问题的意见》第八十二条规定："用人单位与劳动者发生劳动争议，不论是否订立劳动合同，只要存在事实劳动关系，并符合劳动法的适用范围和企业劳动争议处理条例的受案范围，劳动争议仲裁委员会均应受理。"仲裁程序是劳动争议处理的法定必经程序，同时还是劳动争议案件提请人民法院审理的前置条件，只有在案件经过仲裁委员会仲裁之后，当事人对裁决不服时，才能向人民法院起诉。仲裁委员会既没有认定原、被告之间事实劳动关系的存在，也没有进入仲裁实质程序，对原告的主张做出相应的裁决，故原告的主张应先由劳动争议仲裁委员会做出相应裁决后，原告不服，才能向人民法院起诉。

课堂讨论

1. 讨论我国《劳动法》的立法背景。
2. 讨论我国《劳动法》的基本特征。

课后复习

1. 简述我国的工作时间和休息休假制度。
2. 最低工资的法律依据和主要特点是什么？
3. 劳动安全的基本要求是什么？
4. 工伤如何认定？

---

① 该案例改编自中国裁判文书网《原告杨东海与被告景泰县中泉水电管理所、景泰县水务局劳动争议纠纷一案裁定书》，案号为（2016）甘0423民初1254号。

第九章 《劳动合同法》解读

■本章重点

1. 劳动合同的订立
2. 劳动合同的履行和变更
3. 劳动合同的解除
4. 劳务派遣制度
5. 非全日制用工

■学习要求

1. 掌握劳动合同的必备条款。
2. 熟悉劳动合同的履行规则。
3. 掌握劳动合同的解除的形式。
4. 运用《劳动合同法》的具体规定处理实际劳动合同纠纷。

引导案例 员工拒签劳动合同 企业继续用工有风险①

基本案情：2008 年，王某宝入职深圳某电子有限公司，在注塑部从事注塑工作，双方签有从 2008 年 3 月 6 日始至 2015 年 5 月 31 日止的固定劳动合同一份。2014 年 6 月王某宝已经是该部门的主管。劳动合同到期后，人事部门多次要求其签订劳动合同，但王某宝一直以种种理由推托。2016 年 3 月 20 日，王某宝离开公司后，遂向劳动争议仲裁委员会申请仲裁，要求支付未签订劳动合同的两倍工资差额，仲裁委支持其请求，公司不服，向法院起诉。

裁判结果：该案经深圳市中级人民法院认定，未签劳动合同的过错在员工方，但用人单位未能提供有效证据，并继续用工，理应支付未签订劳动合同的两倍工资差额。

① 周德萌. 员工拒签劳动合同企业继续用工有风险 [N]. 宝安日报，2017-06-01 (19).

案例评析：本案的法律问题是，劳动者拒签劳动合同，在用人单位有证据证实的情况下，用人单位应当在一定期限内书面通知劳动者终止劳动关系。如果用人单位未在法定期限内依法书面通知劳动者终止劳动关系，而是继续用工，应视为用人单位放弃了终止劳动关系的权利。

《劳动合同法实施条例》第五条“自用工之日起一个月内，经用人单位书面通知后，劳动者不与用人单位订立书面劳动合同的，用人单位应当书面通知劳动者终止劳动关系，无须向劳动者支付经济补偿，但是应当依法向劳动者支付其实际工作时间的劳动报酬”和第六条“用人单位自用工之日起超过一个月不满一年未与劳动者订立书面劳动合同的，应当依照劳动合同法第八十二条的规定向劳动者每月支付两倍的工资，并与劳动者补订书面劳动合同；劳动者不与用人单位订立书面劳动合同的，用人单位应当书面通知劳动者终止劳动关系，并依照劳动合同法第四十七条的规定支付经济补偿”的规定可作为依据。

第一节 《劳动合同法》概述

《劳动合同法》是我国劳动法律体系的重要组成部分，是调整和规范劳动合同订立、履行、变更、解除、终止和续订的法律规范。我国《劳动合同法》自2007年6月29日公布，2008年1月1日起施行。《劳动合同法》的制定，对于规范劳动力市场秩序和企事业单位用工形式，发展社会主义和谐劳动关系具有重要意义。

一、劳动合同

（一）劳动合同的概念

劳动合同也称为劳动协议、劳动契约，是劳动者和用人单位之间明确劳动权利义务，规范劳动合同订立、履行、变更、解除和终止行为的协议。要正确理解劳动合同的概念，应正确把握以下几点：

1. 劳动合同的当事人是劳动者与用人单位

劳动合同的主体是特定的，一方是劳动者个人，另一方是用人单位。

用人单位的认定应把握三个方面：

（1）按照《劳动合同法》规定，用人单位主要是指企业、个体经济组织、民办非企业单位等组织，以及国家机关、事业单位、社会团体等。

（2）《劳动合同法实施条例》第三条进一步明确，依法成立的会计师事务所、律师事务所等合伙组织和基金会，属于《劳动合同法》规定的用人单位。

（3）《劳动合同法实施条例》第四条规定：用人单位设立的分支机构，依法取得营业执照或者登记证书的，可以作为用人单位与劳动者订立劳动合同；未依法取得营业执照或者登记证书的，受用人单位委托可以与劳动者订立劳动合同。

2. 劳动合同的内容是双方权利义务

劳动者依据劳动合同成为用人单位的一员，享有平等就业权，劳动报酬权、休息休假等权利，有义务按照合同约定提供劳动，完成劳动任务，遵守用人单位依法制定的规章制度。同样，用人单位也享有法律规定的权利，履行法律规定的义务。

3. 劳动合同的订立遵循双方自愿原则

合同双方当事人本着平等、自愿的原则签订劳动合同，对双方同时具有约束力，也是维护双方合法权益的重要保障。

（二）劳动合同的法律特征

1. 合同主体具有特定性

劳动合同主体一方为劳动者，另一方为用人单位。而民事合同主体则为一般意义上的当事人，可以是自然人、法人或非法人组织。

2. 合同标的具有有限性

劳动合同的标的是劳动者提供的劳动行为，而民事合同标的可以是物、行为或智力成果等形式。

3. 合同内容具有法定性

《劳动合同法》规定了劳动合同的必备条款，包括劳动合同期限，工作内容和工作地点，工作时间和休息休假，劳动报酬，社会保险，劳动保护、劳动条件和职业危害防护等。而法律并未对民事合同内容进行限制。

4. 合同履行具有隶属性

劳动合同具有身份属性，在合同履行过程中，劳动者在身份上附属于用人单位，应服从用人单位的领导，遵守劳动纪律和内部劳动规则。而民事合同履行过程中双方主体的地位依旧具有平等性。

5. 合同形式具有书面性

劳动合同法规定，双方建立劳动关系，必须订立书面的劳动合同。而民事合同的形式可以是口头、书面及其他形式。

（三）劳动合同的期限

劳动合同期限是指劳动合同的有效时间，是双方当事人所订立的劳动合同的起始和终止时间。劳动合同的期限是劳动合同的必备条款。根据《劳动合同法》第十二条规定，劳动合同分为固定期限劳动合同、无固定期限劳动合同和以完成一定工作任务为期限的劳动合同。

1. 固定期限劳动合同

《劳动合同法》第十三条规定，固定期限劳动合同是指用人单位与劳动者约定合同终止时间的劳动合同。用人单位与劳动者协商一致，可以订立固定期限劳动合同。其期限可长可短，长到几年、十几年，短到一年或者几个月。

2. 无固定期限劳动合同

《劳动合同法》第十四条规定："无固定期限劳动合同，是指用人单位与劳动者约定无确定终止时间的劳动合同。用人单位与劳动者协商一致，可以订立无固定期限劳动合同。有下列情形之一，劳动者提出或者同意续订、订立劳动合同的，除劳动者提出订立固定期限劳动合同外，应当订立无固定期限劳动合同：（一）劳动者在该用人单位连续工作满十年的；（二）用人单位初次实行劳动合同制度或者国有企业改制重新订立劳动合同时，劳动者在该用人单位连续工作满十年且距法定退休年龄不足十年的；

（三）连续订立二次固定期限劳动合同，且劳动者没有本法第三十九条和第四十条第一项、第二项规定的情形，续订劳动合同的。用人单位自用工之日起满一年不与劳动者订立书面劳动合同的，视为用人单位与劳动者已订立无固定期限劳动合同。”

3. 以完成一定工作任务为期限的劳动合同

《劳动合同法》第十五条规定，以完成一定工作任务为期限的劳动合同，是指用人单位与劳动者约定以某项工作的完成为合同期限的劳动合同。用人单位与劳动者协商一致，可以订立以完成一定工作任务为期限的劳动合同。这类合同多适用于建筑业、铁路交通和水利工程等。

二、《劳动合同法》

我国《劳动合同法》共八章九十八条，包括总则、劳动合同的订立、劳动合同的履行和变更、劳动合同的解除和终止、特别规定、监督检查、法律责任、附则。为贯彻实施《劳动合同法》，国务院制定了《劳动合同法实施条例》。

（一）劳动合同法的立法宗旨

《劳动合同法》第一条规定了该法的立法宗旨，即为了完善劳动合同制度，明确劳动合同双方当事人的权利和义务，保护劳动者的合法权益，构建和发展和谐稳定的劳动关系，制定本法。立法宗旨是《劳动合同法》的核心和灵魂，是劳动合同实施过程的指导原则。

（二）劳动合同法的适用范围

《劳动合同法》第二条规定，中华人民共和国境内的企业、个体经济组织、民办非企业单位等组织（以下称用人单位）与劳动者建立劳动关系，订立、履行、变更、解除或者终止劳动合同，适用本法。国家机关、事业单位、社会团体和与其建立劳动关系的劳动者，订立、履行、变更、解除或者终止劳动合同，依照本法执行。《劳动合同法》第九十六条规定，事业单位与实行聘用制的工作人员订立、履行、变更、解除或者终止劳动合同，法律、行政法规或者国务院另有规定的，依照其规定；未做规定的，依照本法有关规定执行。《劳动合同法实施条例》第三条规定，依法成立的会计师事务所、律师事务所等合伙组织和基金会，属于劳动合同法规定的用人单位。

因此，根据相关法律规定，《劳动合同法》的适用范围包括以下内容：

1. 境内的企业、个体经济组织、民办非企业单位等组织（用人单位）和与之建立劳动关系的劳动者

企业包括法人企业和非法人企业、国有企业和非国有企业、内资企业和涉外企业等。个体经济组织是指雇工在 7 人以下的个体工商户。民办非企业单位是指企业事业单位、社会团体和其他社会力量及公民个人利用非国有资产举办的，从事非营利性社会服务活动的社会组织。劳动者是依照劳动法的规定参与到劳动关系中，给付劳动并获得劳动报酬的自然人，包括脑力劳动者和体力劳动者，包括我国公民，也包括外国人和无国籍人。

2. 机关、事业单位、社会团体和与其建立劳动关系的劳动者

国家机关包括国家权力机关、国家行政机关、司法机关、国家军事机关、政协等，

其录用公务员和聘任制公务员，适用《中华人民共和国公务员法》，不适用《劳动合同法》，国家机关招用工勤人员，需要签订劳动合同，就适用《劳动合同法》。

事业单位适用《劳动合同法》，可以分为三种情况：第一种是具有管理公共事务职能的组织，如中国证券监督管理委员会、中国银行保险监督管理委员会等，其录用工作人员是参照《中华人民共和国公务员法》进行管理，不适用《劳动合同法》。第二种是实行企业化管理的事业单位，这类事业单位与职工签订的是劳动合同，适用《劳动合同法》的规定。第三种是事业单位如医院、学校、科研机构等，有的劳动者与单位签订的是劳动合同，签订劳动合同的，就要按照《劳动合同法》的规定执行；有的劳动者与单位签订的是聘用合同，签订聘用合同的，就要按照《劳动合同法》第九十六条的规定：法律、行政法规和国务院规定另有规定的，就按照法律、行政法规和国务院的规定执行；法律、行政法规和国务院没有特别规定的，也要按照《劳动合同法》执行。

3. 社会团体

按照《社会团体登记管理条例》的规定，社会团体是指中国公民自愿组成，为实现会员共同意愿，按照其章程开展活动的非营利性社会组织。社会团体的情况也比较复杂：有的社会团体，如党派团体，除工勤人员外，其工作人员是公务员，按照《中华人民共和国公务员法》管理；有的社会团体，如工会、共青团、妇联、工商联等人民团体和群众团体，文学艺术联合会、足球协会等文化艺术体育团体，法学会、医学会等学术研究团体，各种行业协会等社会经济团体，对这些社会团体，虽然《中华人民共和国公务员法》没有明确规定参照，但实践中对列入国家编制序列的社会团体，除工勤人员外，其工作人员是比照《中华人民共和国公务员法》进行管理的。除此以外的多数社会团体，如果作为用人单位与劳动者订立的是劳动合同，就按照《劳动合同法》进行调整。

三、用人单位的规章制度

规章制度是用人单位的内部“法律”，贯穿于用人单位的整个用工过程，是用人单位行使管理权、合同解除权的重要依据。

《劳动合同法》第四条规定：用人单位应当依法建立和完善劳动规章制度，保障劳动者享有劳动权利、履行劳动义务。用人单位在制定、修改或者决定有关劳动报酬、工作时间、休息休假、劳动安全卫生、保险福利、职工培训、劳动纪律及劳动定额管理等直接涉及劳动者切身利益的规章制度或者重大事项时，应当经职工代表大会或者全体职工讨论，提出方案和意见，与工会或者职工代表平等协商确定。在规章制度和重大事项决定实施过程中，工会或者职工认为不适当的，有权向用人单位提出，通过协商予以修改完善。用人单位应当将直接涉及劳动者切身利益的规章制度和重大事项决定公示，或者告知劳动者。

《劳动合同法》第三十八条第四项规定，用人单位的规章制度违反法律、法规的规定，损害劳动者权益的，劳动者可以解除劳动合同，用人单位需支付经济补偿金。之后，《劳动合同法》第八十条规定：用人单位直接涉及劳动者切身利益的规章制度违反法律、法规规定的，由劳动行政部门责令改正，给予警告；给劳动者造成损害的，应当承担赔偿责任。

第二节　劳动合同的订立

订立劳动合同是指劳动者与用人单位就劳动合同条款协商一致，并以书面形式确定双方权利义务关系的法律行为。劳动合同的订立是劳动合同成立和生效的前提。《劳动合同法》第三条规定，订立劳动合同，应当遵循合法、公平、平等自愿、协商一致、诚实信用的原则。依法订立的劳动合同具有约束力，用人单位与劳动者应当履行劳动合同约定的义务。

一、劳动合同的订立原则

（一）合法原则

合法原则是指劳动合同的双方当事人要遵守法律规定，不得违反法律、行政法规的强制性规定。

1. 主体合法

订立劳动合同的双方当事人必须具备法律、法规规定的主体资格，劳动者必须达到法定劳动年龄，用人单位必须具备承担合同义务的能力，属于劳动合同法的适用对象。

2. 内容合法

劳动合同必须具备法律规定的必备条款，不得损害社会公共利益或第三人利益。

3. 形式合法

劳动合同应当采取书面形式，书面合同一式两份，双方当事人各执一份。但非全日制劳动者与用人单位的劳动合同可以用口头方式约定。

（二）公平原则

公平原则要求劳动合同内容公平合理，用人单位不得以强势地位压制劳动者来制定显失公平的合同条款。该原则要求用人单位应给劳动者提供与社会经济发展水平基本一致的劳动条件和报酬，双方的权利义务要对等。公平原则有利于防止用人单位滥用自身的优势地位损害劳动者的合法权利，有利于平衡双方当事人的利益，也有利于建立和谐稳定的劳动关系。

（三）平等自愿原则

平等自愿原则是指劳动者和用人单位在订立劳动合同时法律地位平等，订立劳动合同完全是出于劳动者和用人单位双方的真实意思的表示，出于自愿而签订。平等是指劳动合同双方当事人在订立劳动合同时的法律地位平等，不存在任何依附关系，任何一方不得歧视和欺压对方。自愿是指劳动合同双方当事人完全出于自己的意愿签订劳动合同。因此，凡是采取强迫、欺诈、威胁和乘人之危等手段，将自己意志强加给对方所订立的合同，都不符合该原则。

（四）协商一致原则

协商一致原则是指合同条款是经双方协商一致达成的，任何一方不得把自己的意志强加给另一方，不得强迫订立劳动合同。协商一致是平等自愿唯一的表达方式。

（五）诚实信用原则

诚实信用原则是一项社会基本道德原则，为人处世均应当遵循该原则。用人单位和劳动者在订立劳动合同时要诚实，讲信用，不得欺诈对方。根据《劳动合同法》的规定，用人单位招用劳动者时，应当如实告知劳动者工作内容、工作条件、工作地点、职业危害、安全生产状况、劳动报酬，以及劳动者要求了解的其他情况；用人单位有权了解劳动者与劳动合同直接相关的基本情况，劳动者应当如实说明。

案例分析：武汉××公司与黄某劳动合同纠纷①

【案情】2015 年 1 月 1 日、2016 年 1 月 1 日，原告武汉××公司与金发物流公司分别签订了运输承包协议 2 份，约定将原告生产的干混砂浆整体打包给金发物流公司运输。同时，合同还约定干混砂浆的运输量、价格、结算、付款方式等其他事项，合同有效期均为一年。2015 年 4 月，被告黄某由金发物流公司招聘，驾驶其公司所有的车牌号为鄂 A××重型罐式货车受其指派在武汉××公司从事运输工作。同月，被告黄某认为金发物流公司提供的劳动合同条款内容不合理，未与其签订劳务合同。2016 年 4 月 4 日，被告与金发物流公司签订劳动合同 1 份，甲方为金发物流公司，乙方为黄某，合同约定：甲方向乙方提供安定的生产和生活环境；乙方应当遵守各项规章制度；乙方在工作期间，实行劳务报酬制；所有员工须有农村合作医疗卡，如有意外事故，乙方须积极配合理赔；合同有效期为一年等。2015 年 4 月至 2017 年 5 月，被告黄某的工资由金发物流公司发放。其中，金发物流公司因资金困难，曾委托武汉××公司总经理吴某代付被告黄某 2016 年 4 月、5 月两个月的工资，此款武汉××公司与金发物流公司已在结算运输款中予以扣除。

2017 年 6 月 12 日至 2017 年 9 月 28 日，被告黄某因患直肠癌，共发生住院医疗费用 87 553.9 元，新农合报销 33 092.86 元。2017 年 9 月 1 日，被告黄某因医疗保险损失向武汉市蔡甸区劳动人事争议仲裁委员会申请仲裁，请求：①解除与武汉××公司劳动关系；②武汉××公司支付未签订劳动合同双倍工资 55 000 元；③武汉××公司支付经济补偿金 12 500 元；④武汉××公司支付医疗保险损失费 57 921.2 元。该委员会于 2018 年 1 月 20 日以蔡劳人仲裁字〔2018〕第 12 号仲裁裁决书裁决：①武汉××公司支付黄某医疗费损失 30 678.31 元；②驳回黄某的其他仲裁请求。

【评析】劳动合同的订立和履行，应当遵循合法、公平、平等自愿、协商一致、诚实信用原则。被告黄某于 2016 年 4 月 4 日与金发物流公司双方自愿签订的劳动合同，内容未违反法律、行政法规强制性规定，合法有效。黄某 2015 年 4 月入职金发物流有限公司，其认为当时金发物流公司提供的劳动合同条款不合理，而拒绝与其签订劳务

---

① 案例改编自中国裁判文书网《武汉创一佳实业发展有限公司与黄某劳动合同纠纷一审民事判决书》，案号为（2018）鄂 0114 民初 564 号。

合同，系处分其权利的行为，黄某与金发物流公司双方之间的劳动关系成立。黄某关于武汉××公司总经理吴某曾支付其工资，其与武汉××公司存在劳动关系，该公司应支付其医疗费损失的辩解意见，与事实不符。

二、劳动关系的建立

《劳动合同法》第七条规定，用人单位自用工之日起即与劳动者建立劳动关系。用人单位应当建立职工名册备查。这一规定明确了用人单位与劳动者劳动关系成立的时间，以及用人单位在录用劳动者时的义务。《劳动合同法》第十条第三款规定，用人单位与劳动者在用工前订立劳动合同的，劳动关系自用工之日起建立。

（一）劳动关系建立的时间

劳动关系是指劳动者与用人单位在劳动过程中产生的权利义务关系。劳动关系建立的时间直接影响劳动者与用人单位享有权利和履行义务的时间界限，对双方当事人至关重要。《劳动合同法》规定劳动关系自“用工之日”成立，而不是签订书面劳动合同时成立。也就是说，即使用人单位并未与劳动者签订书面劳动合同，则仍然会构成事实上的劳动关系，劳动者同样享有法律规定的权利。该规定可以防止一些企业由于不签订书面劳动合同而否定劳动关系存在的违法行为。

事实劳动关系指用人单位与劳动者之间在建立、变更或延续劳动关系时，没有按照法律规定的要求签订书面劳动合同，但是双方之间已经实际履行了相关的劳动权利和劳动义务而形成的劳动关系。事实劳动关系的提法并未得到立法的确认，但在实践中确实存在。劳动者应当注意保留和收集证明事实劳动关系存在的各种证据，如工作证、服务证、考勤记录、工资条、其他劳动者证言等。

（二）用人单位用工应该建立职工名册

职工名册是用人单位制作的用于记录本单位劳动者基本情况及劳动关系运行情况的书面材料。《劳动合同法》第七条规定，用人单位应当建立职工名册备查。对此，《劳动合同法实施条例》第八条进一步进行明确规定，该职工名册应当包括劳动者姓名、性别、公民身份证号码、户籍地址及现住址、联系方式、用工形式、用工起始时间、劳动合同期限等内容。同时，《劳动合同法实施条例》第三十三条规定了相关的法律责任：用人单位违反劳动合同法有关建立职工名册规定的，由劳动行政部门责令限期改正；逾期不改正的，由劳动行政部门处 2 000 元以上 2 万元以下的罚款。

三、用人单位的告知义务和知情权

《劳动合同法》第八条规定：用人单位招用劳动者时，应当如实告知劳动者工作内容、工作条件、工作地点、职业危害、安全生产状况、劳动报酬，以及劳动者要求了解的其他情况；用人单位有权了解劳动者与劳动合同直接相关的基本情况，劳动者应当如实说明。该条规定了用人单位的告知义务和知情权。

（一）用人单位的告知义务

用人单位的告知义务，用人单位招用劳动者时，应当如实告知劳动者工作内容、工作条件、工作地点、职业危害、安全生产状况、劳动报酬，以及劳动者要求了解的其他情况。这些告知内容是法定的，无论劳动者是否提出要求，用人单位都应该主动向劳动者进行说明。劳动者只有详细了解用人单位的基本情况，才能判断自己是否适合这份工作。

告知义务对合同效力也会产生影响，隐瞒真实情况，诱使对方做出错误的判断而签订劳动合同，可认定为欺诈，因欺诈手段而订立的劳动合同可认定为无效劳动合同。实践中，用人单位可以采取以下形式进行告知：第一，告知书，让劳动者签字确认；第二，在劳动合同中进行声明。

（二）用人单位的知情权

用人单位在履行告知义务的同时也享有一定的知情权。用人单位的知情权对应的是劳动者的告知义务。知情权的范围限制在缔结劳动合同有关的信息以内，如劳动者的年龄、知识技能、身体状况、学历、工作经历以及就业状况等。

订立劳动合同过程中劳动者可能使用欺诈手段，比如提供虚假文凭、编造工作经历、隐瞒与前单位仍存在劳动关系的事实等。实践中，用人单位应重视入职审查，招用劳动者时，要求其提供与前单位的解除或终止劳动合同证明，并保留原件。如尚未解除劳动合同的，要求其原单位出具同意该员工入职的书面证明。

核实劳动者的个人资料的真实性，要求劳动者承诺未承担竞业限制义务，并向原单位进行核实，以免发生不可预测的诉讼风险。用人单位可以要求劳动者进行声明，如声明“本人保证提供的学历证明、资格证明、工作经历等资料真实，如有虚假，公司可立即解除劳动合同，并不予经济补偿”，以降低自身风险。

四、劳动合同订立的形式

劳动合同订立的形式，是指劳动合同内容确定和存在的方式。我国劳动合同的订立，必须采取法律、法规所规定的合法形式。不同的劳动合同形式，对于确认当事人之间的劳动关系、明确双方的劳动权利义务及解决劳动争议等都有重要影响。我国《劳动合同法》规定了两种劳动合同的形式，即书面形式和口头形式。

（一）书面形式

劳动合同的书面形式是指以书面文字等有形载体作为订立劳动合同的形式。《劳动合同法》第十条规定，建立劳动关系，应该订立书面劳动合同。

书面劳动合同具有以下几个方面的优势。第一，权利义务具体明确，便于履行；第二，便于有关部门监督检查，劳动执法部门可以依据书面合同进行监督管理；第三，便于处理劳动争议，给当事人举证带来方便，快速有效的解决劳动纠纷。

采取书面形式订立劳动合同，是《劳动合同法》的强制性要求。但是，如果用人的单位和劳动者未订立书面劳动合同而存在实际用工的，二者之间是否建立劳动关系呢？答案是肯定的。因此，书面形式不是建立劳动关系的唯一依据，没有订立书面劳动合同但存在实际用工也可能在双方之间产生劳动关系，书面劳动合同的订立和劳动关系的建立可以相互分离。

（二）口头形式

劳动合同的口头形式是劳动者和用人单位未签订书面劳动合同，而是以口头形式订立劳动合同的情形。《劳动合同法》虽未明确规定劳动合同可以以口头形式订立，但其第十条第二款规定，已建立劳动关系，未同时订立书面劳动合同的，应当自用工之日起一个月内订立书面劳动合同。这一规定限制了口头形式在劳动合同的适用。《劳动合同法》第六十九条规定，非全日制用工双方当事人可以订立口头协议，即非全日制的情形下可以通过口头形式约定双方的权利义务关系。由于口头形式的劳动合同影响当事人处理争议时的举证，因此实践中仍然需要采取书面形式订立劳动合同，未及时采取书面形式订立劳动合同的，对用人单位而言可能产生用工风险和法律责任。

（三）未订立书面劳动合同的法律后果

书面形式是我国劳动合同订立的法定形式，但书面劳动合同的订立并不是建立劳动关系的标志，未签订书面劳动合同也不是劳动关系无效的原因。

（1）已建立劳动关系，未同时订立书面劳动合同的，应当自用工之日起一个月内订立书面劳动合同。但是，如果自用工之日起一个月内，经用人单位书面通知后，劳动者不与用人单位订立书面劳动合同的，应如何处理？《劳动合同法实施条例》第五条明确，此时用人单位应当书面通知劳动者终止劳动关系，并且无须向劳动者支付经济补偿，但是应该依法向劳动者支付其实际工作时间的劳动报酬。

（2）用人单位自用工之日起超过一个月不满一年未与劳动者订立书面劳动合同的，应当与劳动者补签劳动合同，并向劳动者每月支付两倍的工资。劳动者不与用人单位订立书面劳动合同的，用人单位应当书面通知劳动者终止劳动关系，并依照《劳动合同法》第四十七条的规定支付经济补偿。经济补偿按劳动者在本单位工作的年限，每满一年支付一个月工资的标准向劳动者支付，六个月以上不满一年的，按一年计算；不满六个月的，向劳动者支付半个月工资的经济补偿。

（3）用人单位自用工之日起满一年不与劳动者订立书面劳动合同的，视为自用工之日起满一年的当日已经与劳动者订立无固定期限劳动合同，并自用工之日起满一个月的次日至满一年的前一日应该按照《劳动合同法》第八十二条的规定向劳动者每月支付两倍的工资。

（4）用人单位违反《劳动合同法》规定不与劳动者订立无固定期限劳动合同的，自应当订立无固定期限劳动合同之日起向劳动者每月支付两倍的工资。

实践中，用人单位要避免合同订立中的风险和责任，应按照法律规定的时间和要求与劳动者订立劳动合同。第一，建立先订合同后用工的习惯，最迟必须在一个月内订立合同；第二，劳动合同终止后，劳动者仍在用人单位继续工作的，抛弃双方可随时终止劳动合同的观念，也应当在一个月内订立合同；第三，劳动者拒不签订劳动合同的，保留相关证据，比如向劳动者送达签订合同通知书证据等。

五、劳动合同的必备条款

劳动合同的必备条款是指劳动合同中必须具备的条款。《劳动合同法》第十七条第一款规定，劳动合同的必备条款有以下几个方面：

（1）用人单位的名称、住所和法定代表人或者主要负责人。为了明确劳动合同中用人单位一方的主体资格，确定劳动合同的当事人，劳动合同中必须具备这一项内容。用人单位名称是指其在登记机关登记的称谓；住所是指其主要办事机构所在地；法定代表人或者主要负责人，是指可以在其权限范围内对外为相关行为负责的用人单位的代表。

（2）劳动者的姓名、住址和居民身份证或者其他有效身份证件号码。劳动者作为劳动合同的另一方当事人，在订立合同时应对其基本情况进行确定。

（3）劳动合同期限。劳动合同的期限是劳动合同具有法律约束力的时段。签订劳动合同主要是建立劳动关系，但建立劳动关系必须明确期限的长短。劳动合同期限与劳动者的工作岗位、内容、劳动报酬等都有紧密关系，更与劳动关系的稳定紧密相关。劳动合同期限分为固定期限、无固定期限和以完成一定工作任务为期限三种。

（4）工作内容和工作地点。这一条款是劳动合同的核心条款之一，是建立劳动关系的极为重要的因素。它是用人单位使用劳动者的目的，也是劳动者通过自己的劳动取得劳动报酬的缘由。劳动合同中的工作内容条款应当规定得明确具体，便于劳动者遵照执行。如果劳动合同没有约定工作内容或约定的工作内容不明确，用人单位将可以自由支配劳动者，随意调整劳动者的工作岗位，难以发挥劳动者所长，也很难确定劳动者的劳动报酬，造成劳动关系的极不稳定，因此明确具体的工作内容条款是必不可少的。工作地点是劳动合同的履行地，是劳动者从事劳动合同中所规定的工作内容的地点，它关系劳动者的工作环境、生活环境，以及劳动者的就业选择。劳动者有权在与用人单位建立劳动关系时知悉自己的工作地点，所以这也是劳动合同中必不可少的内容。

（5）工作时间和休息休假。工作时间是指劳动时间在企业、事业、机关、团体等单位中，必须用来完成其所担负的工作任务的时间。一般由法律规定劳动者在一定时间内（工作日、工作周）应该完成的工作任务，以保证最有效地利用工作时间，不断提高工作效率。这里的工作时间包括工作时间的长短、工作时间方式的确定，如是8小时工作制还是6小时工作制，是日班还是夜班，是正常工时还是实行不定时工作制，或者是综合计算工时制。工作时间上的不同，对劳动者的就业选择、劳动报酬等均有影响，因此成为劳动合同中不可缺少的内容。

休息休假是指企业、事业、机关、团体等单位的劳动者按规定不必进行工作而自行支配的时间。休息休假的权利是每个国家的公民都应享受的权利。《劳动法》第三十八条规定："用人单位应当保证劳动者每周至少休息一日。"休息休假的具体时间根据劳动者的工作地点、工作种类、工作性质、工龄长短等各有不同，用人单位与劳动者在约定休息休假事项时应当遵守相关法律法规的规定。

（6）劳动报酬。劳动合同中的劳动报酬是指劳动者与用人单位确定劳动关系后，因其提供了劳动而取得的报酬。劳动报酬是满足劳动者及其家庭成员物质文化生活需要的主要来源，也是劳动者付出劳动后应该得到的回报。因此，劳动报酬是劳动合同中必不可少的内容。劳动报酬主要包括以下几个方面：①用人单位工资水平、工资分配制度、工资标准和工资分配形式；②工资支付办法；③加班、加点工资及津贴、补贴标准和奖金分配办法；④工资调整办法；⑤试用期及病、事假等期间的工资待遇；⑥特殊情况下职工工资（生活费）支付办法；⑦其他劳动报酬分配办法。劳动合同中有关劳动报酬条款的约定，要符合我国有关最低工资标准的规定。

（7）社会保险。社会保险是政府通过立法强制实施，由劳动者、劳动者所在的工作单位或社区及国家三方面共同筹资，帮助劳动者及其亲属在遭遇年老、疾病、工伤、生育、失业等风险时，防止收入的中断、减少和丧失，以保障其基本生活需求的社会保障制度。社会保险一般包括医疗保险、养老保险、失业保险、工伤保险和生育保险。社会保险强调劳动者、劳动者所在用人单位及国家三方共同筹资，体现了国家和社会对劳动者提供基本生活保障的责任。劳动者所在用人单位的缴费，使社会保险资金来源避免了单一渠道，增加了社会保险制度本身的保险系数。由于社会保险由国家强制实施，因此成为劳动合同不可缺少的内容。

（8）劳动保护、劳动条件和职业危害防护。劳动保护是指用人单位为了防止劳动过程中发生安全事故，采取各种措施来保障劳动者的生命安全和健康。在劳动生产过程中，存在着各种不安全、不卫生因素，如不采取措施加以保护，将会发生工伤事故。例如，矿井作业可能发生瓦斯爆炸、冒顶、片帮、水火灾害等事故；建筑施工可能发生高空坠落、物体打击和碰撞等。劳动条件主要是指用人单位为使劳动者顺利完成劳动合同约定的工作任务，为劳动者提供必要的物质和技术条件，如必要的劳动工具、机械设备、工作场地、劳动经费、辅助人员、技术资料、工具书及其他一些必不可少的物质、技术条件和其他工作条件。职业危害是指用人单位的劳动者在职业活动中，因接触职业性有害因素如粉尘、放射性物质和其他有毒、有害物质等而对生命健康引起的危害。

（9）法律、法规规定应当纳入劳动合同的其他事项。这是关于劳动合同必备条款的兜底条款，目的是减少法律漏洞和冲突。

用人单位提供的劳动合同文本未载明劳动合同必备条款或者用人单位未将劳动合同文本交付劳动者的，由劳动行政部门责令改正；给劳动者造成损害的，应当承担赔偿责任。因此，用人单位应当在过渡期内制作好符合《劳动合同法》规定的劳动合同。

六、劳动合同的约定条款

劳动合同中除了必备条款外还可以有约定条款。《劳动合同法》第十七条第二款规定，劳动合同除前款规定的必备条款外，用人单位与劳动者可以约定试用期、培训、保守秘密、补充保险和福利待遇等其他事项。这里规定的试用期、服务期、保守商业秘密、补充保险和福利待遇都属于法定可备条款。

（一）试用期

试用期是指对新录用的劳动者进行试用的期限。用人单位与劳动者可以在劳动合同中就试用期的期限和试用期期间的工资等事项做出约定，但不得违反《劳动合同法》有关试用期的规定。

《劳动合同法》第十九条对如何确定试用期做出明确规定：劳动合同期限 3 个月以上不满 1 年的，试用期不得超过 1 个月；劳动合同期限 1 年以上不满 3 年的，试用期不得超过 2 个月；3 年以上固定期限和无固定期限的劳动合同，试用期不得超过 6 个月。可见，劳动合同期限的长短和劳动合同的类型不同，试用期的长短也有所不同。根据《劳动合同法》第十九条的规定，有几个问题需要注意：

（1）同一用人单位与同一劳动者只能约定一次试用期。

（2）以完成一定工作任务为期限的劳动合同或者劳动合同期限不满三个月的，不得约定试用期。

（3）试用期包含在劳动合同期限内。劳动合同仅约定试用期的，试用期不成立，该期限为劳动合同期限。

《劳动合同法》第二十条对试用期的工资做出了明确规定，即劳动者在试用期的工资不得低于本单位同岗位最低档工资的80%，或者不得低于劳动合同约定工资的80%，并不得低于用人单位所在地的最低工资标准。在试用期内，用人单位与劳动者之间的劳动关系尚处于不完全确定的状态。《劳动合同法》第二十一条规定："在试用期中，除劳动者有本法第三十九条和第四十条第一项、第二项规定的情形外，用人单位不得解除劳动合同。用人单位在试用期解除劳动合同的，应当向劳动者说明理由。"

（二）服务期

用人单位为劳动者提供专项培训费用，对其进行专业技术培训的，可以与该劳动者订立协议，约定服务期。劳动者违反服务期约定的，应当按照约定向用人单位支付违约金。违约金的数额不得超过用人单位提供的培训费用。用人单位要求劳动者支付的违约金不得超过服务期尚未履行部分所应分摊的培训费用。用人单位与劳动者约定服务期的，不影响其按照正常的工资调整机制提高劳动者在服务期期间的劳动报酬。根据《劳动合同法实施条例》第十六条，培训费用包括用人单位为了对劳动者进行专业技术培训而支付的有凭证的培训费用、培训期间的差旅费用及因培训产生的用于该劳动者的其他直接费用。

（三）保守商业秘密

商业秘密是不为大众所知悉，能为权利人带来经济利益，具有实用性并经权利人采取保密措施进行保护的技术信息和经营信息。在激烈的市场竞争中，任何一个企业生产经营方面的商业秘密都十分重要。用人单位与劳动者可以在劳动合同中约定保守用人单位的商业秘密和与知识产权相关的保密事项。对负有保密义务的劳动者，用人单位可以在劳动合同或者保密协议中与劳动者约定竞业限制条款，并约定在解除或者终止劳动合同后，在竞业限制期限内按月给予劳动者经济补偿。劳动者违反竞业限制约定的，应当按照约定向用人单位支付违约金。

（四）补充保险

补充保险是指除了国家基本保险以外，用人单位根据自己的实际情况为劳动者建立的一种保险，它用来满足劳动者高于基本保险需求的愿望，包括补充医疗保险、补充养老保险等。补充保险的建立依用人单位的经济承受能力而定，由用人单位自愿实行，国家不做强制的统一规定，只要求用人单位内部统一。用人单位必须在参加基本保险并按时足额缴纳基本保险费的前提下，才能实行补充保险。因此补充保险的事项不作为合同的必备条款，由用人单位与劳动者自行约定。

（五）福利待遇

随着市场经济的发展，用人单位给予劳动者的福利待遇也成为劳动者收入的重要指标之一。福利待遇包括住房补贴、通信补贴、交通补贴、子女教育等。不同的用人单位福利待遇也有所不同，福利待遇已成为劳动者就业选择的一个重要因素。

社会生活千变万化，劳动合同种类和当事人的情况也非常复杂，法律只能对劳动合同的条款进行概括，无法穷尽劳动合同的所有内容，当事人也可以根据需要在法律规定的可备条款之外对有关条款作新的补充性约定。

第三节　劳动合同的履行和变更

劳动合同依法订立后，用人单位和劳动者就应当按照劳动合同的约定，全面履行各自的义务，并享受相应的权利。在法律规定条件下，合同双方当事人还可以变更合同内容。

一、劳动合同的履行

（一）劳动合同履行的概念

劳动合同的履行是指劳动合同的双方当事人按照合同规定，履行各自应承担义务的行为。劳动合同是用人单位与劳动者在平等自愿、协商一致的基础上订立的，因此合同自依法订立起即具有法律约束力，当事人必须履行合同规定的义务。任何第三方不得非法干预劳动合同的履行。

（二）劳动合同履行的原则

第一，亲自履行原则，即由于劳动合同是具有人身属性的合同，因此没有对方当事人的同意，不能由第三人替代履行。

第二，全面履行原则，即劳动合同双方当事人必须履行劳动合同所规定的各自应当履行的全部义务，并且必须按照劳动合同约定的时间和方式履行合同义务。

第三，协作履行原则，即基于诚实信用原则，劳动合同的双方当事人在一方履行劳动合同时，应该给予对方必要的协助，以使劳动合同约定的目的得以实现。

（三）用人单位应当履行的义务

第一，用人单位应当履行劳动合同中约定的义务。《劳动合同法》第二十九条规定，用人单位与劳动者应当按照劳动合同的约定，全面履行各自的义务。

第二，用人单位应当按照劳动合同约定和国家规定，向劳动者及时足额支付劳动报酬。《劳动合同法》第三十条规定，用人单位拖欠或者未足额支付劳动报酬的，劳动者可以依法向当地人民法院申请支付令，人民法院应当依法发出支付令。支付令是《中华人民共和国民事诉讼法》（简称《民事诉讼法》）里的一个督促程序，《民事诉讼法》第十七章第二百一十四条规定债权人请求债务人给付金钱、有价证券，符合下列条件的，可以向有管辖权的基层人民法院申请支付令：①债权人与债务人没有其他债务纠纷的；②支付令能够送达债务人的。

第三，用人单位应当严格执行劳动定额标准，不得强迫或者变相强迫劳动者加班。用人单位安排加班的，应当按照国家有关规定向劳动者支付加班费。

《劳动法》第四十一条规定：用人单位由于生产经营需要，经与工会和劳动者协商后可以延长工作时间，一般每日不得超过一小时；因特殊原因需要延长工作时间的，在保障劳动者身体健康的条件下延长工作时间每日不得超过三小时，但是每月不得超过三十六小时。

《劳动法》第四十四条规定，有下列情形之一的，用人单位应当按照下列标准支付高于劳动者正常工作时间工资的工资报酬：

（1）安排劳动者延长工作时间的，支付不低于工资的百分之一百五十的工资报酬；

（2）休息日安排劳动者工作又不能安排补休的，支付不低于工资的百分之二百的工资报酬；

（3）法定休假日安排劳动者工作的，支付不低于工资的百分之三百的工资报酬。

（四）劳动者应当履行的义务

第一，劳动者应当履行劳动合同中约定的义务。

第二，不属于劳动者拒绝履行劳动合同义务的行为包括：劳动者拒绝用人单位管理人员违章指挥、强令冒险作业等，均不视为违反劳动合同。

二、劳动合同的变更

（一）劳动合同变更概念及原则

劳动合同变更是指当事人双方对尚未履行或尚未完全履行的劳动合同，依照法律规定的条件和程序，对原劳动合同进行修改或增删的法律行为。在劳动合同的履行过程中，劳动合同变更行为较为普遍，如调整工作岗位、调整工资、工作地点的变动、工作内容的变动等。一般来说，这些变动对劳动者来说，大多是向好的方向变，如增加工资。但也有劳动合同的变更使劳动者收入、待遇等不如从前的情况，而这往往会损害劳动者权益，发生劳动纠纷。

劳动合同变更应遵守平等自愿、协商一致原则，不得违反法律、行政法规的规定。劳动合同的内容是用人单位和劳动者的共同意见，一经订立便受到法律的保护。《劳动合同法》第三十五条规定，用人单位与劳动者协商一致，可以变更劳动合同约定的内容。变更劳动合同应当采用书面形式。变更后的劳动合同文本由用人单位和劳动者各执一份。

（二）劳动合同变更的原因

1. 用人单位的变更

用人单位的生产经营方式发生变化，或者是单位内部结构的调整导致工作岗位需求变化。

2. 劳动力价值的变更

随着时间的推移，员工的劳动力价值可能会提升，也可能会降低，那么用人单位就会根据劳动者劳动力价值的变化对其工资条款进行调整。

3. 社会经济的变更

受通货膨胀的影响，一般说来，三年不给员工涨工资，就相当于给员工降一级工资。

（三）不影响劳动合同履行的变更

（1）用人单位变更名称、法定代表人、主要负责人或者投资人等事项，不影响劳动合同的履行。

（2）用人单位发生合并或者分立等情况，原劳动合同继续有效，劳动合同由承继其权利和义务的用人单位继续履行。

（四）劳动合同变更的法律规定对用人单位用工管理的影响

（1）劳动合同中约定的变更条款无效。如在劳动合同中约定“用人单位有权单方变更劳动合同内容”或约定如“员工年龄达40岁时，用人单位可对员工的工作岗位做出变更”，显然这些条款严重限制劳动者的权利，对劳动者来说显失公平，属于无效条款。

（2）劳动者不能胜任工作，调整其工作岗位是否需要变更劳动合同？根据法律的规定，劳动者不能胜任工作的，用人单位可以适当地调整其工作岗位，这种情形下岗位的变更可不经劳动者同意，属于用人单位的用工自主权。但岗位的调整是否可以降低工资？这个问题法律上没有明确，因此，用人单位可以在规章制度或劳动合同中予以明确。

（3）按照《劳动法》第十七条、第二十六条、第三十一条的规定：劳动合同订立时所依据的客观情况发生重大变化，致使原劳动合同无法履行而变更劳动合同，须经双方当事人协商一致，若不能达成协议，则可按法定程序解除劳动合同；因劳动者不能胜任工作而变更、调整职工工作岗位，则属于用人单位的自主权。

第四节　劳动合同解除和终止

劳动合同解除是指劳动合同生效后尚未履行完以前，劳动合同双方或一方提前消灭劳动合同关系的法律行为。劳动合同终止是指劳动合同的法律效力自然消灭或经判决、裁决而消灭。为了平衡用人单位和劳动者的利益，建立和谐稳定的劳动关系，我国《劳动法》和《劳动合同法》对劳动合同的解除和终止做出了严格的规定和限制。

一、劳动合同的解除

（一）劳动合同解除的情形

我国《劳动合同法》规定了劳动合同可以通过三种形式解除，包括双方协商一致解除合同、劳动者单方解除合同、用人单位单方解除合同。

1. 双方协商一致解除合同

《劳动合同法》第三十六条规定，用人单位与劳动者协商一致，可以解除劳动合同。《劳动合同法实施条例》第十八、第十九条进一步规定，用人单位与劳动者协商一致，可以依照《劳动合同法》规定的解除劳动合同的条件、程序，解除固定期限劳动合同、无固定期限劳动合同或者以完成一定工作任务为期限的劳动合同。

由于协议解除是基于双方当事人的自愿，故立法对这种解除一般不规定限制性条件，只要求解除协议在内容、形式、程序上合法即可。如果是用人单位先提出解除合同，应当向劳动者支付经济补偿金；但如果是劳动者先提出的，用人单位则不需要支付经济补偿金。

2. 劳动者单方解除劳动合同

《劳动合同法》第三十七、第三十八条规定了劳动者单方解除劳动合同的时间、形式和条件等。劳动者单方解除劳动合同有以下几种情况：

（1）提前三十天通知，劳动者可以解除劳动合同。《劳动合同法》第三十七条规定，劳动者提前三十日以书面形式通知用人单位，可以解除劳动合同。这一规定赋予劳动者辞职权。通过这种途径解除劳动合同，劳动者无须提出任何理由，只需要提前三十天并以书面形式通知即可。劳动者首先提出解除劳动合同的，用人单位不需要支付经济补偿。

（2）在试用期内，劳动者提前三天通知用人单位，可以解除劳动合同。试用期是用人单位对新招收职工各方面的情况进行考察的期限，也是劳动者考察用人单位的劳动条件、劳动报酬是否符合劳动合同规定的选择期限。劳动者在试用期内无须任何理由就可以通知用人单位解除劳动合同。劳动者在试用期内提出解除劳动合同的，不需要以书面形式通知，用人单位也不需要支付经济补偿。

（3）用人单位违法，劳动者可以解除劳动合同。《劳动合同法》第三十八条规定，用人单位有下列情形之一的，劳动者可以通知用人单位解除劳动合同：第一，未按照劳动合同约定提供劳动保护或者劳动条件的；第二，未及时足额支付劳动报酬的；第三，未依法为劳动者缴纳社会保险费的；第四，用人单位的规章制度违反法律、法规的规定，损害劳动者权益的；第五，用人单位以欺诈、胁迫的手段或乘人之危，使劳动者在违背真实意思的情况下订立或变更劳动合同的，用人单位免除自己的法定责任、排除劳动者权利的，违反法律、行政法规强制性规定等致使劳动合同无效的；第六，法律、行政法规规定劳动者可以解除劳动合同的其他情形。在这些情形下解除劳动合同，劳动者只需通知用人单位即可，无须征得用人单位的同意。同时，解除劳动合同后，用人单位还必须依法向劳动者支付经济补偿金。

用人单位以暴力、威胁或者非法限制人身自由的手段强迫劳动者劳动的，或者用人单位违章指挥、强令冒险作业危及劳动者人身安全的，劳动者可以立即解除劳动合同，不需事先告知用人单位。

用人单位与劳动者约定了服务期，劳动者依照《劳动合同法》第三十八条的规定解除劳动合同的，不属于违反服务期的约定，用人单位不得要求劳动者支付违约金。

3. 用人单位可解除劳动合同的情形

《劳动合同法》第三十九到第四十一条对用人单位解除劳动合同的权利进行了规

定。用人单位解除劳动合同的情形有以下几种情况：

（1）过失性辞退，即劳动者有重大过失，用人单位可以解除劳动合同。《劳动合同法》第三十九条规定，劳动者有下列情形之一的，用人单位可以解除劳动合同：第一，在试用期间被证明不符合录用条件的；第二，严重违反用人单位的规章制度的；第三，严重失职、营私舞弊，给用人单位造成重大损害的；第四，劳动者同时与其他用人单位建立劳动关系，对完成本单位的工作任务造成严重影响，或者经用人单位提出，拒不改正的；第五，以欺诈、胁迫的手段或乘人之危，使用人单位在违背真实意思的情况下订立或变更劳动合同，致使劳动合同无效的；第六，被依法追究刑事责任的。上述情形的共同特点是，劳动者主观上均有严重过失，因而用人单位有权随时解除合同。用人单位在这些情形下解除劳动合同，无须提前通知，并且无须支付经济补偿。

（2）非过失性辞退，即劳动者无过失，用人单位可以解除劳动合同。《劳动合同法》第四十条规定，有下列情形之一的，用人单位提前三十日以书面形式通知劳动者本人或者额外支付劳动者一个月工资后，可以解除劳动合同：第一，劳动者患病或者非因工负伤，在规定的医疗期满后不能从事原工作，也不能从事由用人单位另行安排的工作的；第二，劳动者不能胜任工作，经过培训或者调整工作岗位，仍不能胜任工作的；第三，劳动合同订立时所依据的客观情况发生重大变化，致使劳动合同无法履行，经用人单位与劳动者协商，未能就变更劳动合同内容达成协议的。

（3）经济性裁员。《劳动合同法》第四十一条规定："有下列情形之一，需要裁减人员二十人以上或者裁减不足二十人但占企业职工总数百分之十以上的，用人单位提前三十日向工会或者全体职工说明情况，听取工会或者职工的意见后，裁减人员方案经向劳动行政部门报告，可以裁减人员：（一）依照企业破产法规定进行重整的；（二）生产经营发生严重困难的；（三）企业转产、重大技术革新或者经营方式调整，经变更劳动合同后，仍需裁减人员的；（四）其他因劳动合同订立时所依据的客观经济情况发生重大变化，致使劳动合同无法履行的。裁减人员时，应当优先留用下列人员：（一）与本单位订立较长期限的固定期限劳动合同的；（二）与本单位订立无固定期限劳动合同的；（三）家庭无其他就业人员，有需要扶养的老人或者未成年人的。用人单位依照本条第一款规定裁减人员，在六个月内重新招用人员的，应当通知被裁减的人员，并在同等条件下优先招用被裁减的人员。"

由于经济性裁员中，劳动者没有任何过错，用人单位也是为了企业的发展和大部分劳动者的利益，解除一部分劳动者的劳动合同，为了平衡双方的权利义务，经济性裁员中的劳动者，用人单位应当支付其经济补偿金。

4. 用人单位不得解除合同的情形

为了保护劳动者的合法权益，法律还规定了用人单位不得解除劳动合同的情况。《劳动合同法》第四十二条规定，劳动者有下列情形之一的，用人单位不得依照《劳动合同法》第四十条、第四十一条的规定解除劳动合同：第一，从事接触职业病危害作业的劳动者未进行离岗前职业健康检查，或者疑似职业病病人在诊断或者医学观察期间的；第二，在本单位患职业病或者因工负伤并被确认丧失或者部分丧失劳动能力的；第三，患病或者非因工负伤，在规定的医疗期内的；第四，女职工在孕期、产期、哺乳期的；第五，在本单位连续工作满十五年，并且距法定退休年龄不足五年的；第六，法律、行政法规规定的其他情形。

案例分析：解除劳动合同，“不胜任工作”理由不可滥用①

【案情】周某于2017年8月1日入职某网络公司，从事计算机相关工作，双方订立了为期3年的劳动合同，约定其月工资为1万元。2017年11月30日，网络公司认为周某不能胜任工作，当日书面通知与其解除了劳动合同。周某不服，遂提出劳动仲裁申请，要求该网络公司支付违法解除劳动合同赔偿金1万元及未提前三十日书面通知解除劳动合同的1个月工资1万元。

【审理】仲裁委审理后查明，某网络公司并无证据证明周某不能胜任工作，并且即使周某不能胜任工作，网络公司亦未按照法律规定对其进行培训或调整岗位，故网络公司的解除行为应属于违法解除，应向周某支付违法解除劳动合同赔偿金1万元。周某要求支付未提前三十日书面通知解除劳动合同的1个月工资1万元的请求，不符合法定支付情形，故仲裁委不予支持。

二、劳动合同的终止

劳动合同签订后，双方当事人不得随意终止合同，而应依法终止。《劳动合同法》第44条规定，有下列情形之一的，劳动合同终止：第一，劳动合同期满的；第二，劳动者开始依法享受基本养老保险待遇的；第三，劳动者死亡，或者被人民法院宣告死亡或宣告失踪的；第四，用人单位被依法宣告破产的；第五，用人单位被吊销营业执照、责令关闭、撤销或用人单位决定提前解散的；第六，法律、行政法规规定的其他情形。《劳动合同法实施条例》第二十一条规定，劳动者达到法定退休年龄的，劳动合同终止。

（1）劳动合同期满，劳动合同终止。这种情形主要适用于固定期限劳动合同和以完成一定工作任务为期限的劳动合同。

（2）劳动者开始依法享受基本养老保险待遇，劳动合同终止。劳动者一旦开始依法享受基本养老保险待遇，便不具备签订劳动合同的主体资格，劳动合同也就无法继续履行。

（3）劳动者死亡，或者被人民法院宣告死亡或宣告失踪的，劳动合同终止。此时，劳动关系一方当事人不存在，劳动合同的履行已经不可能，因此产生终止劳动合同的法律后果。

（4）用人单位被依法宣告破产，用人单位被吊销营业执照、责令关闭、撤销或者用人单位决定提前解散的，劳动合同终止。此时，用人单位的主体资格不复存在，劳动合同的履行已经不可能，因此产生终止劳动合同的法律后果。

（5）劳动者达到法定退休年龄的，劳动合同终止。

第五节　劳务派遣和非全日制用工

劳务派遣是一种新兴的用工模式，派遣单位、用工单位和劳动者三方的权责和角

① 佚名. 解除劳动合同，“不胜任工作”理由不可滥用［EB/OL］.（2018-05-19）［2019-08-12］. http://www.bjrbj.gov.cn/ztfw/dxal/201804/t20180403_71906.html.

色较为复杂，非全日制用工是一种更为灵活便捷的用工形式。我国《劳动合同法》在“特别规定”一章中对劳务派遣和非全日制用工进行了专门规定。

一、劳务派遣

（一）劳务派遣概念和适用范围

劳务派遣，是指劳动力派遣单位同用工单位之间的劳务派遣协议，将与自己订立劳动合同的劳动者派遣到用工单位，由用工单位指挥和监督劳动者进行劳动。

在劳务派遣这种用工形式中，存在着三方主体——用人单位（劳务派遣单位）、用工单位（被派遣单位）和劳务派遣工（被派遣劳动者）。为了适应劳务派遣用工的发展变化，规范劳务派遣用工行为，2012 年 12 月 28 日全国人大常委会对《劳动合同法》进行了修正，主要修正了劳务派遣的相关内容。2013 年，人力资源和社会保障部先后颁布了《劳务派遣行政许可实施办法》和《劳务派遣暂行规定》，对劳务派遣做出了更加完善的规定。

要正确理解劳务派遣，我们需要区别劳务派遣与相关的概念。

1. 劳务派遣与职业介绍

所谓职业介绍，是指接受求职者或求才者之申请，斡旋在两者之间，使之成立聘用关系。两者的区别在于：

（1）职业介绍机构与劳动者之间没有劳动关系；

（2）派遣员工、劳动者是否向中介支付费用；

（3）是否签订劳务派遣协议，支付费用的性质不同；

（4）是否可转派。

2. 劳务派遣与承揽

承揽是指承揽人以自己的设备、技术和劳动，独立地为定作人完成一定工作，并交付成果的社会关系。两者的区别在于：

（1）劳务供给的主体不同；

（2）指挥监督权不同；

（3）风险承担不同；

（4）报酬的计算不同。

《劳动合同法》第六十六条规定了劳务派遣的适用岗位，即劳动合同用工是我国的企业基本用工形式。劳务派遣用工是补充形式，只能在临时性、辅助性或者替代性的工作岗位上实施。前款规定的临时性工作岗位是指存续时间不超过六个月的岗位；辅助性工作岗位是指为主营业务岗位提供服务的非主营业务岗位；替代性工作岗位是指用工单位的劳动者在因脱产学习、休假等原因无法工作的一定期间内，可以由其他劳动者替代工作的岗位。用工单位应当严格控制劳务派遣用工数量，不得超过其用工总量的一定比例，具体比例由国务院劳动行政部门规定。

（二）劳务派遣单位的条件

劳务派遣单位是与劳动者签订劳动合同，建立劳动关系，并把劳动者派到用人单位工作的主体。《劳动合同法》第五十八条规定，派遣单位是本法所称用人单位，应当履行用人单位对劳动者的义务。《劳动合同法》第五十七条规定，经营劳务派遣业务应当具备下列条件：

（1）注册资本不得少于人民币二百万元。修改后的《劳动合同法》将派遣单位的注册资本从原来的五十万元提高到了二百万元，加大了派遣单位的设立门槛，可以保证派遣单位具有较强的责任承担能力。

（2）有与开展业务相适应的固定的经营场所和设施。派遣单位必须有必要的办公条件才能实现自己在劳动关系中的职能。

（3）有符合法律、行政法规规定的劳务派遣管理制度。派遣单位与劳动者具有劳动关系，必须依法对劳动合同的订立、变更、解除和终止等做出明确规定，才能维护正常的劳动关系。

（4）法律、行政法规规定的其他条件。如经营劳务派遣业务，应当向劳动行政部门依法申请行政许可。经许可的，依法办理相应的公司登记；未经许可，任何单位和个人不得经营劳务派遣业务。

这一规定明确了劳务派遣单位的资质。严格规定经营劳务派遣业务的资质，可以强化劳务派遣单位的责任负担能力，避免劳动者合法权益受到侵害。

（三）劳务派遣单位的权利和义务

1. 劳务派遣单位的权利

（1）享有法律规定的用人单位的权利。派遣单位与劳动者签订劳动合同，二者之间存在劳动关系，享有法律上赋予用人单位的全部权利。

（2）享有向用工单位收取劳务费的权利。派遣单位进行招工和派遣服务需要成本，因而可以向用工单位收取费用。

2. 劳务派遣单位的义务

（1）劳务派遣单位应当履行用人单位对劳动者的义务，包括依法招用劳动者、签订劳动合同及解除劳动合同时支付经济补偿金、支付工资、参加社会保险等法定义务。劳务派遣单位与被派遣劳动者订立的劳动合同，除应当载明《劳动合同法》第十七条规定的事项外，还应当载明被派遣劳动者的用工单位及派遣期限、工作岗位等情况。

（2）劳务派遣单位应当与被派遣劳动者订立两年以上的固定期限劳动合同，按月支付劳动报酬；被派遣劳动者在无工作期间，劳务派遣单位应当按照所在地人民政府规定的最低工资标准，向其按月支付报酬。劳务派遣单位不得以非全日制用工形式招用被派遣劳动者。

（3）劳务派遣单位派遣劳动者应当与接受以劳务派遣形式用工的单位（以下称用工单位）订立劳务派遣协议。劳务派遣协议的必备条款包括派遣岗位和人员数量、派遣期限、劳动报酬和社会保险费的数额与支付方式，以及违反协议的责任。用工单位应当根据工作岗位的实际需要与劳务派遣单位确定派遣期限，不得将连续用工期限分割订立数个短期劳务派遣协议。

（4）劳务派遣单位应当将劳务派遣协议的内容告知被派遣劳动者。劳务派遣单位不得克扣用工单位按照劳务派遣协议支付给被派遣劳动者的劳动报酬。劳务派遣单位和用工单位不得向被派遣劳动者收取费用。

（四）用工单位的法定义务

《劳动合同法》第六十二条规定，用工单位应当履行下列义务：

（1）执行国家劳动标准，提供相应的劳动条件和劳动保护。

（2）告知被派遣劳动者的工作要求和劳动报酬。

（3）支付加班费、绩效奖金，提供与工作岗位相关的福利待遇。

（4）对劳动者进行工作岗位所必需的培训。

（5）连续用工的，实行正常的工资调整机制。用工单位不得将被派遣劳动者再派遣到其他用人单位。

（五）被派遣劳动者的权利

第一，被派遣劳动者享有与用工单位的劳动者同工同酬的权利。用工单位应当按照同工同酬原则，对被派遣劳动者实行与本单位同类岗位的劳动者相同的劳动报酬分配办法。用工单位无同类岗位劳动者的，参照用工单位所在地相同或者相近岗位劳动者的劳动报酬确定。劳务派遣单位与被派遣劳动者订立的劳动合同和与用工单位订立的劳务派遣协议，载明或者约定的向被派遣劳动者支付的劳动报酬应当符合前款规定。

第二，被派遣劳动者有权在劳务派遣单位或者用工单位依法参加或者组织工会，维护自身的合法权益。

第三，被派遣劳动者可以依照《劳动合同法》第三十六条、第三十八条的规定与劳务派遣单位解除劳动合同。

二、非全日制用工

非全日制用工适应了用人单位灵活用工和劳动者自主择业的需要，成为促进就业的重要途径。为了规范用人单位非全日制用工行为，保障劳动者的合法权益，促进非全日制就业健康发展，有必要做出特别规范。

（一）非全日制用工的概念

非全日制用工是指以小时计酬为主，劳动者在同一用人单位一般平均每日工作时间不超过四小时，每周工作时间累计不超过二十四小时的用工形式。

（二）非全日制用工的性质

（1）非全日制用工属于灵活就业。

（2）非全日制用工的劳动者与用人单位有劳动关系。

（3）非全日制用工与全日制用工有很大差别。

（三）非全日制用工的法律规范

（1）可以建立多重劳动关系。从事非全日制用工的劳动者可以与一个或者一个以上用人单位订立劳动合同；但是，后订立的劳动合同不得影响先订立劳动合同的履行。而全日制用工劳动者只能与一个用人单位订立劳动合同。

（2）可以订立口头协议。非全日制用工双方当事人可以订立口头协议，而全日制用工的，应当订立书面劳动合同。

（3）不得约定试用期。非全日制用工双方当事人不得约定试用期。而全日制劳动用工的，除以完成一定工作任务为期限的劳动合同和三个月以下固定期限劳动合同外，其他劳动合同可以依法约定试用期。

（4）任何一方可以随时通知对方终止用工。双方当事人任何一方都可以随时通知对方终止用工，而全日制用工的，双方当事人只有在法定情形下，才可以解除或者终止劳动合同。

（5）终止用工，用人单位不向劳动者支付经济补偿。非全日制用工的，用人单位不向劳动者支付经济补偿，而全日制用工的，用人单位解除或者终止劳动合同，应当依法支付经济补偿。

（6）应当执行最低小时工资标准。非全日制用工不得低于用人单位所在地人民政府规定的最低小时工资标准。而全日制用工劳动者执行的是最低月工资标准。

（7）劳动报酬结算周期最长不得超过十五日。非全日制用工劳动报酬结算周期最长不得超过十五日，而全日制用工的，工资应当至少每月支付一次。

课堂讨论

讨论《劳动合同法》的社会争议与修改完善。

课后复习

1. 简述我国《劳动合同法》的基本特征。
2. 简述非全日制用工的法律要求。
3. 简述集体劳动合同的作用。
4. 简述劳务派遣制度的主要作用和风险。

第十章　《劳动争议调解仲裁法》解读

■本章重点

1. 《劳动争议调解仲裁法》的适用范围
2. 调解制度
3. 仲裁制度

■学习要求

1. 掌握劳动争议调解制度。
2. 掌握劳动争议仲裁制度。
3. 了解我国劳动争议案件的特点。

引导案例　北京朝阳法院发布《互联网平台用工劳动争议审判白皮书》①

2018 年 4 月 10 日，北京市朝阳区法院发布了《互联网平台用工劳动争议审判白皮书》。白皮书发布当天，一起因互联网用工引发的劳动争议案在朝阳区人民法院开庭。

因劳动关系解除、保证金退还、未休假工资发放等问题产生争议，并且双方均对劳动仲裁裁决不服，2017 年 5 月，神州专车司机常先生与天津安驾商务咨询服务有限公司先后互诉至法院。

常先生称，自己在 2015 年 1 月开始驾驶运营神州专车，并向天津安驾公司支付了车辆财产保证金 1 万元，双方签订劳动合同约定期限为三年。其间，常先生的月平均工资约 4 500 元。运营期间，自己每天的营运额都在五六百元，但是天津安驾公司的运营主管却对营运额不满意，并曾电话要求其提高营运额，否则就别干了。

2016 年常先生驾车运营期间追尾，根据公司规定，车辆维修后，需要运营主管给

---

① 佚名. 北京朝阳法院发布《互联网平台用工劳动争议审判白皮书》[EB/OL].（2019-02-01）[2019-08-22]. http：//www. law-lib. com/fzdt/newshtml/gddt/20180412082500. htm.

修理厂发邮件，司机才能提车。几次催促无果，主管告知常先生因其营运额低，要求其"自愿离职"并到公司办理手续，自愿离职即可退还保证金，否则保证金不退，与此同时公司停止了常先生的司机端，扣留了车辆。

常先生认为天津安驾公司系违法与其解除劳动关系。工作期间，他未享受带薪年假。为此常先生提起劳动仲裁，要求确认 2015 年 1 月 9 日至 2016 年 9 月 23 日期间，其与天津安驾公司存在劳动关系，要求返还车辆财产保证金 1 万元并支付违法解除劳动合同赔偿金 2.6 万元、未休年假工资 5 570 元、婚假工资 4 482 元。

天津安驾公司则称，认可 2015 年 1 月 9 日至 6 月 19 日期间与常先生存在劳动关系，但表示因常先生旷工，公司依据规定与其合法解除了劳动关系，故不同意支付违法解除劳动合同的赔偿金。对于车辆财产保证金，天津安驾公司主张公司提供给常先生运营的资产没有退回，并且存在车辆损失、违章、代客充值、社会保险及住房公积金个人负担部分需要结算，应扣除上述费用后返还，但并未提交上述费用扣除的证据。该公司主张因常先生未申请年假和婚假，因此拒绝支付未休年假和婚假的工资。

2017 年 5 月，朝阳区劳动人事争议仲裁委员会做出裁决，确认双方于 2015 年 1 月 9 日至 2016 年 9 月 23 日存在劳动关系，判令天津安驾公司返还常先生车辆财产保证金 1 万元，支付未休年休假工资 1 241.38 元，同时驳回了常先生的其他仲裁请求。

因不服仲裁裁决，常先生和天津安驾公司先后诉至法院。常先生要求在仲裁裁决的基础上，判令天津安驾公司支付违法解除劳动关系赔偿金 1.8 万元和未休婚假工资 4 137.93元。天津安驾公司则以双方劳动关系至 2016 年 6 月 19 日已经终止，尚有车辆损失、违章罚款等费用未结算为由，不同意确认 2016 年 6 月 19 日之后至 9 月 23 日期间的劳动关系，拒绝按照 1 万元退还保证金、拒绝支付未休年休假工资。

第一节 《劳动争议调解仲裁法》概述

近年来，随着工业化、城镇化和经济结构调整进程的加快，企业制度改革不断深化，企业形式和劳动关系日趋多样化，劳动用工制度发生深刻变革，劳动争议案件数量大幅度上升，争议案件日趋复杂，争议内容、日益多样化，调解处理难度加大；同时，劳动争议处理周期长，劳动者维权成本高，以及仲裁与诉讼不衔接等问题的存在，不利于劳动争议案件的公正及时处理。《劳动争议调解仲裁法》的制定，有利于进一步完善劳动争议处理的程序制度，公正及时地解决劳动争议，促进劳动关系和谐稳定。

一、《劳动争议调解仲裁法》的适用范围

《劳动争议调解仲裁法》第二条规定的适用范围如下：

1. 因确认劳动关系发生的争议

因确认劳动关系是否存在而产生的争议属于劳动争议，适用《劳动争议调解仲裁法》。在实践中，一些用人单位不与劳动者签订劳动合同，一旦发生纠纷，劳动者往往因为拿不出劳动合同这一确定劳动关系存在的凭证而难以维权。为了更好地维护劳动者的合法权益，劳动争议调解仲裁法将因确认劳动关系发生的争议纳入了劳动争议处理范围，劳动者可以就确认劳动关系是否存在这一事由，依法向劳动争议调解仲裁机

构申请权利救济。

2. 因订立、履行、变更、解除和终止劳动合同发生的争议

用人单位与劳动者的劳动关系，涉及订立、履行、变更、解除和终止劳动合同的全过程。这一过程任何一个环节发生的争议，都可以用《劳动争议调解仲裁法》来解决。

3. 因除名、辞退和辞职、离职发生的争议

这一类劳动争议是由于解除和终止劳动关系而引发的争议。所谓除名，是指职工无正当理由经常旷工，经批评教育无效，连续旷工时间超过十五天，或者一年以内累计旷工时间超过三十天的，企业有权予以除名。所谓辞退，是指用人单位依照法律规定的条件和程序，解除与其工作人员的工作关系；所谓辞职，是指劳动者根据本人的意愿，辞去所担任的职务，解除与所在单位的工作关系的行为。离职是指劳动者根据本人意愿，自动解除与所在单位的劳动关系的行为。因除名、辞退和辞职、离职发生的争议涉及解除和终止劳动关系，适用《劳动争议调解仲裁法》。

4. 因工作时间、休息休假、社会保险、福利、培训及劳动保护发生的争议

因工作时间、休息休假发生的争议，主要涉及用人单位规定的工作时间是否符合有关法律的规定，劳动者是否能够享受到国家的法定节假日和带薪休假的权利等而引起的争议；因社会保险发生的劳动争议，主要涉及用人单位是否依照有关法律、法规的规定为劳动者缴纳养老、工伤、医疗、失业、生育等社会保险费用而引起的争议；因福利、培训发生的劳动争议，主要涉及用人单位与劳动者在订立的劳动合同中规定的有关福利待遇、培训等约定事项的履行而产生的争议；因劳动保护发生的劳动争议，主要涉及用人单位是否为劳动者提供符合法律规定的劳动安全卫生条件等标准而产生的争议。

5. 因劳动报酬、工伤医疗费、经济补偿或者赔偿金等发生的争议

这一项规定的内容涉及劳动者与用人单位因金钱给付问题而发生的劳动争议。经济补偿是指根据劳动合同法的规定，用人单位解除和终止劳动合同时，应给予劳动者的补偿。根据劳动合同法的规定，劳动者因用人单位的过错而单方提出与用人单位解除劳动合同的；或者用人单位因为劳动者存在过错之外的原因而单方决定与劳动者解除劳动合同的；或者用人单位提出动议，与劳动者协商一致解除劳动合同的，应当向劳动者支付经济补偿。同时，在用人单位与劳动者终止固定期限劳动合同或者企业破产、责令关闭、吊销执照、提前解散等情形时，也应当向劳动者支付经济补偿。赔偿金是指根据劳动合同法的规定，用人单位应当向劳动者支付的赔偿金和劳动者应当向用人单位支付的赔偿金。

6. 法律、法规规定的其他劳动争议

这是一项兜底的规定。除了上述劳动争议事项外，法律、行政法规或者地方性法规规定的其他劳动争议，也要纳入劳动争议调解仲裁法的调整范围。

二、《劳动争议调解仲裁法》的基本原则

《劳动争议调解仲裁法》第三条规定，解决劳动争议，应当根据事实，遵循合法、公正、及时、着重调解的原则，依法保护当事人的合法权益。这一条是关于解决劳动争议应当遵循的原则方面的规定。

1. 解决劳动争议必须根据事实、从实际出发

认清事实，是处理和解决各种争议案件的前提和基础。为了解决劳动争议，我们要坚持马克思主义的认识论和方法论，坚持实事求是，一切从具体实际出发，注重证据，注重调查研究，还客观事实以本来面目，并以客观事实作为分清当事人是非曲直和裁判的依据。

2. 解决劳动争议必须以依法保护当事人的合法权益为归宿

劳动争议处理制度为双方当事人开通了权利救济渠道，使争议能够依照法律途径解决。劳动争议处理机构通过依法受理和审理劳动争议案件，对当事人的合法权益予以维护，对违法或不适当的行为予以纠正，从而起到保护劳动者和用人单位双方的作用。

3. 解决劳动争议应当遵循合法、公正、及时的原则

所谓合法，是指劳动争议处理机构在调解、仲裁过程中坚持以事实为根据，以法律为准绳，依法处理劳动争议案件。所谓公正，是指在处理劳动争议的过程中，调解和仲裁机构能够公平正义、不偏不倚，保证争议当事人处于平等的法律地位，具有平等的权利和义务，并对当事人之间权利或利益关系进行合理的分配。所谓及时，是指遵循劳动争议处理法律法规规定的期限，尽可能快速、高效率地处理和解决劳动争议。

4. 解决劳动争议应当遵循着重调解的原则

调解是指在第三人的主持下，依法劝说争议双方进行协商，在互谅互让的基础上达成协议，从而消除矛盾的一种方法。经过说服教育和协商对话就有可能及时解决纠纷，化解矛盾，而且由于调解气氛平缓，方式温和，易于被双方接受，因此各国都重视采用调解方法，使之成为解决劳动争议的重要手段。

第二节 《劳动争议调解仲裁法》的主要内容

我国目前的劳动争议处理制度可以用“一调一裁两审”来概括：发生劳动争议后，当事人除先进行协商外，可以申请劳动调解，调解不成，或者不愿意调解的，当事人可以向劳动争议仲裁委员会申请仲裁；对仲裁裁决不服的，可以向人民法院提起诉讼，其诉讼程序按照民事诉讼法的规定，实行两审终审制。

一、劳动争议的处理程序

《劳动争议调解仲裁法》第五条规定：发生劳动争议，当事人不愿协商、协商不成或者达成和解协议后不履行的，可以向调解组织申请调解；不愿调解、调解不成或者达成调解协议后不履行的，可以向劳动争议仲裁委员会申请仲裁；对仲裁裁决不服的，除本法另有规定的外，可以向人民法院提起诉讼。

（一）申请调解

劳动争议的调解是指劳动争议调解委员会主持，在双方当事人自愿的基础上，通过宣传法律、法规、规章和政策，劝导当事人化解矛盾，自愿就争议事项达成协议，使劳动争议及时得到解决的一种活动。

发生劳动争议，当事人不愿协商、协商不成或者达成和解协议后不履行的，可以向劳动调解组织申请调解。劳动调解组织包括：一是企业劳动争议调解委员会；二是依法设立的基层人民调解组织；三是在乡镇、街道设立的具有劳动争议调解职能的组织。这里要指出的是，调解程序也是一个自愿程序，当事人不愿调解的，可以直接向劳动争议仲裁委员会申请仲裁；如果自劳动争议调解组织收到调解申请之日起十五日内没有达成调解协议，或者达成调解协议后在协议约定的期限内，一方当事人不履行的，另一方当事人可以向劳动争议仲裁委员会申请仲裁。

（二）申请仲裁

发生劳动争议，当事人不愿调解、调解不成或者达成调解协议后不履行的，可以向劳动仲裁委员会申请仲裁。

仲裁是指争议双方在同一问题上无法取得一致时，由无利害关系的第三方居中做出裁决的活动。仲裁主要分为对经济纠纷的经济仲裁和对劳动争议的劳动仲裁。劳动仲裁是指劳动争议仲裁机构对劳动争议当事人争议的事项，根据劳动方面的法律、法规、规章和政策等的规定，依法做出裁决，从而解决劳动争议的一项劳动法律制度。

劳动仲裁不同于仲裁法规定的一般经济纠纷的仲裁：

（1）申请程序不同。一般经济纠纷的仲裁，要求双方当事人在事先或事后达成仲裁协议，然后才能据此向仲裁机构提出仲裁申请；而劳动争议的仲裁，则不要求当事人事先或事后达成仲裁协议，只要当事人一方提出申请，有关的仲裁机构即可受理。

（2）仲裁机构设置不同。仲裁法规定的仲裁机构，主要在直辖市、省会城市及根据需要在其他设区的市设立；而劳动争议仲裁机构的设置，主要是在省、自治区的市、县设立，或者直辖市的区、县设立。

（3）裁决的效力不同。仲裁法规定一般经济纠纷的仲裁，“实行一裁终局制度”，即仲裁裁决做出后，当事人就同一纠纷再申请仲裁或者向人民法院起诉的，仲裁委员会或者人民法院不予受理；劳动争议仲裁，当事人对裁决不服的，除《劳动争议调解仲裁法》规定的几类特殊劳动争议外，可以向人民法院起诉。由此可见，劳动争议的裁决一般不是终局的，法律规定仲裁这一程序，主要是考虑到这类纠纷的处理专业性较强，由一些熟悉这方面业务的人员来处理效果比较好，有利于快速、高效地解决纠纷，同时也在一定程度上减轻了法院的诉讼压力，节约了审判资源。

（三）向人民法院提起诉讼

如果当事人对劳动争议仲裁委员会的仲裁裁决不服的，当事人可以向人民法院提起诉讼。

《劳动争议调解仲裁法》第四十七条规定：“下列劳动争议，除本法另有规定的外，仲裁裁决为终局裁决，裁决书自作出之日起发生法律效力：（一）追索劳动报酬、工伤医疗费、经济补偿或者赔偿金，不超过当地月最低工资标准十二个月金额的争议；（二）因执行国家的劳动标准在工作时间、休息休假、社会保险等方面发生的争议。”对于上述劳动争议案件的裁决，劳动者不服的，可以直接向人民法院提起诉讼，但是用人单位一方不服的，需要先向法院申请撤销仲裁裁决，在人民法院做出撤销仲裁裁决的裁定后，用人单位可以就争议事项向人民法院提起诉讼。

二、劳动争议调解

（一）调解组织

《劳动争议调解仲裁法》第十条规定，发生劳动争议，当事人可以到下列调解组织申请调解：

（1）企业劳动争议调解委员会。企业劳动争议调解委员会是企业内部解决劳动争议的机制。企业劳动争议调解委员会由职工代表和企业代表组成。职工代表由工会成员担任或者由全体职工推举产生；企业代表由企业负责人指定。企业劳动争议调解委员会主任由工会成员或者双方推举的人员担任。

（2）依法设立的基层人民调解组织。基层人民调解组织是我国解决民间纠纷的组织。基层人民调解委员会的任务为调解民间纠纷，并通过调解工作宣传法律、法规、规章和政策，教育公民遵纪守法，尊重社会公德。除了村民委员会、居民委员会设立的基层人民调解组织外，根据 2002 年 9 月司法部颁布的《人民调解工作若干规定》，乡镇、街道可以设立基层人民调解委员会，企业事业单位根据需要也可以设立基层人民调解委员会，根据需要还可以设立区域性、行业性的基层人民调解委员会。

（3）在乡镇、街道设立的具有劳动争议调解职能的组织。在乡镇、街道设立具有劳动争议调解职能的组织，是一些经济发达地区为了解决劳动争议的实际需要而设立的区域性的调解组织。

（二）调解协议

《劳动争议调解仲裁法》第十四条规定，经调解达成协议的，应当制作调解协议书。调解协议书由双方当事人签名或者盖章，经调解员签名并加盖调解组织印章后生效，对双方当事人具有约束力，当事人应当履行。自劳动争议调解组织收到调解申请之日起十五日内未达成调解协议的，当事人可以依法申请仲裁。

1. 制作调解协议书

调解协议书是劳动争议双方达成调解的书面证明，是一项重要的法律文书。《劳动争议调解仲裁法》只对调解协议书的形式做了规定，而没有对调解协议书的内容做明确规定，从实践中看，调解协议主要应当载明争议双方达成的权利和义务的内容、履行协议的期限等。

2. 调解协议的效力

调解协议书由双方当事人签名或者盖章，经调解员签名并加盖调解组织印章后生效，对双方当事人具有约束力，当事人应当履行。这里的“约束力”是一个什么样的效力？调解协议应当具备什么样的效力？从性质上说，调解协议是双方在自愿的基础上达成的，是双方意思表示一致的结果，相当于合同，应当具有合同的效力。但它又是在调解组织参与下达成的，调解员代表调解组织参与调解，帮助双方当事人达成协议，调解员要在调解协议书上签名，调解组织也得在调解协议上加盖印章，调解协议才生效。因此，调解协议不同于一般的民事合同。《劳动争议调解仲裁法》规定调解协议对双方当事人具有约束力，当事人应当履行，而没有直接赋予其具有直接申请强制执行的效力。

3. 十五日内未达成调解协议的，当事人可以依法申请仲裁

调解不是解决劳动争议的必经程序，调解的目的是要用一种灵活、简便的机制，尽快解决劳动争议，因此，调解要讲究效率，要及时。实践中，有的调解员为了尽量促成双方当事人调解解决劳动争议，调解拖的时间比较长，最后问题可能仍得不到解决，有的甚至还影响了当事人申请劳动争议仲裁的时间。因此，调解的期限限定十五天，在十五天内未达成协议的视为调解不成，当事人任何一方都可以向劳动争议仲裁委员会申请仲裁。

三、劳动争议仲裁

（一）劳动争议仲裁委员会

《劳动争议调解仲裁法》第十七条规定，劳动争议仲裁委员会按照统筹规划、合理布局和适应实际需要的原则设立。省、自治区人民政府可以决定在市、县设立；直辖市人民政府可以决定在区、县设立。直辖市、设区的市也可以设立一个或者若干个劳动争议仲裁委员会。劳动争议仲裁委员会不按行政区划层层设立。

1. 劳动争议仲裁委员会的概念

劳动争议仲裁委员会是指依法设立，由法律授权依法独立对劳动争议案件进行仲裁的专门机构。劳动争议仲裁委员会是由省级人民政府依照《劳动争议调解仲裁法》的有关规定决定设立的，其设立和组成决定了其是由法律授权、代表国家行使仲裁权的国家仲裁机构的性质。

劳动争议仲裁是一种准司法的仲裁制度，其对劳动争议的处理结果具有法律效力；劳动争议仲裁是劳动争议处理的必经程序，当事人对仲裁裁决不服的，可以依法向人民法院提出诉讼；但对于其中一部分争议金额较小的或者违法事实简单的劳动争议，依照《劳动争议调解仲裁法》的规定，劳动者对仲裁裁决无异议的，该仲裁裁决为终局裁决；当事人对发生法律效力的调解书和裁决书应当依照法律规定的期限履行，一方当事人逾期不履行的，另一方当事人可以申请人民法院强制执行。

2. 劳动争议仲裁委员会的设立

根据《劳动争议调解仲裁法》规定，劳动争议仲裁委员会不按行政区划层层设立，劳动争议仲裁实行“一裁制”，因而没有级别管辖。在劳动争议仲裁委员会的设立上，立法的本意也是要将劳动争议仲裁机构下沉，平铺设立，不搞层级区别。

（1）劳动争议仲裁委员会设立原则。劳动争议仲裁委员会应当按照统筹规划、合理布局和适应实际需要的原则设立，不按行政区域层层设立。劳动争议仲裁委员会的设立应根据本地劳动争议处理工作的实际需要，统筹规划劳动争议仲裁委员会的数量，合理布局，不按行政区划层层设立。

（2）劳动争议仲裁委员会的设立应注意以下几个问题：

第一，省、自治区人民政府可以决定在市、县设立。省、自治区人民政府可以依据《劳动争议调解仲裁法》的规定，决定在本行政区域内的各市、县设立劳动争议仲裁委员会。

第二，直辖市人民政府可以决定在区、县设立。北京、天津、上海和重庆四个直辖市的人民政府，可以决定在其所辖的区和县分别设立劳动争议仲裁委员会，也可以

不分别在每个区和县设立，而是在整个市的范围内设立一个劳动争议仲裁委员会，或者将全市划分为若干个辖区，分别设立若干个劳动争议仲裁委员会。

第三，省级人民政府可以决定在各个县、市辖区和不设区的市平铺设立劳动争议仲裁委员会，也可以决定在设区的市设立一个劳动争议仲裁委员会，或者不按市辖区、县设立若干个劳动争议仲裁委员会。

3. 劳动争议仲裁委员会的组成及职责

《劳动争议调解仲裁法》第十九条规定，劳动争议仲裁委员会由劳动行政部门代表、工会代表和企业方面代表组成。劳动争议仲裁委员会组成人员应当是单数。劳动争议仲裁委员会由三方组成的好处是可以在争议处理时听取多方面的意见，并获得多方面的协调与支持，这对处理重大疑难案件尤为重要。鉴于劳动争议仲裁委员会由三方代表组成，三方代表权利义务相同。仲裁委员会做决定时应当按照少数服从多数的原则进行，故劳动争议仲裁委员会的组成人数必须是单数。

劳动争议仲裁委员会依法履行下列职责：①聘任、解聘专职或者兼职仲裁员；②受理劳动争议案件；③讨论重大或者疑难的劳动争议案件；④对仲裁活动进行监督。劳动争议仲裁委员会下设办事机构，负责办理劳动争议仲裁委员会的日常工作。

（二）劳动争议仲裁的管辖

劳动争议仲裁管辖，是指确定各个劳动争议仲裁委员会审理劳动争议案件的分工和权限，明确当事人应当到哪一个劳动争议仲裁委员会申请劳动争议仲裁，由哪一个劳动争议仲裁委员会受理。劳动争议仲裁管辖应当根据方便劳动争议当事人仲裁，方便劳动争议仲裁委员会审理案件的原则确定。

《劳动争议调解仲裁法》第二十一条规定，劳动争议仲裁委员会负责管辖本区域内发生的劳动争议。劳动争议由劳动合同履行地或者用人单位所在地的劳动争议仲裁委员会管辖。双方当事人分别向劳动合同履行地和用人单位所在地的劳动争议仲裁委员会申请仲裁的，由劳动合同履行地的劳动争议仲裁委员会管辖。

（三）劳动争议仲裁的当事人

劳动争议仲裁当事人是指因劳动权益纠纷，以自己的名义参加劳动争议仲裁活动，请求保护自己的合法权益，并受劳动争议仲裁委员会仲裁裁决约束的直接利害关系人。

1. 当事人

当事人指发生劳动争议的劳动者和用人单位为劳动争议仲裁案件的双方当事人。劳务派遣单位或者用工单位与劳动者发生劳动争议的，劳务派遣单位和用工单位为共同当事人。在实践中，申请人的主体资格容易确定，在目前的劳动争议仲裁案件中，绝大多数申请人为劳动者。确认申请人的主体资格应以是否存在劳动关系为依据。只要劳动者与用人单位存在劳动关系（包括事实劳动关系），与用人单位发生劳动争议申请仲裁的就具有申请人的主体资格。

2. 第三人

与劳动争议案件的处理结果有利害关系的第三人，可以申请参加仲裁活动或者由劳动争议仲裁委员会通知其参加仲裁活动。个别情况下，可能出现第三人参加劳动争议仲裁活动。如劳动者在执行职务过程中受到第三方的侵害致伤或者死亡，侵权第三方与其案件的处理具有法律上的利害关系，涉及如何区分劳动者所在单位与侵权第三方的法律责任承担问题；再如，借用职工在借用单位发生工伤事故致残或者死亡，涉及原工作单位和借用单位对职工工伤待遇给付问题，以及工伤争议中涉及未成年子女抚养问题等。上述情况中的侵权第三方、借用单位、未成年子女与案件的处理结果具有法律上的利害关系，应作为第三人参加仲裁活动。

3. 代理人

当事人可以委托代理人参加仲裁活动。委托他人参加仲裁活动，应当向劳动争议仲裁委员会提交有委托人签名或者盖章的委托书，委托书应当载明委托事项和权限。丧失或者部分丧失民事行为能力的劳动者，由其法定代理人代为参加仲裁活动；无法定代理人的，由劳动争议仲裁委员会为其指定代理人。劳动者死亡的，由其近亲属或者代理人参加仲裁活动。

（四）劳动争议仲裁的申请和受理

1. 仲裁申请

申请人申请仲裁应当提交书面仲裁申请，并按照被申请人人数提交副本。仲裁申请书应当载明下列事项：①劳动者的姓名、性别、年龄、职业、工作单位和住所，用人单位的名称、住所和法定代表人或者主要负责人的姓名、职务；②仲裁请求和所根据的事实、理由；③证据和证据来源、证人姓名和住所。书写仲裁申请确有困难的，可以口头申请，由劳动争议仲裁委员会记入笔录，并告知对方当事人。

2. 仲裁受理

劳动争议仲裁委员会收到仲裁申请之日起五日内，认为符合受理条件的，应当受理，并通知申请人；认为不符合受理条件的，应当书面通知申请人不予受理，并说明理由。对劳动争议仲裁委员会不予受理或者逾期未做出决定的，申请人可以就该劳动争议事项向人民法院提起诉讼。

（五）劳动争议仲裁裁决

1. 裁决前的和解

当事人申请劳动争议仲裁后，可以自行和解。达成和解协议的，可以撤回仲裁申请。劳动争议仲裁当事人自行和解是指在劳动争议案件中，一方当事人申请劳动争议仲裁后，当事人之间通过协商就已经提交仲裁的劳动争议自行达成解决方案的行为。和解具有体现当事人合意、尊重当事人处分权、解决纠纷较为彻底、节约仲裁司法资源、有利于社会和谐等优点，因此在许多国家被广泛运用。

2. 裁决前的调解

仲裁庭在做出裁决前，应当先行调解。调解达成协议的，仲裁庭应当制作调解书。调解书应当写明仲裁请求和当事人协议的结果。调解书由仲裁员签名，加盖劳动争议仲裁委员会印章，送达双方当事人。调解书经双方当事人签收后，发生法律效力。调解不成或者调解书送达前，一方当事人反悔的，仲裁庭应当及时做出裁决。调解一方面是一种审理活动，另一方面又是一种结案方式。仲裁调解形式解决纠纷，既有利于增强当事人之间的团结，减少当事人之间的隔阂，防止矛盾的激化；同时也有利于彻底解决纠纷和提高办案效率，避免仲裁案件的拖延解决，从而节省人力、物力、财力，提高仲裁效率。

3. 仲裁裁决的时限

仲裁庭裁决劳动争议案件，应当自劳动争议仲裁委员会受理仲裁申请之日起四十五日内结束。案情复杂需要延期的，经劳动争议仲裁委员会主任批准，可以延期并书面通知当事人，但是延长期限不得超过十五日。逾期未做出仲裁裁决的，当事人可以就该劳动争议事项向人民法院提起诉讼。仲裁庭裁决劳动争议案件时，其中一部分事实已经清楚，可以就该部分先行裁决。规定劳动争议仲裁委员会审理劳动争议案件的审理期限，对于保护劳动者和用人一单位的合法权益，维护经济秩序、社会秩序有重要意义。这是因为，劳动争议案件如果得不到及时处理，容易引起矛盾激化，不利于社会秩序的稳定，不利于保护当事人的合法权益。

4. 裁决书

仲裁书应当载明仲裁请求、争议事实、裁决理由、裁决结果和裁决日期。裁决书由仲裁员签名，加盖劳动争议仲裁委员会印章。对裁决持不同意见的仲裁员，可以签名，也可以不签名。

5. 终局裁决

下列劳动争议，除《劳动争议调解仲裁法》另有规定的外，仲裁裁决为终局裁决，裁决书自做出之日起发生法律效力：①追索劳动报酬、工伤医疗费、经济补偿或者赔偿金，不超过当地月最低工资标准十二个月金额的争议；②因执行国家的劳动标准在工作时间、休息休假、社会保险等方面发生的争议。

案例分析：××公司申请撤销仲裁裁决①

【案情】对申请人××公司与被申请人陈某劳动争议一案，厦门市湖里区劳动争议仲裁委员会于 2015 年 4 月 16 日做出厦湖劳仲案（2015）第 212-1 号裁决书，裁决：第一，××公司于裁决书生效当日支付陈某 2014 年 11 月至 2015 年 2 月工资差额13 163 元；第二，××公司于裁决书生效之日起五日内依法为陈某向社会保险机构申请办理社会保险登记手续，各方当事人应依法向社会保险费征收机构缴纳劳动关系存续期间的社会保险费；第三，自裁决书生效之日起十五日内，××公司应依法为陈某办理档案转移、社会保险关系转移手续并出具解除劳动关系证明。申请人××公司不服，于 2015 年 5 月 21 日向法院提出申请，请求撤销该劳动仲裁裁决。理由是：仲裁庭认定事实有误，××公司因经营困难，确实有拖欠陈某工资，但所欠数额与仲裁庭认定的数额不同，并且陈某自 2015 年 1 月起就不再上班，2 月份未提供劳动，该月的工资不应当发放。

【评析】根据《劳动争议调解仲裁法》第四十九条规定，人民法院应当裁定撤销仲裁裁决的情形为：仲裁裁决适用法律、法规确有错误的；劳动争议仲裁委员会无管辖权的；违反法定程序的；裁决所根据的证据是伪造的；对方当事人隐瞒了足以影响公正裁决的证据的；仲裁员在仲裁该案时有索贿受贿、徇私舞弊、枉法裁决行为的。××公司以厦湖劳仲案（2015）第 212-1 号裁决书认定事实错误为由申请撤销该裁决书不符合前述法律规定人民法院应当裁定撤销仲裁裁决的情形，故其申请法院不予支持。

---

① 该案例改编自中国裁判文书网《景基（厦门）网络科技有限公司、陈秋月申请撤销仲裁裁决民事裁定书》，案号为（2015）厦民认字第 130 号。

依照《中华人民共和国劳动争议调解仲裁法》第四十九条、《中华人民共和国民事诉讼法》第一百五十四第一款的规定，法院裁定：驳回申请人××公司请求撤销厦门市湖里区劳动争议仲裁委员会厦湖劳仲案（2015）第212-1号裁决的申请。

课堂讨论

1. 讨论《劳动争议调解仲裁法》的立法背景。
2. 讨论《劳动争议调解仲裁法》的作用。
3. 讨论《劳动争议调解仲裁法》的完善。

课后复习

1. 简述《劳动争议调解仲裁法》的基本特征。
2. 简述劳动争议的调解作用与社会诚信的关系。
3. 简述劳动争议仲裁委员会的组成成员要求。
4. 简述人民法院对劳动争议的终审权。

参考文献

[1] 泰勒. 科学管理原理 [M]. 马风才，译. 北京：机械工业出版社，2009.

[2] 霍恩. 管理思想史 [M]. 5 版. 孙建敏，黄小勇，李原，译. 北京：中国人民大学出版社，2009.

[3] 克雷纳. 管理大师 50 人 [M]. 柳松，秦文淳，译. 海口：海南出版社，2000.

[4] 钱德勒，麦克劳，特德洛. 管理的历史与现状 [M]. 郭斌，译. 大连：东北财经大学出版社，2007.

[5] 克雷纳. 管理百年 [M]. 邱琼，译. 海口：海南出版社，2003.

[6] 沃纳. 管理思想全书 [M]. 韦福祥，译. 北京：人民邮电出版社，2009.

[7] HAROLD K. The Management Theory Jungle Revisited [J]. Academy of Management Review，1980 (2)：175-187.

[8] 陈春花. 中国企业的下一个机会：成为价值型企业 [J]. 印刷经理人，2008 (11)：40-54.

[9] 柯林斯，波勒斯. 基业长青 [M]. 真如，译. 北京：中信出版社，2006.

[10] 李克琴. 中国企业 500 强与世界企业 500 强比较 [J]. 产权导刊，2005 (10)：57-58.

[11] 德鲁克. 管理的实践 [M]. 齐若兰，译. 北京：机械工业出版社，2009.

[12] 田野. 非典型劳动关系的法律规制研究 [M]. 北京：中国政法大学出版社，2014.

[13] 瓦尔特曼. 德国劳动法 [M]. 沈建锋，译. 北京：法律出版社，2014.

[14] 李孝保. 中国劳动法基本理论问题研究 [M]. 北京：法律出版社，2019.

[15] 吴伟东. 行动中的劳动法律 [M]. 北京：社会科学文献出版社，2017.

[16] 马超俊. 比较劳动政策 [M]. 北京：商务印书馆，2013

[17] 程延园. 劳动关系 [M]. 4 版. 北京：中国人民大学出版社，2017.

[18] 陈维政，李贵卿，毛晓燕. 劳动关系管理：理论与实务 [M]. 2 版. 北京：科学出版社，2017.

[19] 常凯. 劳动关系学 [M]. 北京：中国劳动社会保障出版社，2016.

［20］常凯. 劳动关系·劳动者·劳权：当代中国的劳动问题［M］. 北京：中国劳动出版社，1997.

［21］谭泓. 劳动关系：社会和谐发展的风向标［M］. 北京：人民出版社，2011.

［22］周三多. 管理学［M］. 4 版. 北京：高等教育出版社，2015.

附录 1

中华人民共和国劳动法

（1994 年 7 月 5 日第八届全国人民代表大会常务委员会第八次会议通过　根据 2009 年 8 月 27 日第十一届全国人民代表大会常务委员会第十次会议《关于修改部分法律的决定》第一次修正　根据 2018 年 12 月 29 日第十三届全国人民代表大会常务委员会第七次会议《关于修改〈中华人民共和国劳动法〉等七部法律的决定》第二次修正）

第一章　总则

第一条　为了保护劳动者的合法权益，调整劳动关系，建立和维护适应社会主义市场经济的劳动制度，促进经济发展和社会进步，根据宪法，制定本法。

第二条　在中华人民共和国境内的企业、个体经济组织（以下统称用人单位）和与之形成劳动关系的劳动者，适用本法。

国家机关、事业组织、社会团体和与之建立劳动合同关系的劳动者，依照本法执行。

第三条　劳动者享有平等就业和选择职业的权利、取得劳动报酬的权利、休息休假的权利、获得劳动安全卫生保护的权利、接受职业技能培训的权利、享受社会保险和福利的权利、提请劳动争议处理的权利以及法律规定的其他劳动权利。

劳动者应当完成劳动任务，提高职业技能，执行劳动安全卫生规程，遵守劳动纪律和职业道德。

第四条　用人单位应当依法建立和完善规章制度，保障劳动者享有劳动权利和履行劳动义务。

第五条　国家采取各种措施，促进劳动就业，发展职业教育，制定劳动标准，调节社会收入，完善社会保险，协调劳动关系，逐步提高劳动者的生活水平。

第六条　国家提倡劳动者参加社会义务劳动，开展劳动竞赛和合理化建议活动，鼓励和保护劳动者进行科学研究、技术革新和发明创造，表彰和奖励劳动模范和先进工作者。

第七条　劳动者有权依法参加和组织工会。

工会代表和维护劳动者的合法权益，依法独立自主地开展活动。

第八条　劳动者依照法律规定，通过职工大会、职工代表大会或者其他形式，参与民主管理或者就保护劳动者合法权益与用人单位进行平等协商。

第九条　国务院劳动行政部门主管全国劳动工作。

县级以上地方人民政府劳动行政部门主管本行政区域内的劳动工作。

第二章　促进就业

第十条　国家通过促进经济和社会发展，创造就业条件，扩大就业机会。

国家鼓励企业、事业组织、社会团体在法律、行政法规规定的范围内兴办产业或者拓展经营，增加就业。

国家支持劳动者自愿组织起来就业和从事个体经营实现就业。

第十一条　地方各级人民政府应当采取措施，发展多种类型的职业介绍机构，提供就业服务。

第十二条　劳动者就业，不因民族、种族、性别、宗教信仰不同而受歧视。

第十三条　妇女享有与男子平等的就业权利。在录用职工时，除国家规定的不适合妇女的工种或者岗位外，不得以性别为由拒绝录用妇女或者提高对妇女的录用标准。

第十四条　残疾人、少数民族人员、退出现役的军人的就业，法律、法规有特别规定的，从其规定。

第十五条　禁止用人单位招用未满十六周岁的未成年人。

文艺、体育和特种工艺单位招用未满十六周岁的未成年人，必须遵守国家有关规定，并保障其接受义务教育的权利。

第三章　劳动合同和集体合同

第十六条　劳动合同是劳动者与用人单位确立劳动关系、明确双方权利和义务的协议。

建立劳动关系应当订立劳动合同。

第十七条　订立和变更劳动合同，应当遵循平等自愿、协商一致的原则，不得违反法律、行政法规的规定。

劳动合同依法订立即具有法律约束力，当事人必须履行劳动合同规定的义务。

第十八条　下列劳动合同无效：

（一）违反法律、行政法规的劳动合同；

（二）采取欺诈、威胁等手段订立的劳动合同。

无效的劳动合同，从订立的时候起，就没有法律约束力。确认劳动合同部分无效的，如果不影响其余部分的效力，其余部分仍然有效。

劳动合同的无效，由劳动争议仲裁委员会或者人民法院确认。

第十九条　劳动合同应当以书面形式订立，并具备以下条款：

（一）劳动合同期限；

（二）工作内容；

（三）劳动保护和劳动条件；

（四）劳动报酬；

（五）劳动纪律；

（六）劳动合同终止的条件；

（七）违反劳动合同的责任。

劳动合同除前款规定的必备条款外，当事人可以协商约定其他内容。

第二十条　劳动合同的期限分为有固定期限、无固定期限和以完成一定的工作为期限。

劳动者在同一用人单位连续工作满十年以上，当事人双方同意续延劳动合同的，如果劳动者提出订立无固定期限的劳动合同，应当订立无固定期限的劳动合同。

第二十一条　劳动合同可以约定试用期。试用期最长不得超过六个月。

第二十二条　劳动合同当事人可以在劳动合同中约定保守用人单位商业秘密的有关事项。

第二十三条　劳动合同期满或者当事人约定的劳动合同终止条件出现，劳动合同即行终止。

第二十四条　经劳动合同当事人协商一致，劳动合同可以解除。

第二十五条　劳动者有下列情形之一的，用人单位可以解除劳动合同：

（一）在试用期间被证明不符合录用条件的；

（二）严重违反劳动纪律或者用人单位规章制度的；

（三）严重失职，营私舞弊，对用人单位利益造成重大损害的；

（四）被依法追究刑事责任的。

第二十六条　有下列情形之一的，用人单位可以解除劳动合同，但是应当提前三十日以书面形式通知劳动者本人：

（一）劳动者患病或者非因工负伤，医疗期满后，不能从事原工作也不能从事由用人单位另行安排的工作的；

（二）劳动者不能胜任工作，经过培训或者调整工作岗位，仍不能胜任工作的；

（三）劳动合同订立时所依据的客观情况发生重大变化，致使原劳动合同无法履行，经当事人协商不能就变更劳动合同达成协议的。

第二十七条　用人单位濒临破产进行法定整顿期间或者生产经营状况发生严重困难，确需裁减人员的，应当提前三十日向工会或者全体职工说明情况，听取工会或者职工的意见，经向劳动行政部门报告后，可以裁减人员。

用人单位依据本条规定裁减人员，在六个月内录用人员的，应当优先录用被裁减的人员。

第二十八条　用人单位依据本法第二十四条、第二十六条、第二十七条的规定解除劳动合同的，应当依照国家有关规定给予经济补偿。

第二十九条　劳动者有下列情形之一的，用人单位不得依据本法第二十六条、第二十七条的规定解除劳动合同：

（一）患职业病或者因工负伤并被确认丧失或者部分丧失劳动能力的；

（二）患病或者负伤，在规定的医疗期内的；

（三）女职工在孕期、产期、哺乳期内的；

（四）法律、行政法规规定的其他情形。

第三十条　用人单位解除劳动合同，工会认为不适当的，有权提出意见。如果用人单位违反法律、法规或者劳动合同，工会有权要求重新处理；劳动者申请仲裁或者提起诉讼的，工会应当依法给予支持和帮助。

第三十一条　劳动者解除劳动合同，应当提前三十日以书面形式通知用人单位。

第三十二条　有下列情形之一的，劳动者可以随时通知用人单位解除劳动合同：

（一）在试用期内的；

（二）用人单位以暴力、威胁或者非法限制人身自由的手段强迫劳动的；

（三）用人单位未按照劳动合同约定支付劳动报酬或者提供劳动条件的。

第三十三条　企业职工一方与企业可以就劳动报酬、工作时间、休息休假、劳动安全卫生、保险福利等事项，签订集体合同。集体合同草案应当提交职工代表大会或者全体职工讨论通过。

集体合同由工会代表职工与企业签订；没有建立工会的企业，由职工推举的代表与企业签订。

第三十四条　集体合同签订后应当报送劳动行政部门；劳动行政部门自收到集体合同文本之日起十五日内未提出异议的，集体合同即行生效。

第三十五条　依法签订的集体合同对企业和企业全体职工具有约束力。职工个人与企业订立的劳动合同中劳动条件和劳动报酬等标准不得低于集体合同的规定。

第四章　工作时间和休息休假

第三十六条　国家实行劳动者每日工作时间不超过八小时、平均每周工作时间不超过四十四小时的工时制度。

第三十七条　对实行计件工作的劳动者，用人单位应当根据本法第三十六条规定的工时制度合理确定其劳动定额和计件报酬标准。

第三十八条　用人单位应当保证劳动者每周至少休息一日。

第三十九条　企业因生产特点不能实行本法第三十六条、第三十八条规定的，经劳动行政部门批准，可以实行其他工作和休息办法。

第四十条　用人单位在下列节日期间应当依法安排劳动者休假：

（一）元旦；

（二）春节；

（三）国际劳动节；

（四）国庆节；

（五）法律、法规规定的其他休假节日。

第四十一条　用人单位由于生产经营需要，经与工会和劳动者协商后可以延长工作时间，一般每日不得超过一小时；因特殊原因需要延长工作时间的，在保障劳动者身体健康的条件下延长工作时间每日不得超过三小时，但是每月不得超过三十六小时。

第四十二条　有下列情形之一的，延长工作时间不受本法第四十一条规定的限制：

（一）发生自然灾害、事故或者因其他原因，威胁劳动者生命健康和财产安全，需要紧急处理的；

（二）生产设备、交通运输线路、公共设施发生故障，影响生产和公众利益，必须及时抢修的；

（三）法律、行政法规规定的其他情形。

第四十三条　用人单位不得违反本法规定延长劳动者的工作时间。

第四十四条　有下列情形之一的，用人单位应当按照下列标准支付高于劳动者正常工作时间工资的工资报酬：

（一）安排劳动者延长工作时间的，支付不低于工资的百分之一百五十的工资报酬；

（二）休息日安排劳动者工作又不能安排补休的，支付不低于工资的百分之二百的工资报酬；

（三）法定休假日安排劳动者工作的，支付不低于工资的百分之三百的工资报酬。

第四十五条　国家实行带薪年休假制度。

劳动者连续工作一年以上的，享受带薪年休假。具体办法由国务院规定。

第五章　工　资

第四十六条　工资分配应当遵循按劳分配原则，实行同工同酬。

工资水平在经济发展的基础上逐步提高。国家对工资总量实行宏观调控。

第四十七条　用人单位根据本单位的生产经营特点和经济效益，依法自主确定本单位的工资分配方式和工资水平。

第四十八条　国家实行最低工资保障制度。最低工资的具体标准由省、自治区、直辖市人民政府规定，报国务院备案。

用人单位支付劳动者的工资不得低于当地最低工资标准。

第四十九条　确定和调整最低工资标准应当综合参考下列因素：

（一）劳动者本人及平均赡养人口的最低生活费用；

（二）社会平均工资水平；

（三）劳动生产率；

（四）就业状况；

（五）地区之间经济发展水平的差异。

第五十条　工资应当以货币形式按月支付给劳动者本人。不得克扣或者无故拖欠劳动者的工资。

第五十一条　劳动者在法定休假日和婚丧假期间以及依法参加社会活动期间，用人单位应当依法支付工资。

第六章　劳动安全卫生

第五十二条　用人单位必须建立、健全劳动安全卫生制度，严格执行国家劳动安全卫生规程和标准，对劳动者进行劳动安全卫生教育，防止劳动过程中的事故，减少职业危害。

第五十三条　劳动安全卫生设施必须符合国家规定的标准。

新建、改建、扩建工程的劳动安全卫生设施必须与主体工程同时设计、同时施工、同时投入生产和使用。

第五十四条　用人单位必须为劳动者提供符合国家规定的劳动安全卫生条件和必要的劳动防护用品，对从事有职业危害作业的劳动者应当定期进行健康检查。

第五十五条　从事特种作业的劳动者必须经过专门培训并取得特种作业资格。

第五十六条　劳动者在劳动过程中必须严格遵守安全操作规程。

劳动者对用人单位管理人员违章指挥、强令冒险作业，有权拒绝执行；对危害生命安全和身体健康的行为，有权提出批评、检举和控告。

第五十七条　国家建立伤亡事故和职业病统计报告和处理制度。县级以上各级人民政府劳动行政部门、有关部门和用人单位应当依法对劳动者在劳动过程中发生的伤亡事故和劳动者的职业病状况，进行统计、报告和处理。

第七章　女职工和未成年工特殊保护

第五十八条　国家对女职工和未成年工实行特殊劳动保护。

未成年工是指年满十六周岁未满十八周岁的劳动者。

第五十九条　禁止安排女职工从事矿山井下、国家规定的第四级体力劳动强度的劳动和其他禁忌从事的劳动。

第六十条　不得安排女职工在经期从事高处、低温、冷水作业和国家规定的第三级体力劳动强度的劳动。

第六十一条　不得安排女职工在怀孕期间从事国家规定的第三级体力劳动强度的劳动和孕期禁忌从事的劳动。对怀孕七个月以上的女职工，不得安排其延长工作时间和夜班劳动。

第六十二条　女职工生育享受不少于九十天的产假。

第六十三条　不得安排女职工在哺乳未满一周岁的婴儿期间从事国家规定的第三级体力劳动强度的劳动和哺乳期禁忌从事的其他劳动，不得安排其延长工作时间和夜班劳动。

第六十四条　不得安排未成年工从事矿山井下、有毒有害、国家规定的第四级体力劳动强度的劳动和其他禁忌从事的劳动。

第六十五条　用人单位应当对未成年工定期进行健康检查。

第八章　职业培训

第六十六条　国家通过各种途径，采取各种措施，发展职业培训事业，开发劳动者的职业技能，提高劳动者素质，增强劳动者的就业能力和工作能力。

第六十七条　各级人民政府应当把发展职业培训纳入社会经济发展的规划，鼓励和支持有条件的企业、事业组织、社会团体和个人进行各种形式的职业培训。

第六十八条　用人单位应当建立职业培训制度，按照国家规定提取和使用职业培训经费，根据本单位实际，有计划地对劳动者进行职业培训。

从事技术工种的劳动者，上岗前必须经过培训。

第六十九条　国家确定职业分类，对规定的职业制定职业技能标准，实行职业资格证书制度，由经备案的考核鉴定机构负责对劳动者实施职业技能考核鉴定。

第九章　社会保险和福利

第七十条　国家发展社会保险事业，建立社会保险制度，设立社会保险基金，使劳动者在年老、患病、工伤、失业、生育等情况下获得帮助和补偿。

第七十一条　社会保险水平应当与社会经济发展水平和社会承受能力相适应。

第七十二条　社会保险基金按照保险类型确定资金来源，逐步实行社会统筹。用人单位和劳动者必须依法参加社会保险，缴纳社会保险费。

第七十三条　劳动者在下列情形下，依法享受社会保险待遇：

（一）退休；

（二）患病、负伤；

（三）因工伤残或者患职业病；

（四）失业；

（五）生育。

劳动者死亡后，其遗属依法享受遗属津贴。

劳动者享受社会保险待遇的条件和标准由法律、法规规定。

劳动者享受的社会保险金必须按时足额支付。

第七十四条　社会保险基金经办机构依照法律规定收支、管理和运营社会保险基金，并负有使社会保险基金保值增值的责任。

社会保险基金监督机构依照法律规定，对社会保险基金的收支、管理和运营实施监督。

社会保险基金经办机构和社会保险基金监督机构的设立和职能由法律规定。

任何组织和个人不得挪用社会保险基金。

第七十五条　国家鼓励用人单位根据本单位实际情况为劳动者建立补充保险。

国家提倡劳动者个人进行储蓄性保险。

第七十六条　国家发展社会福利事业，兴建公共福利设施，为劳动者休息、休养和疗养提供条件。

用人单位应当创造条件，改善集体福利，提高劳动者的福利待遇。

第十章　劳动争议

第七十七条　用人单位与劳动者发生劳动争议，当事人可以依法申请调解、仲裁、提起诉讼，也可以协商解决。

调解原则适用于仲裁和诉讼程序。

第七十八条　解决劳动争议，应当根据合法、公正、及时处理的原则，依法维护劳动争议当事人的合法权益。

第七十九条　劳动争议发生后，当事人可以向本单位劳动争议调解委员会申请调解；调解不成，当事人一方要求仲裁的，可以向劳动争议仲裁委员会申请仲裁。当事人一方也可以直接向劳动争议仲裁委员会申请仲裁。对仲裁裁决不服的，可以向人民法院提起诉讼。

第八十条　在用人单位内，可以设立劳动争议调解委员会。劳动争议调解委员会由职工代表、用人单位代表和工会代表组成。劳动争议调解委员会主任由工会代表担任。

劳动争议经调解达成协议的，当事人应当履行。

第八十一条　劳动争议仲裁委员会由劳动行政部门代表、同级工会代表、用人单位方面的代表组成。劳动争议仲裁委员会主任由劳动行政部门代表担任。

第八十二条　提出仲裁要求的一方应当自劳动争议发生之日起六十日内向劳动争议仲裁委员会提出书面申请。仲裁裁决一般应在收到仲裁申请的六十日内作出。对仲裁裁决无异议的，当事人必须履行。

第八十三条　劳动争议当事人对仲裁裁决不服的，可以自收到仲裁裁决书之日起十五日内向人民法院提起诉讼。一方当事人在法定期限内不起诉又不履行仲裁裁决的，另一方当事人可以申请人民法院强制执行。

第八十四条　因签订集体合同发生争议，当事人协商解决不成的，当地人民政府劳动行政部门可以组织有关各方协调处理。

因履行集体合同发生争议，当事人协商解决不成的，可以向劳动争议仲裁委员会申请仲裁；对仲裁裁决不服的，可以自收到仲裁裁决书之日起十五日内向人民法院提起诉讼。

第十一章　监督检查

第八十五条　县级以上各级人民政府劳动行政部门依法对用人单位遵守劳动法律、法规的情况进行监督检查，对违反劳动法律、法规的行为有权制止，并责令改正。

第八十六条　县级以上各级人民政府劳动行政部门监督检查人员执行公务，有权进入用人单位了解执行劳动法律、法规的情况，查阅必要的资料，并对劳动场所进行检查。

县级以上各级人民政府劳动行政部门监督检查人员执行公务，必须出示证件，秉公执法并遵守有关规定。

第八十七条　县级以上各级人民政府有关部门在各自职责范围内，对用人单位遵守劳动法律、法规的情况进行监督。

第八十八条　各级工会依法维护劳动者的合法权益，对用人单位遵守劳动法律、法规的情况进行监督。

任何组织和个人对于违反劳动法律、法规的行为有权检举和控告。

第十二章　法律责任

第八十九条　用人单位制定的劳动规章制度违反法律、法规规定的，由劳动行政部门给予警告，责令改正；对劳动者造成损害的，应当承担赔偿责任。

第九十条　用人单位违反本法规定，延长劳动者工作时间的，由劳动行政部门给予警告，责令改正，并可以处以罚款。

第九十一条　用人单位有下列侵害劳动者合法权益情形之一的，由劳动行政部门责令支付劳动者的工资报酬、经济补偿，并可以责令支付赔偿金：

（一）克扣或者无故拖欠劳动者工资的；

（二）拒不支付劳动者延长工作时间工资报酬的；

（三）低于当地最低工资标准支付劳动者工资的；

（四）解除劳动合同后，未依照本法规定给予劳动者经济补偿的。

第九十二条　用人单位的劳动安全设施和劳动卫生条件不符合国家规定或者未向劳动者提供必要的劳动防护用品和劳动保护设施的，由劳动行政部门或者有关部门责令改正，可以处以罚款；情节严重的，提请县级以上人民政府决定责令停产整顿；对事故隐患不采取措施，致使发生重大事故，造成劳动者生命和财产损失的，对责任人员依照刑法有关规定追究刑事责任。

第九十三条　用人单位强令劳动者违章冒险作业，发生重大伤亡事故，造成严重后果的，对责任人员依法追究刑事责任。

第九十四条　用人单位非法招用未满十六周岁的未成年人的，由劳动行政部门责令改正，处以罚款；情节严重的，由市场监督管理部门吊销营业执照。

第九十五条　用人单位违反本法对女职工和未成年工的保护规定，侵害其合法权益的，由劳动行政部门责令改正，处以罚款；对女职工或者未成年工造成损害的，应当承担赔偿责任。

第九十六条　用人单位有下列行为之一，由公安机关对责任人员处以十五日以下拘留、罚款或者警告；构成犯罪的，对责任人员依法追究刑事责任：

（一）以暴力、威胁或者非法限制人身自由的手段强迫劳动的；

（二）侮辱、体罚、殴打、非法搜查和拘禁劳动者的。

第九十七条　由于用人单位的原因订立的无效合同，对劳动者造成损害的，应当承担赔偿责任。

第九十八条　用人单位违反本法规定的条件解除劳动合同或者故意拖延不订立劳动合同的，由劳动行政部门责令改正；对劳动者造成损害的，应当承担赔偿责任。

第九十九条　用人单位招用尚未解除劳动合同的劳动者，对原用人单位造成经济损失的，该用人单位应当依法承担连带赔偿责任。

第一百条　用人单位无故不缴纳社会保险费的，由劳动行政部门责令其限期缴纳；逾期不缴的，可以加收滞纳金。

第一百零一条　用人单位无理阻挠劳动行政部门、有关部门及其工作人员行使监督检查权，打击报复举报人员的，由劳动行政部门或者有关部门处以罚款；构成犯罪的，对责任人员依法追究刑事责任。

第一百零二条　劳动者违反本法规定的条件解除劳动合同或者违反劳动合同中约定的保密事项，对用人单位造成经济损失的，应当依法承担赔偿责任。

第一百零三条　劳动行政部门或者有关部门的工作人员滥用职权、玩忽职守、徇私舞弊，构成犯罪的，依法追究刑事责任；不构成犯罪的，给予行政处分。

第一百零四条　国家工作人员和社会保险基金经办机构的工作人员挪用社会保险基金，构成犯罪的，依法追究刑事责任。

第一百零五条　违反本法规定侵害劳动者合法权益，其他法律、行政法规已规定处罚的，依照该法律、行政法规的规定处罚。

第十三章　附　则

第一百零六条　省、自治区、直辖市人民政府根据本法和本地区的实际情况，规定劳动合同制度的实施步骤，报国务院备案。

第一百零七条　本法自 1995 年 1 月 1 日起施行。

附录 2

中华人民共和国劳动合同法

（2007 年 6 月 29 日第十届全国人民代表大会常务委员会第二十八次会议通过；根据 2012 年 12 月 28 日第十一届全国人民代表大会常务委员会第三十次会议《关于修改<中华人民共和国劳动合同法>的决定》修正，主席令第 73 号）

目　录

第一章　总则

第一条　为了完善劳动合同制度，明确劳动合同双方当事人的权利和义务，保护劳动者的合法权益，构建和发展和谐稳定的劳动关系，制定本法。

第二条　中华人民共和国境内的企业、个体经济组织、民办非企业单位等组织（以下称用人单位）与劳动者建立劳动关系，订立、履行、变更、解除或者终止劳动合同，适用本法。

国家机关、事业单位、社会团体和与其建立劳动关系的劳动者，订立、履行、变更、解除或者终止劳动合同，依照本法执行。

第三条　订立劳动合同，应当遵循合法、公平、平等自愿、协商一致、诚实信用的原则。

依法订立的劳动合同具有约束力，用人单位与劳动者应当履行劳动合同约定的义务。

第四条　用人单位应当依法建立和完善劳动规章制度，保障劳动者享有劳动权利、履行劳动义务。

用人单位在制定、修改或者决定有关劳动报酬、工作时间、休息休假、劳动安全卫生、保险福利、职工培训、劳动纪律以及劳动定额管理等直接涉及劳动者切身利益的规章制度或者重大事项时，应当经职工代表大会或者全体职工讨论，提出方案和意见，与工会或者职工代表平等协商确定。

在规章制度和重大事项决定实施过程中，工会或者职工认为不适当的，有权向用人单位提出，通过协商予以修改完善。

用人单位应当将直接涉及劳动者切身利益的规章制度和重大事项决定公示，或者告知劳动者。

第五条　县级以上人民政府劳动行政部门会同工会和企业方面代表，建立健全协调劳动关系三方机制，共同研究解决有关劳动关系的重大问题。

第六条　工会应当帮助、指导劳动者与用人单位依法订立和履行劳动合同，并与用人单位建立集体协商机制，维护劳动者的合法权益。

第二章　劳动合同的订立

第七条　用人单位自用工之日起即与劳动者建立劳动关系。用人单位应当建立职工名册备查。

第八条　用人单位招用劳动者时，应当如实告知劳动者工作内容、工作条件、工作地点、职业危害、安全生产状况、劳动报酬，以及劳动者要求了解的其他情况；用人单位有权了解劳动者与劳动合同直接相关的基本情况，劳动者应当如实说明。

第九条　用人单位招用劳动者，不得扣押劳动者的居民身份证和其他证件，不得要求劳动者提供担保或者以其他名义向劳动者收取财物。

第十条　建立劳动关系，应当订立书面劳动合同。

已建立劳动关系，未同时订立书面劳动合同的，应当自用工之日起一个月内订立书面劳动合同。

用人单位与劳动者在用工前订立劳动合同的，劳动关系自用工之日起建立。

第十一条　用人单位未在用工的同时订立书面劳动合同，与劳动者约定的劳动报酬不明确的，新招用的劳动者的劳动报酬按照集体合同规定的标准执行；没有集体合同或者集体合同未规定的，实行同工同酬。

第十二条　劳动合同分为固定期限劳动合同、无固定期限劳动合同和以完成一定工作任务为期限的劳动合同。

第十三条　固定期限劳动合同，是指用人单位与劳动者约定合同终止时间的劳动合同。

用人单位与劳动者协商一致，可以订立固定期限劳动合同。

第十四条　无固定期限劳动合同，是指用人单位与劳动者约定无确定终止时间的劳动合同。

用人单位与劳动者协商一致，可以订立无固定期限劳动合同。有下列情形之一，劳动者提出或者同意续订、订立劳动合同的，除劳动者提出订立固定期限劳动合同外，应当订立无固定期限劳动合同：

（一）劳动者在该用人单位连续工作满十年的；

（二）用人单位初次实行劳动合同制度或者国有企业改制重新订立劳动合同时，劳动者在该用人单位连续工作满十年且距法定退休年龄不足十年的；

（三）连续订立二次固定期限劳动合同，且劳动者没有本法第三十九条 和第四十条 第一项、第二项规定的情形，续订劳动合同的。

用人单位自用工之日起满一年不与劳动者订立书面劳动合同的，视为用人单位与劳动者已订立无固定期限劳动合同。

第十五条 以完成一定工作任务为期限的劳动合同，是指用人单位与劳动者约定以某项工作的完成为合同期限的劳动合同。

用人单位与劳动者协商一致，可以订立以完成一定工作任务为期限的劳动合同。

第十六条 劳动合同由用人单位与劳动者协商一致，并经用人单位与劳动者在劳动合同文本上签字或者盖章生效。

劳动合同文本由用人单位和劳动者各执一份。

第十七条 劳动合同应当具备以下条款：

（一）用人单位的名称、住所和法定代表人或者主要负责人；

（二）劳动者的姓名、住址和居民身份证或者其他有效身份证件号码；

（三）劳动合同期限；

（四）工作内容和工作地点；

（五）工作时间和休息休假；

（六）劳动报酬；

（七）社会保险；

（八）劳动保护、劳动条件和职业危害防护；

（九）法律、法规规定应当纳入劳动合同的其他事项。

劳动合同除前款规定的必备条款外，用人单位与劳动者可以约定试用期、培训、保守秘密、补充保险和福利待遇等其他事项。

第十八条 劳动合同对劳动报酬和劳动条件等标准约定不明确，引发争议的，用人单位与劳动者可以重新协商；协商不成的，适用集体合同规定；没有集体合同或者集体合同未规定劳动报酬的，实行同工同酬；没有集体合同或者集体合同未规定劳动条件等标准的，适用国家有关规定。

第十九条 劳动合同期限三个月以上不满一年的，试用期不得超过一个月；劳动合同期限一年以上不满三年的，试用期不得超过二个月；三年以上固定期限和无固定期限的劳动合同，试用期不得超过六个月。

同一用人单位与同一劳动者只能约定一次试用期。

以完成一定工作任务为期限的劳动合同或者劳动合同期限不满三个月的，不得约定试用期。

试用期包含在劳动合同期限内。劳动合同仅约定试用期的，试用期不成立，该期限为劳动合同期限。

第二十条 劳动者在试用期的工资不得低于本单位相同岗位最低档工资或者劳动

合同约定工资的百分之八十，并不得低于用人单位所在地的最低工资标准。

第二十一条　在试用期中，除劳动者有本法第三十九条　和第四十条　第一项、第二项规定的情形外，用人单位不得解除劳动合同。用人单位在试用期解除劳动合同的，应当向劳动者说明理由。

第二十二条　用人单位为劳动者提供专项培训费用，对其进行专业技术培训的，可以与该劳动者订立协议，约定服务期。

劳动者违反服务期约定的，应当按照约定向用人单位支付违约金。违约金的数额不得超过用人单位提供的培训费用。用人单位要求劳动者支付的违约金不得超过服务期尚未履行部分所应分摊的培训费用。

用人单位与劳动者约定服务期的，不影响按照正常的工资调整机制提高劳动者在服务期期间的劳动报酬。

第二十三条　用人单位与劳动者可以在劳动合同中约定保守用人单位的商业秘密和与知识产权相关的保密事项。

对负有保密义务的劳动者，用人单位可以在劳动合同或者保密协议中与劳动者约定竞业限制条款，并约定在解除或者终止劳动合同后，在竞业限制期限内按月给予劳动者经济补偿。劳动者违反竞业限制约定的，应当按照约定向用人单位支付违约金。

第二十四条　竞业限制的人员限于用人单位的高级管理人员、高级技术人员和其他负有保密义务的人员。竞业限制的范围、地域、期限由用人单位与劳动者约定，竞业限制的约定不得违反法律、法规的规定。

在解除或者终止劳动合同后，前款规定的人员到与本单位生产或者经营同类产品、从事同类业务的有竞争关系的其他用人单位，或者自己开业生产或者经营同类产品、从事同类业务的竞业限制期限，不得超过二年。

第二十五条　除本法第二十二条　和第二十三条　规定的情形外，用人单位不得与劳动者约定由劳动者承担违约金。

第二十六条　下列劳动合同无效或者部分无效：

（一）以欺诈、胁迫的手段或者乘人之危，使对方在违背真实意思的情况下订立或者变更劳动合同的；

（二）用人单位免除自己的法定责任、排除劳动者权利的；

（三）违反法律、行政法规强制性规定的。

对劳动合同的无效或者部分无效有争议的，由劳动争议仲裁机构或者人民法院确认。

第二十七条　劳动合同部分无效，不影响其他部分效力的，其他部分仍然有效。

第二十八条　劳动合同被确认无效，劳动者已付出劳动的，用人单位应当向劳动者支付劳动报酬。劳动报酬的数额，参照本单位相同或者相近岗位劳动者的劳动报酬确定。

第三章　劳动合同的履行和变更

第二十九条　用人单位与劳动者应当按照劳动合同的约定，全面履行各自的义务。

第三十条　用人单位应当按照劳动合同约定和国家规定，向劳动者及时足额支付劳动报酬。

用人单位拖欠或者未足额支付劳动报酬的，劳动者可以依法向当地人民法院申请支付令，人民法院应当依法发出支付令。

第三十一条　用人单位应当严格执行劳动定额标准，不得强迫或者变相强迫劳动者加班。用人单位安排加班的，应当按照国家有关规定向劳动者支付加班费。

第三十二条　劳动者拒绝用人单位管理人员违章指挥、强令冒险作业的，不视为违反劳动合同。

劳动者对危害生命安全和身体健康的劳动条件，有权对用人单位提出批评、检举和控告。

第三十三条　用人单位变更名称、法定代表人、主要负责人或者投资人等事项，不影响劳动合同的履行。

第三十四条　用人单位发生合并或者分立等情况，原劳动合同继续有效，劳动合同由承继其权利和义务的用人单位继续履行。

第三十五条　用人单位与劳动者协商一致，可以变更劳动合同约定的内容。变更劳动合同，应当采用书面形式。

变更后的劳动合同文本由用人单位和劳动者各执一份。

第四章　劳动合同的解除和终止

第三十六条　用人单位与劳动者协商一致，可以解除劳动合同。

第三十七条　劳动者提前三十日以书面形式通知用人单位，可以解除劳动合同。劳动者在试用期内提前三日通知用人单位，可以解除劳动合同。

第三十八条　用人单位有下列情形之一的，劳动者可以解除劳动合同：

（一）未按照劳动合同约定提供劳动保护或者劳动条件的；

（二）未及时足额支付劳动报酬的；

（三）未依法为劳动者缴纳社会保险费的；

（四）用人单位的规章制度违反法律、法规的规定，损害劳动者权益的；

（五）因本法第二十六条　第一款规定的情形致使劳动合同无效的；

（六）法律、行政法规规定劳动者可以解除劳动合同的其他情形。

用人单位以暴力、威胁或者非法限制人身自由的手段强迫劳动者劳动的，或者用人单位违章指挥、强令冒险作业危及劳动者人身安全的，劳动者可以立即解除劳动合同，不需事先告知用人单位。

第三十九条　劳动者有下列情形之一的，用人单位可以解除劳动合同：

（一）在试用期间被证明不符合录用条件的；

（二）严重违反用人单位的规章制度的；

（三）严重失职，营私舞弊，给用人单位造成重大损害的；

（四）劳动者同时与其他用人单位建立劳动关系，对完成本单位的工作任务造成严重影响，或者经用人单位提出，拒不改正的；

（五）因本法第二十六条　第一款第一项规定的情形致使劳动合同无效的；

（六）被依法追究刑事责任的。

第四十条　有下列情形之一的，用人单位提前三十日以书面形式通知劳动者本人或者额外支付劳动者一个月工资后，可以解除劳动合同：

（一）劳动者患病或者非因工负伤，在规定的医疗期满后不能从事原工作，也不能从事由用人单位另行安排的工作的；

（二）劳动者不能胜任工作，经过培训或者调整工作岗位，仍不能胜任工作的；

（三）劳动合同订立时所依据的客观情况发生重大变化，致使劳动合同无法履行，经用人单位与劳动者协商，未能就变更劳动合同内容达成协议的。

第四十一条　有下列情形之一，需要裁减人员二十人以上或者裁减不足二十人但占企业职工总数百分之十以上的，用人单位提前三十日向工会或者全体职工说明情况，听取工会或者职工的意见后，裁减人员方案经向劳动行政部门报告，可以裁减人员：

（一）依照企业破产法规定进行重整的；

（二）生产经营发生严重困难的；

（三）企业转产、重大技术革新或者经营方式调整，经变更劳动合同后，仍需裁减人员的；

（四）其他因劳动合同订立时所依据的客观经济情况发生重大变化，致使劳动合同无法履行的。

裁减人员时，应当优先留用下列人员：

（一）与本单位订立较长期限的固定期限劳动合同的；

（二）与本单位订立无固定期限劳动合同的；

（三）家庭无其他就业人员，有需要扶养的老人或者未成年人的。

用人单位依照本条第一款规定裁减人员，在六个月内重新招用人员的，应当通知被裁减的人员，并在同等条件下优先招用被裁减的人员。

第四十二条　劳动者有下列情形之一的，用人单位不得依照本法第四十条　、第四十一条　的规定解除劳动合同：

（一）从事接触职业病危害作业的劳动者未进行离岗前职业健康检查，或者疑似职业病病人在诊断或者医学观察期间的；

（二）在本单位患职业病或者因工负伤并被确认丧失或者部分丧失劳动能力的；

（三）患病或者非因工负伤，在规定的医疗期内的；

（四）女职工在孕期、产期、哺乳期的；

（五）在本单位连续工作满十五年，且距法定退休年龄不足五年的；

（六）法律、行政法规规定的其他情形。

第四十三条　用人单位单方解除劳动合同，应当事先将理由通知工会。用人单位违反法律、行政法规规定或者劳动合同约定的，工会有权要求用人单位纠正。用人单位应当研究工会的意见，并将处理结果书面通知工会。

第四十四条　有下列情形之一的，劳动合同终止：

（一）劳动合同期满的；

（二）劳动者开始依法享受基本养老保险待遇的；

（三）劳动者死亡，或者被人民法院宣告死亡或者宣告失踪的；

（四）用人单位被依法宣告破产的；

（五）用人单位被吊销营业执照、责令关闭、撤销或者用人单位决定提前解散的；

（六）法律、行政法规规定的其他情形。

第四十五条　劳动合同期满，有本法第四十二条　规定情形之一的，劳动合同应当续延至相应的情形消失时终止。但是，本法第四十二条　第二项规定丧失或者部分丧失劳动能力劳动者的劳动合同的终止，按照国家有关工伤保险的规定执行。

第四十六条　有下列情形之一的，用人单位应当向劳动者支付经济补偿：

（一）劳动者依照本法第三十八条　规定解除劳动合同的；

（二）用人单位依照本法第三十六条　规定向劳动者提出解除劳动合同并与劳动者协商一致解除劳动合同的；

（三）用人单位依照本法第四十条　规定解除劳动合同的；

（四）用人单位依照本法第四十一条　第一款规定解除劳动合同的；

（五）除用人单位维持或者提高劳动合同约定条件续订劳动合同，劳动者不同意续订的情形外，依照本法第四十四条　第一项规定终止固定期限劳动合同的；

（六）依照本法第四十四条　第四项、第五项规定终止劳动合同的；

（七）法律、行政法规规定的其他情形。

第四十七条　经济补偿按劳动者在本单位工作的年限，每满一年支付一个月工资的标准向劳动者支付。六个月以上不满一年的，按一年计算；不满六个月的，向劳动者支付半个月工资的经济补偿。

劳动者月工资高于用人单位所在直辖市、设区的市级人民政府公布的本地区上年度职工月平均工资三倍的，向其支付经济补偿的标准按职工月平均工资三倍的数额支付，向其支付经济补偿的年限最高不超过十二年。

本条所称月工资是指劳动者在劳动合同解除或者终止前十二个月的平均工资。

第四十八条　用人单位违反本法规定解除或者终止劳动合同，劳动者要求继续履行劳动合同的，用人单位应当继续履行；劳动者不要求继续履行劳动合同或者劳动合同已经不能继续履行的，用人单位应当依照本法第八十七条　规定支付赔偿金。

第四十九条　国家采取措施，建立健全劳动者社会保险关系跨地区转移接续制度。

第五十条　用人单位应当在解除或者终止劳动合同时出具解除或者终止劳动合同的证明，并在十五日内为劳动者办理档案和社会保险关系转移手续。

劳动者应当按照双方约定，办理工作交接。用人单位依照本法有关规定应当向劳动者支付经济补偿的，在办结工作交接时支付。

用人单位对已经解除或者终止的劳动合同的文本，至少保存二年备查。

第五章　特别规定

第一节　集体合同

第五十一条　企业职工一方与用人单位通过平等协商，可以就劳动报酬、工作时间、休息休假、劳动安全卫生、保险福利等事项订立集体合同。集体合同草案应当提交职工代表大会或者全体职工讨论通过。

集体合同由工会代表企业职工一方与用人单位订立；尚未建立工会的用人单位，由上级工会指导劳动者推举的代表与用人单位订立。

第五十二条　企业职工一方与用人单位可以订立劳动安全卫生、女职工权益保护、工资调整机制等专项集体合同。

第五十三条　在县级以下区域内，建筑业、采矿业、餐饮服务业等行业可以由工会与企业方面代表订立行业性集体合同，或者订立区域性集体合同。

第五十四条　集体合同订立后，应当报送劳动行政部门；劳动行政部门自收到集体合同文本之日起十五日内未提出异议的，集体合同即行生效。

依法订立的集体合同对用人单位和劳动者具有约束力。行业性、区域性集体合同对当地本行业、本区域的用人单位和劳动者具有约束力。

第五十五条　集体合同中劳动报酬和劳动条件等标准不得低于当地人民政府规定的最低标准；用人单位与劳动者订立的劳动合同中劳动报酬和劳动条件等标准不得低于集体合同规定的标准。

第五十六条　用人单位违反集体合同，侵犯职工劳动权益的，工会可以依法要求用人单位承担责任；因履行集体合同发生争议，经协商解决不成的，工会可以依法申请仲裁、提起诉讼。

第二节　劳务派遣

第五十七条　经营劳务派遣业务应当具备下列条件：

（一）注册资本不得少于人民币二百万元；

（二）有与开展业务相适应的固定的经营场所和设施；

（三）有符合法律、行政法规规定的劳务派遣管理制度；

（四）法律、行政法规规定的其他条件。

经营劳务派遣业务，应当向劳动行政部门依法申请行政许可；经许可的，依法办理相应的公司登记。未经许可，任何单位和个人不得经营劳务派遣业务。

第五十八条　劳务派遣单位是本法所称用人单位，应当履行用人单位对劳动者的义务。劳务派遣单位与被派遣劳动者订立的劳动合同，除应当载明本法第十七条　规定的事项外，还应当载明被派遣劳动者的用工单位以及派遣期限、工作岗位等情况。

劳务派遣单位应当与被派遣劳动者订立二年以上的固定期限劳动合同，按月支付劳动报酬；被派遣劳动者在无工作期间，劳务派遣单位应当按照所在地人民政府规定的最低工资标准，向其按月支付报酬。

第五十九条　劳务派遣单位派遣劳动者应当与接受以劳务派遣形式用工的单位（以下称用工单位）订立劳务派遣协议。劳务派遣协议应当约定派遣岗位和人员数量、派遣期限、劳动报酬和社会保险费的数额与支付方式以及违反协议的责任。

用工单位应当根据工作岗位的实际需要与劳务派遣单位确定派遣期限，不得将连续用工期限分割订立数个短期劳务派遣协议。

第六十条　劳务派遣单位应当将劳务派遣协议的内容告知被派遣劳动者。

劳务派遣单位不得克扣用工单位按照劳务派遣协议支付给被派遣劳动者的劳动报酬。

劳务派遣单位和用工单位不得向被派遣劳动者收取费用。

第六十一条　劳务派遣单位跨地区派遣劳动者的，被派遣劳动者享有的劳动报酬和劳动条件，按照用工单位所在地的标准执行。

第六十二条　用工单位应当履行下列义务：

（一）执行国家劳动标准，提供相应的劳动条件和劳动保护；

（二）告知被派遣劳动者的工作要求和劳动报酬；

（三）支付加班费、绩效奖金，提供与工作岗位相关的福利待遇；

（四）对在岗被派遣劳动者进行工作岗位所必需的培训；

（五）连续用工的，实行正常的工资调整机制。

用工单位不得将被派遣劳动者再派遣到其他用人单位。

第六十三条　被派遣劳动者享有与用工单位的劳动者同工同酬的权利。用工单位应当按照同工同酬原则，对被派遣劳动者与本单位同类岗位的劳动者实行相同的劳动报酬分配办法。用工单位无同类岗位劳动者的，参照用工单位所在地相同或者相近岗位劳动者的劳动报酬确定。

劳务派遣单位与被派遣劳动者订立的劳动合同和与用工单位订立的劳务派遣协议，载明或者约定的向被派遣劳动者支付的劳动报酬应当符合前款规定。

第六十四条　被派遣劳动者有权在劳务派遣单位或者用工单位依法参加或者组织工会，维护自身的合法权益。

第六十五条　被派遣劳动者可以依照本法第三十六条　、第三十八条　的规定与劳务派遣单位解除劳动合同。

被派遣劳动者有本法第三十九条　和第四十条　第一项、第二项规定情形的，用工单位可以将劳动者退回劳务派遣单位，劳务派遣单位依照本法有关规定，可以与劳动者解除劳动合同。

第六十六条　劳动合同用工是我国的企业基本用工形式。劳务派遣用工是补充形式，只能在临时性、辅助性或者替代性的工作岗位上实施。

前款规定的临时性工作岗位是指存续时间不超过六个月的岗位；辅助性工作岗位是指为主营业务岗位提供服务的非主营业务岗位；替代性工作岗位是指用工单位的劳动者因脱产学习、休假等原因无法工作的一定期间内，可以由其他劳动者替代工作的岗位。

用工单位应当严格控制劳务派遣用工数量，不得超过其用工总量的一定比例，具体比例由国务院劳动行政部门规定。

第六十七条　用人单位不得设立劳务派遣单位向本单位或者所属单位派遣劳动者。

第三节　非全日制用工

第六十八条　非全日制用工，是指以小时计酬为主，劳动者在同一用人单位一般平均每日工作时间不超过四小时，每周工作时间累计不超过二十四小时的用工形式。

第六十九条　非全日制用工双方当事人可以订立口头协议。

从事非全日制用工的劳动者可以与一个或者一个以上用人单位订立劳动合同；但是，后订立的劳动合同不得影响先订立的劳动合同的履行。

第七十条　非全日制用工双方当事人不得约定试用期。

第七十一条　非全日制用工双方当事人任何一方都可以随时通知对方终止用工。终止用工，用人单位不向劳动者支付经济补偿。

第七十二条　非全日制用工小时计酬标准不得低于用人单位所在地人民政府规定的最低小时工资标准。

非全日制用工劳动报酬结算支付周期最长不得超过十五日。

第六章　监督检查

第七十三条　国务院劳动行政部门负责全国劳动合同制度实施的监督管理。

县级以上地方人民政府劳动行政部门负责本行政区域内劳动合同制度实施的监督

管理。

县级以上各级人民政府劳动行政部门在劳动合同制度实施的监督管理工作中，应当听取工会、企业方面代表以及有关行业主管部门的意见。

第七十四条　县级以上地方人民政府劳动行政部门依法对下列实施劳动合同制度的情况进行监督检查：

（一）用人单位制定直接涉及劳动者切身利益的规章制度及其执行的情况；

（二）用人单位与劳动者订立和解除劳动合同的情况；

（三）劳务派遣单位和用工单位遵守劳务派遣有关规定的情况；

（四）用人单位遵守国家关于劳动者工作时间和休息休假规定的情况；

（五）用人单位支付劳动合同约定的劳动报酬和执行最低工资标准的情况；

（六）用人单位参加各项社会保险和缴纳社会保险费的情况；

（七）法律、法规规定的其他劳动监察事项。

第七十五条　县级以上地方人民政府劳动行政部门实施监督检查时，有权查阅与劳动合同、集体合同有关的材料，有权对劳动场所进行实地检查，用人单位和劳动者都应当如实提供有关情况和材料。

劳动行政部门的工作人员进行监督检查，应当出示证件，依法行使职权，文明执法。

第七十六条　县级以上人民政府建设、卫生、安全生产监督管理等有关主管部门在各自职责范围内，对用人单位执行劳动合同制度的情况进行监督管理。

第七十七条　劳动者合法权益受到侵害的，有权要求有关部门依法处理，或者依法申请仲裁、提起诉讼。

第七十八条　工会依法维护劳动者的合法权益，对用人单位履行劳动合同、集体合同的情况进行监督。用人单位违反劳动法律、法规和劳动合同、集体合同的，工会有权提出意见或者要求纠正；劳动者申请仲裁、提起诉讼的，工会依法给予支持和帮助。

第七十九条　任何组织或者个人对违反本法的行为都有权举报，县级以上人民政府劳动行政部门应当及时核实、处理，并对举报有功人员给予奖励。

第七章　法律责任

第八十条　用人单位直接涉及劳动者切身利益的规章制度违反法律、法规规定的，由劳动行政部门责令改正，给予警告；给劳动者造成损害的，应当承担赔偿责任。

第八十一条　用人单位提供的劳动合同文本未载明本法规定的劳动合同必备条款或者用人单位未将劳动合同文本交付劳动者的，由劳动行政部门责令改正；给劳动者造成损害的，应当承担赔偿责任。

第八十二条　用人单位自用工之日起超过一个月不满一年未与劳动者订立书面劳动合同的，应当向劳动者每月支付二倍的工资。

用人单位违反本法规定不与劳动者订立无固定期限劳动合同的，自应当订立无固定期限劳动合同之日起向劳动者每月支付二倍的工资。

第八十三条　用人单位违反本法规定与劳动者约定试用期的，由劳动行政部门责令改正；违法约定的试用期已经履行的，由用人单位以劳动者试用期满月工资为标准，按已经履行的超过法定试用期的期间向劳动者支付赔偿金。

第八十四条　用人单位违反本法规定，扣押劳动者居民身份证等证件的，由劳动行政部门责令限期退还劳动者本人，并依照有关法律规定给予处罚。

用人单位违反本法规定，以担保或者其他名义向劳动者收取财物的，由劳动行政部门责令限期退还劳动者本人，并以每人五百元以上二千元以下的标准处以罚款；给劳动者造成损害的，应当承担赔偿责任。

劳动者依法解除或者终止劳动合同，用人单位扣押劳动者档案或者其他物品的，依照前款规定处罚。

第八十五条　用人单位有下列情形之一的，由劳动行政部门责令限期支付劳动报酬、加班费或者经济补偿；劳动报酬低于当地最低工资标准的，应当支付其差额部分；逾期不支付的，责令用人单位按应付金额百分之五十以上百分之一百以下的标准向劳动者加付赔偿金：

（一）未按照劳动合同的约定或者国家规定及时足额支付劳动者劳动报酬的；

（二）低于当地最低工资标准支付劳动者工资的；

（三）安排加班不支付加班费的；

（四）解除或者终止劳动合同，未依照本法规定向劳动者支付经济补偿的。

第八十六条　劳动合同依照本法第二十六条　规定被确认无效，给对方造成损害的，有过错的一方应当承担赔偿责任。

第八十七条　用人单位违反本法规定解除或者终止劳动合同的，应当依照本法第四十七条　规定的经济补偿标准的二倍向劳动者支付赔偿金。

第八十八条　用人单位有下列情形之一的，依法给予行政处罚；构成犯罪的，依法追究刑事责任；给劳动者造成损害的，应当承担赔偿责任：

（一）以暴力、威胁或者非法限制人身自由的手段强迫劳动的；

（二）违章指挥或者强令冒险作业危及劳动者人身安全的；

（三）侮辱、体罚、殴打、非法搜查或者拘禁劳动者的；

（四）劳动条件恶劣、环境污染严重，给劳动者身心健康造成严重损害的。

第八十九条　用人单位违反本法规定未向劳动者出具解除或者终止劳动合同的书面证明，由劳动行政部门责令改正；给劳动者造成损害的，应当承担赔偿责任。

第九十条　劳动者违反本法规定解除劳动合同，或者违反劳动合同中约定的保密义务或者竞业限制，给用人单位造成损失的，应当承担赔偿责任。

第九十一条　用人单位招用与其他用人单位尚未解除或者终止劳动合同的劳动者，给其他用人单位造成损失的，应当承担连带赔偿责任。

第九十二条　违反本法规定，未经许可，擅自经营劳务派遣业务的，由劳动行政部门责令停止违法行为，没收违法所得，并处违法所得一倍以上五倍以下的罚款；没有违法所得的，可以处五万元以下的罚款。

劳务派遣单位、用工单位违反本法有关劳务派遣规定的，由劳动行政部门责令限期改正；逾期不改正的，以每人五千元到一万元的标准处以罚款，对劳务派遣单位，吊销其劳务派遣业务经营许可证。用工单位给被派遣劳动者造成损害的，劳务派遣单位与用工单位承担连带赔偿责任。

第九十三条　对不具备合法经营资格的用人单位的违法犯罪行为，依法追究法律责任；劳动者已经付出劳动的，该单位或者其出资人应当依照本法有关规定向劳动者支付劳动报酬、经济补偿、赔偿金；给劳动者造成损害的，应当承担赔偿责任。

第九十四条　个人承包经营违反本法规定招用劳动者，给劳动者造成损害的，发包的组织与个人承包经营者承担连带赔偿责任。

第九十五条　劳动行政部门和其他有关主管部门及其工作人员玩忽职守、不履行法定职责，或者违法行使职权，给劳动者或者用人单位造成损害的，应当承担赔偿责任；对直接负责的主管人员和其他直接责任人员，依法给予行政处分；构成犯罪的，依法追究刑事责任。

第八章　附则

第九十六条　事业单位与实行聘用制的工作人员订立、履行、变更、解除或者终止劳动合同，法律、行政法规或者国务院另有规定的，依照其规定；未作规定的，依照本法有关规定执行。

第九十七条　本法施行前已依法订立且在本法施行之日存续的劳动合同，继续履行；本法第十四条　第二款第三项规定连续订立固定期限劳动合同的次数，自本法施行后续订固定期限劳动合同时开始计算。

本法施行前已建立劳动关系，尚未订立书面劳动合同的，应当自本法施行之日起一个月内订立。

本法施行之日存续的劳动合同在本法施行后解除或者终止，依照本法第四十六条规定应当支付经济补偿的，经济补偿年限自本法施行之日起计算；本法施行前按照当时有关规定，用人单位应当向劳动者支付经济补偿的，按照当时有关规定执行。

第九十八条　本法自2008年1月1日起施行。

附录3

中华人民共和国劳动合同法实施条例

《中华人民共和国劳动合同法实施条例》已经2008年9月3日国务院第25次常务会议通过，现予公布，自公布之日起施行。

第一章 总 则

第一条 为了贯彻实施《中华人民共和国劳动合同法》（以下简称劳动合同法），制定本条例。

第二条 各级人民政府和县级以上人民政府劳动行政等有关部门以及工会等组织，应当采取措施，推动劳动合同法的贯彻实施，促进劳动关系的和谐。

第三条 依法成立的会计师事务所、律师事务所等合伙组织和基金会，属于劳动合同法规定的用人单位。

第二章 劳动合同的订立

第四条 劳动合同法规定的用人单位设立的分支机构，依法取得营业执照或者登记证书的，可以作为用人单位与劳动者订立劳动合同；未依法取得营业执照或者登记证书的，受用人单位委托可以与劳动者订立劳动合同。

第五条 自用工之日起一个月内，经用人单位书面通知后，劳动者不与用人单位订立书面劳动合同的，用人单位应当书面通知劳动者终止劳动关系，无需向劳动者支付经济补偿，但是应当依法向劳动者支付其实际工作时间的劳动报酬。

第六条 用人单位自用工之日起超过一个月不满一年未与劳动者订立书面劳动合同的，应当依照劳动合同法第八十二条的规定向劳动者每月支付两倍的工资，并与劳动者补订书面劳动合同；劳动者不与用人单位订立书面劳动合同的，用人单位应当书面通知劳动者终止劳动关系，并依照劳动合同法第四十七条的规定支付经济补偿。

前款规定的用人单位向劳动者每月支付两倍工资的起算时间为用工之日起满一个月的次日，截止时间为补订书面劳动合同的前一日。

第七条 用人单位自用工之日起满一年未与劳动者订立书面劳动合同的，自用工之日起满一个月的次日至满一年的前一日应当依照劳动合同法第八十二条的规定向劳动者每月支付两倍的工资，并视为自用工之日起满一年的当日已经与劳动者订立无固定期限劳动合同，应当立即与劳动者补订书面劳动合同。

第八条　劳动合同法第七条规定的职工名册，应当包括劳动者姓名、性别、公民身份号码、户籍地址及现住址、联系方式、用工形式、用工起始时间、劳动合同期限等内容。

第九条　劳动合同法第十四条第二款规定的连续工作满10年的起始时间，应当自用人单位用工之日起计算，包括劳动合同法施行前的工作年限。

第十条　劳动者非因本人原因从原用人单位被安排到新用人单位工作的，劳动者在原用人单位的工作年限合并计算为新用人单位的工作年限。原用人单位已经向劳动者支付经济补偿的，新用人单位在依法解除、终止劳动合同计算支付经济补偿的工作年限时，不再计算劳动者在原用人单位的工作年限。

第十一条　除劳动者与用人单位协商一致的情形外，劳动者依照劳动合同法第十四条第二款的规定，提出订立无固定期限劳动合同的，用人单位应当与其订立无固定期限劳动合同。对劳动合同的内容，双方应当按照合法、公平、平等自愿、协商一致、诚实信用的原则协商确定；对协商不一致的内容，依照劳动合同法第十八条的规定执行。

第十二条　地方各级人民政府及县级以上地方人民政府有关部门为安置就业困难人员提供的给予岗位补贴和社会保险补贴的公益性岗位，其劳动合同不适用劳动合同法有关无固定期限劳动合同的规定以及支付经济补偿的规定。

第十三条　用人单位与劳动者不得在劳动合同法第四十四条规定的劳动合同终止情形之外约定其他的劳动合同终止条件。

第十四条　劳动合同履行地与用人单位注册地不一致的，有关劳动者的最低工资标准、劳动保护、劳动条件、职业危害防护和本地区上年度职工月平均工资标准等事项，按照劳动合同履行地的有关规定执行；用人单位注册地的有关标准高于劳动合同履行地的有关标准，且用人单位与劳动者约定按照用人单位注册地的有关规定执行的，从其约定。

第十五条　劳动者在试用期的工资不得低于本单位相同岗位最低档工资的80%或者不得低于劳动合同约定工资的80%，并不得低于用人单位所在地的最低工资标准。

第十六条　劳动合同法第二十二条第二款规定的培训费用，包括用人单位为了对劳动者进行专业技术培训而支付的有凭证的培训费用、培训期间的差旅费用以及因培训产生的用于该劳动者的其他直接费用。

第十七条　劳动合同期满，但是用人单位与劳动者依照劳动合同法第二十二条的规定约定的服务期尚未到期的，劳动合同应当续延至服务期满；双方另有约定的，从其约定。

第三章　劳动合同的解除和终止

第十八条　有下列情形之一的，依照劳动合同法规定的条件、程序，劳动者可以与用人单位解除固定期限劳动合同、无固定期限劳动合同或者以完成一定工作任务为期限的劳动合同：

（一）劳动者与用人单位协商一致的；

（二）劳动者提前30日以书面形式通知用人单位的；

（三）劳动者在试用期内提前3日通知用人单位的；

（四）用人单位未按照劳动合同约定提供劳动保护或者劳动条件的；

（五）用人单位未及时足额支付劳动报酬的；

（六）用人单位未依法为劳动者缴纳社会保险费的；

（七）用人单位的规章制度违反法律、法规的规定，损害劳动者权益的；

（八）用人单位以欺诈、胁迫的手段或者乘人之危，使劳动者在违背真实意思的情况下订立或者变更劳动合同的；

（九）用人单位在劳动合同中免除自己的法定责任、排除劳动者权利的；

（十）用人单位违反法律、行政法规强制性规定的；

（十一）用人单位以暴力、威胁或者非法限制人身自由的手段强迫劳动者劳动的；

（十二）用人单位违章指挥、强令冒险作业危及劳动者人身安全的；

（十三）法律、行政法规规定劳动者可以解除劳动合同的其他情形。

第十九条　有下列情形之一的，依照劳动合同法规定的条件、程序，用人单位可以与劳动者解除固定期限劳动合同、无固定期限劳动合同或者以完成一定工作任务为期限的劳动合同：

（一）用人单位与劳动者协商一致的；

（二）劳动者在试用期间被证明不符合录用条件的；

（三）劳动者严重违反用人单位的规章制度的；

（四）劳动者严重失职，营私舞弊，给用人单位造成重大损害的；

（五）劳动者同时与其他用人单位建立劳动关系，对完成本单位的工作任务造成严重影响，或者经用人单位提出，拒不改正的；

（六）劳动者以欺诈、胁迫的手段或者乘人之危，使用人单位在违背真实意思的情况下订立或者变更劳动合同的；

（七）劳动者被依法追究刑事责任的；

（八）劳动者患病或者非因工负伤，在规定的医疗期满后不能从事原工作，也不能从事由用人单位另行安排的工作的；

（九）劳动者不能胜任工作，经过培训或者调整工作岗位，仍不能胜任工作的；

（十）劳动合同订立时所依据的客观情况发生重大变化，致使劳动合同无法履行，经用人单位与劳动者协商，未能就变更劳动合同内容达成协议的；

（十一）用人单位依照企业破产法规定进行重整的；

（十二）用人单位生产经营发生严重困难的；

（十三）企业转产、重大技术革新或者经营方式调整，经变更劳动合同后，仍需裁减人员的；

（十四）其他因劳动合同订立时所依据的客观经济情况发生重大变化，致使劳动合同无法履行的。

第二十条　用人单位依照劳动合同法第四十条的规定，选择额外支付劳动者一个月工资解除劳动合同的，其额外支付的工资应当按照该劳动者上一个月的工资标准确定。

第二十一条　劳动者达到法定退休年龄的，劳动合同终止。

第二十二条　以完成一定工作任务为期限的劳动合同因任务完成而终止的，用人单位应当依照劳动合同法第四十七条的规定向劳动者支付经济补偿。

第二十三条　用人单位依法终止工伤职工的劳动合同的，除依照劳动合同法第四十七条的规定支付经济补偿外，还应当依照国家有关工伤保险的规定支付一次性工伤医疗补助金和伤残就业补助金。

第二十四条　用人单位出具的解除、终止劳动合同的证明，应当写明劳动合同期限、解除或者终止劳动合同的日期、工作岗位、在本单位的工作年限。

第二十五条　用人单位违反劳动合同法的规定解除或者终止劳动合同，依照劳动合同法第八十七条的规定支付了赔偿金的，不再支付经济补偿。赔偿金的计算年限自用工之日起计算。

第二十六条　用人单位与劳动者约定了服务期，劳动者依照劳动合同法第三十八条的规定解除劳动合同的，不属于违反服务期的约定，用人单位不得要求劳动者支付违约金。

有下列情形之一，用人单位与劳动者解除约定服务期的劳动合同的，劳动者应当按照劳动合同的约定向用人单位支付违约金：

（一）劳动者严重违反用人单位的规章制度的；

（二）劳动者严重失职，营私舞弊，给用人单位造成重大损害的；

（三）劳动者同时与其他用人单位建立劳动关系，对完成本单位的工作任务造成严重影响，或者经用人单位提出，拒不改正的；

（四）劳动者以欺诈、胁迫的手段或者乘人之危，使用人单位在违背真实意思的情况下订立或者变更劳动合同的；

（五）劳动者被依法追究刑事责任的。

第二十七条　劳动合同法第四十七条规定的经济补偿的月工资按照劳动者应得工资计算，包括计时工资或者计件工资以及奖金、津贴和补贴等货币性收入。劳动者在劳动合同解除或者终止前12个月的平均工资低于当地最低工资标准的，按照当地最低工资标准计算。劳动者工作不满12个月的，按照实际工作的月数计算平均工资。

第四章　劳务派遣特别规定

第二十八条　用人单位或者其所属单位出资或者合伙设立的劳务派遣单位，向本单位或者所属单位派遣劳动者的，属于劳动合同法第六十七条规定的不得设立的劳务派遣单位。

第二十九条　用工单位应当履行劳动合同法第六十二条规定的义务，维护被派遣劳动者的合法权益。

第三十条　劳务派遣单位不得以非全日制用工形式招用被派遣劳动者。

第三十一条　劳务派遣单位或者被派遣劳动者依法解除、终止劳动合同的经济补偿，依照劳动合同法第四十六条、第四十七条的规定执行。

第三十二条　劳务派遣单位违法解除或者终止被派遣劳动者的劳动合同的，依照劳动合同法第四十八条的规定执行。

第五章　法律责任

第三十三条　用人单位违反劳动合同法有关建立职工名册规定的，由劳动行政部门责令限期改正；逾期不改正的，由劳动行政部门处2 000元以上2万元以下的罚款。

第三十四条　用人单位依照劳动合同法的规定应当向劳动者每月支付两倍的工资或者应当向劳动者支付赔偿金而未支付的，劳动行政部门应当责令用人单位支付。

第三十五条　用工单位违反劳动合同法和本条例有关劳务派遣规定的，由劳动行政部门和其他有关主管部门责令改正；情节严重的，以每位被派遣劳动者1 000元以上5 000元以下的标准处以罚款；给被派遣劳动者造成损害的，劳务派遣单位和用工单位承担连带赔偿责任。

第六章　附　则

第三十六条　对违反劳动合同法和本条例的行为的投诉、举报，县级以上地方人民政府劳动行政部门依照《劳动保障监察条例》的规定处理。

第三十七条　劳动者与用人单位因订立、履行、变更、解除或者终止劳动合同发生争议的，依照《中华人民共和国劳动争议调解仲裁法》的规定处理。

第三十八条　本条例自公布之日起施行。

附录 4 中华人民共和国劳动争议调解仲裁法

（2007 年 12 月 29 日第十届全国人民代表大会常务委员会第三十一次会议通过）

目 录

第一章　总　则

第一条　为了公正及时解决劳动争议，保护当事人合法权益，促进劳动关系和谐稳定，制定本法。

第二条　中华人民共和国境内的用人单位与劳动者发生的下列劳动争议，适用本法：

（一）因确认劳动关系发生的争议；

（二）因订立、履行、变更、解除和终止劳动合同发生的争议；

（三）因除名、辞退和辞职、离职发生的争议；

（四）因工作时间、休息休假、社会保险、福利、培训以及劳动保护发生的争议；

（五）因劳动报酬、工伤医疗费、经济补偿或者赔偿金等发生的争议；

（六）法律、法规规定的其他劳动争议。

第三条　解决劳动争议，应当根据事实，遵循合法、公正、及时、着重调解的原则，依法保护当事人的合法权益。

第四条　发生劳动争议，劳动者可以与用人单位协商，也可以请工会或者第三方共同与用人单位协商，达成和解协议。

第五条　发生劳动争议，当事人不愿协商、协商不成或者达成和解协议后不履行的，可以向调解组织申请调解；不愿调解、调解不成或者达成调解协议后不履行的，可以向劳动争议仲裁委员会申请仲裁；对仲裁裁决不服的，除本法另有规定的外，可以向人民法院提起诉讼。

第六条　发生劳动争议，当事人对自己提出的主张，有责任提供证据。与争议事项有关的证据属于用人单位掌握管理的，用人单位应当提供；用人单位不提供的，应当承担不利后果。

第七条　发生劳动争议的劳动者一方在十人以上，并有共同请求的，可以推举代表参加调解、仲裁或者诉讼活动。

第八条　县级以上人民政府劳动行政部门会同工会和企业方面代表建立协调劳动关系三方机制，共同研究解决劳动争议的重大问题。

第九条　用人单位违反国家规定，拖欠或者未足额支付劳动报酬，或者拖欠工伤医疗费、经济补偿或者赔偿金的，劳动者可以向劳动行政部门投诉，劳动行政部门应当依法处理。

第二章　调　解

第十条　发生劳动争议，当事人可以到下列调解组织申请调解：

（一）企业劳动争议调解委员会；

（二）依法设立的基层人民调解组织；

（三）在乡镇、街道设立的具有劳动争议调解职能的组织。

企业劳动争议调解委员会由职工代表和企业代表组成。职工代表由工会成员担任或者由全体职工推举产生，企业代表由企业负责人指定。企业劳动争议调解委员会主任由工会成员或者双方推举的人员担任。

第十一条　劳动争议调解组织的调解员应当由公道正派、联系群众、热心调解工作，并具有一定法律知识、政策水平和文化水平的成年公民担任。

第十二条　当事人申请劳动争议调解可以书面申请，也可以口头申请。口头申请的，调解组织应当当场记录申请人基本情况、申请调解的争议事项、理由和时间。

第十三条　调解劳动争议，应当充分听取双方当事人对事实和理由的陈述，耐心疏导，帮助其达成协议。

第十四条　经调解达成协议的，应当制作调解协议书。

调解协议书由双方当事人签名或者盖章，经调解员签名并加盖调解组织印章后生效，对双方当事人具有约束力，当事人应当履行。

自劳动争议调解组织收到调解申请之日起十五日内未达成调解协议的，当事人可以依法申请仲裁。

第十五条　达成调解协议后，一方当事人在协议约定期限内不履行调解协议的，另一方当事人可以依法申请仲裁。

第十六条　因支付拖欠劳动报酬、工伤医疗费、经济补偿或者赔偿金事项达成调解协议，用人单位在协议约定期限内不履行的，劳动者可以持调解协议书依法向人民法院申请支付令。人民法院应当依法发出支付令。

第三章　仲　裁

第一节　一般规定

第十七条　劳动争议仲裁委员会按照统筹规划、合理布局和适应实际需要的原则设立。省、自治区人民政府可以决定在市、县设立；直辖市人民政府可以决定在区、县设立。直辖市、设区的市也可以设立一个或者若干个劳动争议仲裁委员会。劳动争议仲裁委员会不按行政区划层层设立。

第十八条　国务院劳动行政部门依照本法有关规定制定仲裁规则。省、自治区、直辖市人民政府劳动行政部门对本行政区域的劳动争议仲裁工作进行指导。

第十九条　劳动争议仲裁委员会由劳动行政部门代表、工会代表和企业方面代表组成。劳动争议仲裁委员会组成人员应当是单数。

劳动争议仲裁委员会依法履行下列职责：

（一）聘任、解聘专职或者兼职仲裁员；

（二）受理劳动争议案件；

（三）讨论重大或者疑难的劳动争议案件；

（四）对仲裁活动进行监督。

劳动争议仲裁委员会下设办事机构，负责办理劳动争议仲裁委员会的日常工作。

第二十条　劳动争议仲裁委员会应当设仲裁员名册。

仲裁员应当公道正派并符合下列条件之一：

（一）曾任审判员的；

（二）从事法律研究、教学工作并具有中级以上职称的；

（三）具有法律知识、从事人力资源管理或者工会等专业工作满五年的；

（四）律师执业满三年的。

第二十一条　劳动争议仲裁委员会负责管辖本区域内发生的劳动争议。

劳动争议由劳动合同履行地或者用人单位所在地的劳动争议仲裁委员会管辖。双方当事人分别向劳动合同履行地和用人单位所在地的劳动争议仲裁委员会申请仲裁的，由劳动合同履行地的劳动争议仲裁委员会管辖。

第二十二条　发生劳动争议的劳动者和用人单位为劳动争议仲裁案件的双方当事人。

劳务派遣单位或者用工单位与劳动者发生劳动争议的，劳务派遣单位和用工单位为共同当事人。

第二十三条　与劳动争议案件的处理结果有利害关系的第三人，可以申请参加仲裁活动或者由劳动争议仲裁委员会通知其参加仲裁活动。

第二十四条　当事人可以委托代理人参加仲裁活动。委托他人参加仲裁活动，应当向劳动争议仲裁委员会提交有委托人签名或者盖章的委托书，委托书应当载明委托事项和权限。

第二十五条　丧失或者部分丧失民事行为能力的劳动者，由其法定代理人代为参加仲裁活动；无法定代理人的，由劳动争议仲裁委员会为其指定代理人。劳动者死亡的，由其近亲属或者代理人参加仲裁活动。

第二十六条　劳动争议仲裁公开进行，但当事人协议不公开进行或者涉及国家秘密、商业秘密和个人隐私的除外。

第二节　申请和受理

第二十七条　劳动争议申请仲裁的时效期间为一年。仲裁时效期间从当事人知道或者应当知道其权利被侵害之日起计算。

前款规定的仲裁时效，因当事人一方向对方当事人主张权利，或者向有关部门请求权利救济，或者对方当事人同意履行义务而中断。从中断时起，仲裁时效期间重新计算。

因不可抗力或者有其他正当理由，当事人不能在本条第一款规定的仲裁时效期间申请仲裁的，仲裁时效中止。从中止时效的原因消除之日起，仲裁时效期间继续计算。

劳动关系存续期间因拖欠劳动报酬发生争议的，劳动者申请仲裁不受本条第一款规定的仲裁时效期间的限制；但是，劳动关系终止的，应当自劳动关系终止之日起一年内提出。

第二十八条　申请人申请仲裁应当提交书面仲裁申请，并按照被申请人人数提交副本。

仲裁申请书应当载明下列事项：

（一）劳动者的姓名、性别、年龄、职业、工作单位和住所，用人单位的名称、住所和法定代表人或者主要负责人的姓名、职务；

（二）仲裁请求和所根据的事实、理由；

（三）证据和证据来源、证人姓名和住所。

书写仲裁申请确有困难的，可以口头申请，由劳动争议仲裁委员会记入笔录，并告知对方当事人。

第二十九条　劳动争议仲裁委员会收到仲裁申请之日起五日内，认为符合受理条件的，应当受理，并通知申请人；认为不符合受理条件的，应当书面通知申请人不予受理，并说明理由。对劳动争议仲裁委员会不予受理或者逾期未作出决定的，申请人可以就该劳动争议事项向人民法院提起诉讼。

第三十条　劳动争议仲裁委员会受理仲裁申请后，应当在五日内将仲裁申请书副本送达被申请人。

被申请人收到仲裁申请书副本后，应当在十日内向劳动争议仲裁委员会提交答辩书。劳动争议仲裁委员会收到答辩书后，应当在五日内将答辩书副本送达申请人。被申请人未提交答辩书的，不影响仲裁程序的进行。

第三节　开庭和裁决

第三十一条　劳动争议仲裁委员会裁决劳动争议案件实行仲裁庭制。仲裁庭由三名仲裁员组成，设首席仲裁员。简单劳动争议案件可以由一名仲裁员独任仲裁。

第三十二条　劳动争议仲裁委员会应当在受理仲裁申请之日起五日内将仲裁庭的组成情况书面通知当事人。

第三十三条　仲裁员有下列情形之一，应当回避，当事人也有权以口头或者书面方式提出回避申请：

（一）是本案当事人或者当事人、代理人的近亲属的；

（二）与本案有利害关系的；

（三）与本案当事人、代理人有其他关系，可能影响公正裁决的；

（四）私自会见当事人、代理人，或者接受当事人、代理人的请客送礼的。

劳动争议仲裁委员会对回避申请应当及时作出决定，并以口头或者书面方式通知当事人。

第三十四条　仲裁员有本法第三十三条第四项规定情形，或者有索贿受贿、徇私舞弊、枉法裁决行为的，应当依法承担法律责任。劳动争议仲裁委员会应当将其解聘。

第三十五条　仲裁庭应当在开庭五日前，将开庭日期、地点书面通知双方当事人。当事人有正当理由的，可以在开庭三日前请求延期开庭。是否延期，由劳动争议仲裁委员会决定。

第三十六条　申请人收到书面通知，无正当理由拒不到庭或者未经仲裁庭同意中途退庭的，可以视为撤回仲裁申请。

被申请人收到书面通知，无正当理由拒不到庭或者未经仲裁庭同意中途退庭的，可以缺席裁决。

第三十七条　仲裁庭对专门性问题认为需要鉴定的，可以交由当事人约定的鉴定机构鉴定；当事人没有约定或者无法达成约定的，由仲裁庭指定的鉴定机构鉴定。

根据当事人的请求或者仲裁庭的要求，鉴定机构应当派鉴定人参加开庭。当事人经仲裁庭许可，可以向鉴定人提问。

第三十八条　当事人在仲裁过程中有权进行质证和辩论。质证和辩论终结时，首席仲裁员或者独任仲裁员应当征询当事人的最后意见。

第三十九条　当事人提供的证据经查证属实的，仲裁庭应当将其作为认定事实的根据。

劳动者无法提供由用人单位掌握管理的与仲裁请求有关的证据，仲裁庭可以要求用人单位在指定期限内提供。用人单位在指定期限内不提供的，应当承担不利后果。

第四十条　仲裁庭应当将开庭情况记入笔录。当事人和其他仲裁参加人认为对自己陈述的记录有遗漏或者差错的，有权申请补正。如果不予补正，应当记录该申请。

笔录由仲裁员、记录人员、当事人和其他仲裁参加人签名或者盖章。

第四十一条　当事人申请劳动争议仲裁后，可以自行和解。达成和解协议的，可以撤回仲裁申请。

第四十二条　仲裁庭在作出裁决前，应当先行调解。

调解达成协议的，仲裁庭应当制作调解书。

调解书应当写明仲裁请求和当事人协议的结果。调解书由仲裁员签名，加盖劳动争议仲裁委员会印章，送达双方当事人。调解书经双方当事人签收后，发生法律效力。

调解不成或者调解书送达前，一方当事人反悔的，仲裁庭应当及时作出裁决。

第四十三条　仲裁庭裁决劳动争议案件，应当自劳动争议仲裁委员会受理仲裁申请之日起四十五日内结束。案情复杂需要延期的，经劳动争议仲裁委员会主任批准，可以延期并书面通知当事人，但是延长期限不得超过十五日。逾期未作出仲裁裁决的，当事人可以就该劳动争议事项向人民法院提起诉讼。

仲裁庭裁决劳动争议案件时，其中一部分事实已经清楚，可以就该部分先行裁决。

第四十四条　仲裁庭对追索劳动报酬、工伤医疗费、经济补偿或者赔偿金的案件，根据当事人的申请，可以裁决先予执行，移送人民法院执行。

仲裁庭裁决先予执行的，应当符合下列条件：

（一）当事人之间权利义务关系明确；

（二）不先予执行将严重影响申请人的生活。

劳动者申请先予执行的，可以不提供担保。

第四十五条　裁决应当按照多数仲裁员的意见作出，少数仲裁员的不同意见应当记入笔录。仲裁庭不能形成多数意见时，裁决应当按照首席仲裁员的意见作出。

第四十六条　裁决书应当载明仲裁请求、争议事实、裁决理由、裁决结果和裁决日期。裁决书由仲裁员签名，加盖劳动争议仲裁委员会印章。对裁决持不同意见的仲裁员，可以签名，也可以不签名。

第四十七条　下列劳动争议，除本法另有规定的外，仲裁裁决为终局裁决，裁决书自作出之日起发生法律效力：

（一）追索劳动报酬、工伤医疗费、经济补偿或者赔偿金，不超过当地月最低工资标准十二个月金额的争议；

（二）因执行国家的劳动标准在工作时间、休息休假、社会保险等方面发生的争议。

第四十八条　劳动者对本法第四十七条规定的仲裁裁决不服的，可以自收到仲裁裁决书之日起十五日内向人民法院提起诉讼。

第四十九条　用人单位有证据证明本法第四十七条规定的仲裁裁决有下列情形之一，可以自收到仲裁裁决书之日起三十日内向劳动争议仲裁委员会所在地的中级人民法院申请撤销裁决：

（一）适用法律、法规确有错误的；

（二）劳动争议仲裁委员会无管辖权的；

（三）违反法定程序的；

（四）裁决所根据的证据是伪造的；

（五）对方当事人隐瞒了足以影响公正裁决的证据的；

（六）仲裁员在仲裁该案时有索贿受贿、徇私舞弊、枉法裁决行为的。

人民法院经组成合议庭审查核实裁决有前款规定情形之一的，应当裁定撤销。

仲裁裁决被人民法院裁定撤销的，当事人可以自收到裁定书之日起十五日内就该劳动争议事项向人民法院提起诉讼。

第五十条　当事人对本法第四十七条规定以外的其他劳动争议案件的仲裁裁决不服的，可以自收到仲裁裁决书之日起十五日内向人民法院提起诉讼；期满不起诉的，裁决书发生法律效力。

第五十一条　当事人对发生法律效力的调解书、裁决书，应当依照规定的期限履行。一方当事人逾期不履行的，另一方当事人可以依照民事诉讼法的有关规定向人民法院申请执行。受理申请的人民法院应当依法执行。

第四章　附　则

第五十二条　事业单位实行聘用制的工作人员与本单位发生劳动争议的，依照本法执行；法律、行政法规或者国务院另有规定的，依照其规定。

第五十三条　劳动争议仲裁不收费。劳动争议仲裁委员会的经费由财政予以保障。

第五十四条　本法自2008年5月1日起施行。